고교 입시가
명문대 입학을
결정한다

고교 입시가 명문대 입학을 결정한다

초판 1쇄 인쇄 2019년 8월 29일
초판 1쇄 발행 2019년 9월 5일

지은이 김진호

발행인 장상진
발행처 (주)경향비피
등록번호 제2012-000228호
등록일자 2012년 7월 2일

주소 서울시 영등포구 양평동 2가 37-1번지 동아프라임밸리 507-508호
전화 1644-5613 | **팩스** 02) 304-5613

ISBN 978-89-6952-361-7 03370

· 값은 표지에 있습니다.
· 파본은 구입하신 서점에서 바꿔드립니다.

초등학교
고학년부터 세우는
대학 입시 플랜

고교 입시가 명문대 입학을 결정한다

씨앤씨입시연구소장 김진호 지음

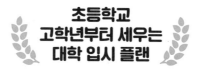

경향BP

서성한은 왜 면접이 없을까?

금쪽같이 귀한 내 자식을 이왕이면 명문대에 보내기 위해 부모가 해야 할 일이 많은 시대에 살고 있다. 과거에는 수능과 내신만으로 대학에 갔는데 지금은 대입전형 방식이 지나치게 복잡해서 머리가 돌 지경이다. 수능 성적에 덧붙여 학생부종합전형(학종), 생활기록부(생기부), 자기소개서(자소서)에 내신을 서로 섞어서 매치하는 전형 방법이 대학마다 제각각이다. 우리 아이들이 이렇게 복잡다단한 방식을 스스로 파악하고 대응하기란 사실상 불가능하다. 이제 부모가 나서야 할 때다. 부모가 깨어 있어야 내 자식이 뒤처지지 않는 시대인 것이다.

명문대를 보내기 위해서 언제부터 선행학습을 시켜야 하는지, 과연 선행학습을 하기는 해야 하는 건지, 한다면 어떤 학원에 보내야 하며 어떤 학원이 우리 아이에게 적합한지 가려낼 줄 알아야 한다. 자기주도학습이란 것을 자녀에게 맡겨야 할지 아니면 부모가 도와줘야 할지 궁금할 것이다. 자소서는 도대체 어떻게 써야 하며 자소서를 채울 내용을 위해 어떤 특별활동이 필요한지 등도 모두 부모가 알아야 한다. 그래야 우리 아이가 좋은 대학에 진학할 수 있고 평탄한 인생이 열린다. 이 책은 이 모든 의문에 답을 제공한다.

지속적인 출산 감소에 따라 학령인구가 줄어들면서 지방대학들의 폐교에 따른 신음소리가 점점 커지고 있다. 정부는 정치적 목적으로 평준화교육을 강화하고 있지만 사교육 시장에서 명문대 편향교육은 역설적으로 심화되는 형국이다. 우리 사회의 중상류층에서는 가방끈이 긴 것보다는 학벌 좋은 것이 더욱더 중시되고 있어 명문대 입학은 갈수록 어렵게 진행되고 있다.

이 책은 초중고교에 다니는 자녀를 둔 모든 학부모를 위한 입시 지침서이다. 필자가 연간 600여 회의 입시 컨설팅과 50여 회의 입시 설명회를 꾸준히 개최하면서 현장에서 온몸으로 체득한 경험을 바탕으로, 학부모 입장에서 고입이나 대입에 대하여 가장 궁금해할 만한 부분에 대한 속시원한 답을 제시하였다. 학생부종합전형을 효과적으로 대비하기 위한 내 아이의 적성과 입시의 연계 방법에 대해서도 상세히 서술하였다. 또한 학부모들이 간과하기 쉬운 요즘 중고생들의 복잡 미묘한 심리 문제에 대해서도 사례를 들어 구체적인 대응책을 제시함으로써 학부모들이 입시를 앞둔 자녀들을 적절히 가이드할 수 있도록 도왔다.

필자가 연간 수백 회의 입시 컨설팅을 하면서 매번 느끼는 것은 학부모들이 이것저것 많이 아는 듯하지만 입시에 실질적으로 도움이 되는 알토란 같은 정보를 가지고 있는 경우는 드물다는 것이다. 이웃집 엄마가 말하는 '카더라 통신'에 의존한 정보가 대부분이다. 그러다 보니 허구와 진실이 뒤섞여 있는 경우가 많다. 현행 입시에서 무엇보다 중요한 것은 내 아이의 장점을 부모가 아는 것이고, 그것을 학습에 연계해야 성공 확률이 높아지는데 아직도 무조건 공부만 시키면 된다는 구태의연한 사고방식을 가진 학부모들이 너무도 많다. 그런 분들은 이 책을 읽고 나면 새로운 가치관에 눈이 번쩍 뜨이는 놀라운 경험을 할 수 있으리라.

예컨대, 영재고 입시를 열심히 준비하면 비록 영재고 진학에는 실패하더라도 일반고에 진학하여 성적이 최상위권에 들고, 명문대에도 어렵지 않게 갈 수 있다는 믿음이 보편적이다. 그러나 이 믿음은 완벽한 '가짜 뉴스'다. 실제로 현실에서는 수학, 과학 적성이 보통인 학생이 과도한 선행학습을 하다 보면 다른 과목을 게을리하게 된다. 그럼에도 수학, 과학에 집중하다 보면 영어나 국어 등 타 과목에 소홀해진다. 이렇게 부실한 학습의 결과는 일반고에서도 내신 성적이 최상위권은커녕 중상위권도 힘들어 수능 성적이 잘 나오지 않는 것이다. 이러한 사례는 목동이나 대치동에서 흔하게 볼 수 있지만 학부모들은 아직도 여전히 영재고나 과학고의 허상에 사로잡혀 학생과 숨바꼭질을 하면서 사교육에 목매고 있다.

또 다른 예를 들면 "이제 외고는 공부 못하는 학생들이나 가는 학교이니 갈 필요가 없다."는 막연한 정보이다. 이 정보 또한 가짜 뉴스의 대표적인 유형이다. 실제 서울지역 외고의 서울대 진학실적을 보면 예전의 외고보단 진학자 수가 줄었지만, 예전에는 이공계에 진학한 학생들이 실적에 포함되어 있어서 거품이 낀 것이었다. 요즘은 외고 출신이 이공계로 진학하는 경우는 1%도 되지 않는다. 반면에 일반고의 서울대 진학자들은 대부분 이공계열이며 또한 정시로 진학을 많이 하여 재수생의 비율이 높다는 점을 감안하면 실상은 외고가 인문계열 학생들 입장에선 과학고 가는 것과 같은 효과를 볼 수 있는 학교인 것이다.

학부모들은 특목고나 전국권 자사고에서는 내신을 따기 힘드니 내신 따기 쉬운 일반고에 가서 최상위권 대학을 가는 게 유리하다는 믿음을 가지고 있다. 그러나 실제로 입시 결과를 보면 최상위권 대학의 정시 비중은 30%에 못 미치는 것이 현실이다. 이것은 수시를 포기하고 정시로 가는 문이 생각보다 좁다는 뜻이다. 이것이 바로 우리가 학종을 생각하지 않을 수 없는 이유다.

학부모들은 막연히 SKY대학에 대한 동경심을 가지고 있으나 한편으론 현실적으로 우리 아이가 갈 수 있을지 반신반의한다. 그리고 대안을 갖길 원한다. SKY대학 다음으로 꼽히는 대학은 서성한(서강대, 성균관대, 한양대) 그룹이다. 그러나 이들 학교의 학종에선 수능 최저도, 면접도 없고 오로지 학생부만 가지고 학생을 선발한다. 그러면 이들 학교 입학에 대한 대안은 어떻게 준비해야 하는 걸까? 왜 서울대는 합격하는데 연대는 떨어지는지, 그리고 성대는 합격인데 한양대는 떨어지는지 그 배경을 알아야 한다.

이렇게 우리가 막연히 진실이라고 믿고 있는 입시에 대한 정설에 어떠한 허점이 숨어 있는지를 밝혀내고, 학생들과 입시에 대하여 실전에서 통하는 노하우를 구체적인 성공 사례를 들어 입시생들과 학부모들에게 가감 없이 전달함으로써, 그릇된 정보가 판치는 작금의 고입·대입 정보홍수 시대에 선한 길잡이가 되고자 이 책을 집필하였다.

영국의 트리쉬 웨그스태프는 군인인 남편을 따라 한평생을 전 세계의 위험지역을 돌며 살았다. 트리쉬는 일흔이 넘어 은퇴를 하고 고향에서 여러 사람들을 만났는데 만나는 사람마다 가장 많이 하는 말이 "이제 나이가 많아서 그건 안 돼."였다. 이런 생각에 동의할 수 없었던 트리쉬는 마음만 먹으면 누구나 할 수 있다는 걸 보여주기 위해서 일흔이 넘은 할머니가 도저히 할 수 없다고 생각되는 익스트림 스포츠에 도전했다. 첫 번째 도전은 블루 플래닛 수족관에서 상어와 함께 수영하기였는데 주변의 우려와는 다르게 멋지게 성공했다. 두 번째 도전은 100미터 높이의 스피네이커 타워에서 로프를 타고 내려오기였는데 이 역시 성공했다. 일흔이 넘은 할머니의 도전이 화제가 되자 여러 단체에서 후원 문의가 왔고 트리쉬는 자신이 도전을 할 때마다 받은 후원금으로 불치병에 걸린 어린이들을 돕기로 했다. 마음만 먹으면 누구든 할 수 있다는 걸 보여주기 위해 시작한 일흔이 넘은 할머니의 도전은 여든이 넘은 지금도 계속되고 있고 최근엔 비행기 날개 위에서의 곡예까지 성공하며 지금까지 2억 원이 넘는 후원금을 전달했다.

필자도 트리쉬처럼 뭔가 특별한 일을 하고 싶었다. 사교육 기관에 몸담고 있지만 진정으로 자신의 장래를 고민하는 학생들과 학부모들을 위해 도움이 되고자 십수 년간 고입과 대입 컨설턴트로서 경험하고 안내한 성공스토리를 이 책에 담은 것이다.

1장에서는 우리 자녀의 유형을 다각도로 살펴보았다. 머리는 좋은데 공부를 안 하는 학생은 어떻게 대처해야 학습 효과를 높일 수 있는지, 머리가 나쁜 학생은 정말 머리가 나쁜 건지 아니면 환경이 문제인지, 머리도 좋고 공부도 열심히 하는데 왜 성적이 안 오르는지, 성적이 안 오르는 학생의 특징과 대처법 등을 구체적인 상담 사례를 통해 기술하였다. 또한 최상위권 대학 진학에선 무엇보다 적성과 열정의 결합이 중요하다는 것을 사례를 통해 알아보았고, 최상위권 대학에 진학하는 학생들의 특징에는 어떤 점이 있는지를 분석해보았다.

2장은 적성 찾기와 학생부종합 편으로, 각 계열별로 필요한 다중지능의 구성 요소와 입시 대비법에 대해서 구체적으로 알아보았다. 그리고 '헬리콥터맘, 미니밴맘, 돼지맘, PD맘'이라는 용어로 대변되는 극성스러운 학부모들의 변천사와 각각의 특징에 대해서 알아보았다. 그리고 결론적으로 좋은 생기부란 어떤 생기부를 말하는지 항목별로 기술하였다.

3장은 좋은 학원 고르는 법으로, 학부모들이 현실적으로 가장 답답해하는 부분에 대하여 속 시원한 답을 제시하였다. 좋은 학원을 어떻게 골라야 하는지 필자가 학원에서 입시 컨설턴트로 근무하는 전문가적인 입장에서 솔직하게 의견을 피력했다. 실용적으로 학원을 고르는 데 많은 도움이 되리라 믿는다. 좋은 학원과 유명한 학원은 실제로 다르며, 학원의 실력은 학원에서 상담을 받아보면 알 수 있다. 그리고 중등부 학원과 고등부 학원의 선택 기준이 어떻게 다른지도 상세히 설명하였다. 마지막으론 실제 학원에서 기피하는 진상 학부모의 유형을 서술해 놓았으니 학원 다니면서 손해 보는 일이 없기를 바란다.

4장에서는 현재 바뀌고 있는 입시 유형을 쉽게 설명하였다. 우리나라의 복잡한 입시 환경에 지친 학부모님들을 위해 되도록 쉽게 입시 유형을 설명하려고 노력하였다. 먼저, 대학 정원이 대학 진학희망자 수를 넘어선 것은 지금 입시는 더 이상 필수가 아니고 선택의 시대에 들어섰다는 것을 말한다.

모든 초중생 학부모들이 자녀들이 들어가길 원하는 영재고나 과학고 입시에 대해선 좀 자세하게 장단점을 기술하였다. 결국 영재에겐 영재고나 과학고 입시가 도움이 되지만, 일반적인 학생들에겐 오히려 독이 되는 것이 실상인 점을 강조하였다. 학부모들이 이런 영재고나 과학고에 대한 강박관념에서 벗어났으면 하는 바람이다. 그리고 중학교에 이제 본격적으로 도입된 자유학년제를 어떻게 효율적으로 활용해야 하는지 구체적인 방법도 서술하였다. 마지막으로 서울대보다 더 좋은 대학별 특성화학과의 특징과 진학 방법에 대해서 알아보면서 대학 서열에 너무 집착하지 않아도 된다는 점을 강조하였다.

5장에서는 우리나라의 현실적인 입시 대비법에 대해 서술하였다. 초등학교 때부터 입시 준비를 시작해야 하는 우리나라의 교육 현실을 가감 없이 서술하여 초등생 자녀를 둔 학부모에게 도움을 드리고자 하였다. 특목고, 전국권 자사고 입시를 거쳐 어렵게 대학에 들어가도 취업이 제대로 되지 않는 현실을 짚어보고 4차 산업혁명시대에 각광받을 미래의 직업에 대해서 자세히 알아보았다. 그리고 드라마 〈SKY 캐슬〉에서 표현된 교육 컨설팅부터 내신 경쟁까지 어디부터가 진실이고 허구인지를 팩트별로 분석하였다.

6장에서는 실제로 교육 현장에서 근무하면서 생각했던 입시의 필수적인 정보를 정리해보았다. 통상적으로 생각하는 좋은 고등학교와 실제로 좋은 고등학교의 차이점, 학원 위주의 학습을 무조건 부정적으로 볼 필요는 없고 오히려 유익한 점도 많다는 생각. 그리고 특목고, 전국권 자사고 입학 준비를 한 학생이 왜 대학을 잘 갈 수밖에 없는지를 일목요연하게 정리했다. 이 학종 관련 사항은 주로 일반고에서 학종으로 최상위권 대학 가는 법이라는 제목으로 자세히 다루었다. 그리고 평소에 필자가 교육부에 하고 싶은 말들을 이 기회에 정리해보았다. 진짜 교육부는 학종이 적폐의 근원이라고 생각하는지, 묻고, 실업자만 양성하지 말고 인문계열이 필요 없으면 차라리 대학교에서 관련학과를 없애라는 주장도 한다. 일부에서 주장하듯이 수능전형을 확대하면 실제로 학부모들의 사교육비가 절감되고 도움이 되는지 등을 구체적인 자료를 기반으로 질문해보았다.

7장과 8장에는 날로 중요해지는 고교 선택에 도움을 드리고자 과학고, 영재고, 외고, 국제고, 전국권 자사고들의 학교별 입시 특징과 대비법, 실제 출제된 면접 문항 등을 수록함으로써 실질적인 입시 정보를 제공하였다.

이 책을 완성하기까지 옆에서 말없이 성원과 지지를 보내준 나의 영원한 파트너이자 아내인 임금자 씨에게 사랑한다는 말을 전하고 싶다. 또한 많은 정보와 자료를 주시고 책을 쓸 수 있도록 환경 조성과 격려를 해주신 씨앤씨학원의 신원식 원장님에게 감사의 말씀을 드린다. 책을 출판하도록 지적 자극과 영감을 제공한 내 절친이자 대학동기요, 베스트셀러 작가인 임동권에게도 특별한 감사의 마음을 전한다. 지금 이 순간에도 열심히 학생들의 실력 향상을 위해 모든 노력을 아끼지 않고 있는 씨앤씨학원 모든 직원 분들과 강사 분들에게 자랑스럽다는 말씀을 드리고 싶다. 마지막으로 이 책을 읽고 계신 학부모 여러분의 자녀가 입시에서 원하는 결과를 얻길 진심으로 기원하며 격하게 응원한다.

씨앤씨입시연구소장 김진호

차

례

PART 1

입시 결과를 좌우하는 결정적 지표, 내 아이의 유형

아이의 적성에 따른
학생부종합전형 전격 준비 요령

피할 수 없는 사교육,
좋은 학원 따로 있다

PART 4
맞춤형 전략이 필요한
현재 입시 트렌드에 주목하라

PART 5
급변하는 입시 환경,
무엇을 어떻게 준비할까

지피지기면 백전백승, 학부모가 알아야 할 입시 정보

아이 스스로 준비하는 영재고, 과학고, 외고, 국제고 입시 대비법

PART 8 아이 스스로 준비하는
전국권 자사고 학교별 입시 대비법

PART

1

입시의 결과를
좌우하는
결정적 지표,
내 아이의 유형

01 프로그래머와 프로게이머는
깻잎 한 장 차이

요즘 학종에 대한 이해도가 높아지면서 일반고에 진학한 학생들도 대학을 학종으로 가고 싶어 하는 경우가 점차 많아지고 있다. 그러나 일반고에 진학한 대부분의 학생들은 2학년 1학기가 되면 수능으로 방향을 전환한다. 가장 큰 이유는 자신의 적성을 모르기 때문에 대비를 할 수가 없어서이다. 이런 학생들을 위해서 지금부터 아이의 유형별로 입시를 대비하는 방법에 대해 설명하겠다. 자신의 유형은 어느 쪽에 속하는지 잘 살펴보고 차분히 입시에 대비하기 바란다.

프로게이머란 비디오 게임 경기를 하는 것을 직업으로 하는 사람, 즉 비디오 게임에서 다른 게이머들과 경쟁하며 리그나 토너먼트 등의 시합 경기에서 벌어들인 상금 및 소속팀에서 지급받는 급여를 소득으로 생활하는 사람이다. 넓은 의미로는 바둑, 체스 등의 프로 기사들도 게임(대회 참가)을 하는 것이기 때문에 프로게이머로 볼 수 있지만, 일반적으로는 비디오 게임 종목으로 한정한다. 프로게이머라는 직업이 나온 지 얼마 되지 않은 2001년까지만 해도 프로게이머는 매우 적었으며, 대다수 프로게이머의 장래가 불안정하다는 단점이 있었다. 그러나 2002년 이후로 여러 게임대회가 생겨나고, 프로게이머들이 은퇴 이후 게임 중계를 전문으로 하는 방송사나 한국e스포츠협회 등 관련 업종으로 진출하는 사례가 점점 늘어나고 있다. 그래서 예전에는 프로게이머=게임 중독자로 보는 등 다분히 부정적인 시각이 강하였지만 요즘은 하나의 직업으로 인정하는 추세이다. 문제가 있다면 프로게이머가 되려면 중고교 시절에 하루의 대부분을 게임에 몰입해야 한다는 점이다. 다행히 프로게이머가 되고 안정되게 소속팀에서 선수생활을 하면 다행이지만 이도 저도 아닐 때는 대학 진학이라는 암초를 만나게 되고, 자칫하면 인생의 가장 중요한 시기를 놓칠 수도 있는 위험이 있다. 프로게이머들의 평균 연령은 20.5세이고, 이 가운데 45%가 대학 재학생이며 하루 평균 9시간 30분 동안 연습을 한다. 프로게이머들은 신호에 빠르게 반응하거나 신체를 신속히 움직이는 능력을 갖춰야 한다. 손이나 손가락을 이용해 복잡한 부품을 조립하거나 정교한 작업을 하고, 주의를 산만하게 하는 자극에도 불구하고 원하는 일에 집중하며, 신체를 이용해 기계나 기구를 정확한 위치로 빠르게 움직일 수 있어야 한다. 프로게이머는 무엇보다 컴퓨터를 이용하기 때문에 컴퓨터를 잘 다룰 줄 알아야 하고 게임을 재미있게 즐길 수 있어야 한다. 여러 가지 게임을 빨리 배우고, 게임을 잘 분석해서 전략을 세워야 한다. 오랜 시간 컴퓨터와 함께 생활해야 하므로 참을성과 인내심도 필수다. 전체의 84.2%가 27세 이전에 은퇴를 고려하고 있어 선수 수명이 다른 프로스포츠 종목에 비해 짧은 것이 특징이다.

프로게이머가 되기 위해서는 단일대회에서 공인 게임 종목별 상위 8명 이
내에 입상하거나 리그대회에서 공인 게임 종목별 상위 순위자 각 16명 이내
에 입상하고 프로게임협회에서 실시한 소정의 소양교육을 이수한 후 프로게
이머로 등록하면 된다. 공인 게임대회에서 1회만 입상했을 때 준프로게이머
의 자격이 주어지는데 이는 프로가 되기 위한 준비 단계로 볼 수 있다. 프로
게임단에 입단하려면 대회 입상경력이 중요하다. 프로게임단의 감독들이 평
소 각종 대회 등에서 두각을 나타내는 선수들을 우선적으로 스카우트하기
때문이다. 대학 관련학과로는 게임기획과가 있는데 게임 분석, 게임 시나리
오 작성, 레벨 디자인, 온라인 게임 제작의 이해, 게임 프로그래밍, 2D·3D그
래픽 등을 학습하고 이를 통하여 통합 실무게임 기획서를 작성할 수 있는 능
력을 갖춘 게임 전문가를 양성하는 학과이다.

이와 비슷한 명칭의 직업으로 프로그래머가 있다. 프로그래머 programmer 란
컴퓨터 프로그래밍을 하고 컴퓨터 소프트웨어를 개발하는 사람을 말한다.
프로그래머는 거대한 메인프레임상의 소프트웨어를 개발하고 유지하기도
한다. 이 같은 의미에서 프로그래머는 소프트웨어 공학자 또는 소프트웨어
개발자, 소프트웨어 엔지니어로 간주할 수 있다. 많은 저명한 프로그래머들
이 종종 '해커'라고도 불린다. 요즘 과학고 진학을 꿈꾸는 많은 학생들이 '화
이트해커'를 동경한다.

그러면 프로그래머가 되기 위해선 어떻게 중고교 시절을 보내야 할까? 자
바스크립트 창조자 브렌단 에치 Brendan Eich 는 "인생에서 가장 큰 과제는 기술
로 해결되지 않는다. 그렇기 때문에 컴퓨터 말고도 역사, 문학, 예술, 다른 여

러 종류의 지식을 쌓는 게 중요하다."라고 말했다. 컴퓨터공학 이론 공부보다도 수학 공부가 더 가치 있다고 평가했다. 그는 "프로그래밍은 수학에 관한 것이 아니고 전혀 관계없는 경우도 있다. 하지만 수학적 감각이 있다면 젊을 때 수학을 공부하는 게 좋다. 프로그래밍학습에 지나치게 신경 쓸 필요가 없다."라고 말했다. 에치의 주장은 훌륭한 프로그래머가 되기 위해선 다양한 분야의 지식과 특히 수학적 지식이 훌륭한 자산이 될 수 있다는 것이다. NPM 창립자 아이작 슐루터 Isaac Schlueter 는 프로그래머가 되기 전 일반적 교육을 받을 필요가 있다는 입장이다. 그는 "인문학교육은 고등학교 졸업 이후 4년을 훌륭하게 보내는 방법이다, 감당할 수만 있다면."이라고 말했다. 그는 이어 "인생에서 사회적 승인 하에 바보 같은 짓을 하고 놀 수 있는 시간은 다시는 없다."라고 말했다. 즉 슐루터는 인문학 분야의 대학교육도 장래에 훌륭한 프로그래머가 되는 기본 자산에 들어갈 수 있다는 것이다.

여기서 우리는 프로그래머가 다양한 분야의 지식과 사고력을 요구하는 반면에 프로게이머는 신체적 순발력과 노력이 우선한다고 볼 수 있다. 물론 어느 쪽이 좋고 어느 쪽은 나쁘다고 흑백논리로 판단하기는 힘들다. 그러나 우리 주위의 일부 학생들이 프로게이머가 될 것처럼 하루에 3~4시간 이상 게임에 빠져 있는 모습을 보면 걱정이 되지 않을 수가 없다. 프로게이머가 되기 위해서 게임을 하는 것이 아니라 일종의 현실 도피로 게임을 하고 있기 때문이다.

2011년 11월, 네이처가 발행하는 정신의학 전문저널 '트랜스레이셔널 사이키애트리'에 비디오 게임 중독에 빠진 청소년의 뇌가 마약 중독에 빠진 것처럼 변했다는 연구 결과가 실렸다. 벨기에 겐트대 시몬 쿤Kuhn 박사의 국제공동연구진은 벨기에, 영국, 독일, 프랑스, 아일랜드에서 14세 청소년 154명의 뇌를 촬영했다. 그 결과 조사 대상의 평균치인 일주일에 9시간보다 게임을 더 많이 한 청소년의 뇌는 왼쪽 줄무늬체가 훨씬 커져 있었다. 이 부분은 쾌락을 요구하는 뇌의 보상중추로 보통 마약 중독에 빠지면 커지게 된다. 한국에서도 2009년 유사한 연구 결과가 나왔다. 김상은 분당서울대병원 교수(핵의학과)가 게임 중독자는 코카인 중독자처럼 뇌 안와전두피질(안구 주변의 전두엽 피질)의 기능에 이상이 있음을 밝혔다.

김 교수는 "안와전두피질은 합리적 의사결정, 충동성 조절과 밀접한 관계가 있는 영역"이라며 "게임이나 마약 중독자는 이곳에 이상이 생겨 미래를 생각하지 못하고 당장의 이득만 추구하게 된다."고 말했다. 김영보 가천의대 교수는 "전두엽은 가상과 현실을 구분하고 자극을 자제한다."며 "게임이 주는 단기적인 쾌락자극이 압도적으로 많아지면 전두엽이 정상적인 반응을 하지 못해 잘 참지 못하고 생각하지 않고 행동하는 ADHD로 이어질 수 있다."고 말했다. 이런 증상을 보이는 학생에겐 차라리 학부모가 프로그래머가 되길 권하거나 아니면 중고교 때 수학 공부를 열심히 해서 방과 후 코딩 수업을 받도록 권유하는 것이 낫다. 그리고 진정으로 프로게이머의 길을 가고 싶으면 대학의 관련학과로 진학하도록 유도하는 것이 현명하다. 프로게이머와 프로그래머 중 어떤 길을 갈지는 지금 청소년기에 달려 있는 것이다.

게임에 빠진 자녀에게 하루 1시간 이상 게임을 허용하는 것은 바람직하지 않다. 게임 시간을 정할 때는 하루 30분씩 매일보다는 일주일에 1회나 2회를 허용하되 한 번에 한 시간씩이 낫다. 게임 중독은 학업적인 측면에선 마약 중독, 알코올 중독과 동의어라는 것을 알아두면 좋겠다.

중학교 2학년이었던 A군은 다중지능 검사를 해보니 모든 일에 관심이 많고 목표 의식이 높은 학생이었다. 과학 분야, 특히 화학 쪽에 관심이 많았지만 학교 공부에는 별 관심이 없었다. 상담을 통해 좀 더 깊숙한 얘기를 해보니 아직은 공부보단 친구들과 노는 것이나 게임에 더 관심이 많았다. 하루에 평균 2시간 이상 게임을 하는 데 바치고 있었다. 왜 공부를 안 하는지 물어보니 고등학교 때부터 공부해도 늦지 않는다는 것이었다. 부모님도 아들이 머리는 있으니 고등학교 가면 잘할 거라 믿고 일단 기다려보자는 입장이었다. 공부는 강요에 의해서보다 자율적으로 해야 된다는 철학을 갖고 있었기 때문이다. 물론 필자도 공부는 스스로 해야 한다는 데는 이견이 없다. 그러나 지금의 대학 입시 체제는 예전처럼 수능 한 가지만으로 대학을 가는 것이 아니고 학생부종합, 논술, 학생부 내신, 수능 등 다양한 전형으로 이루어져 있다는 사실을 잘 모르고 계신 듯하여 전형별 특징에 대해 자세히 말씀드렸다. 그리고 최상위권 대학일수록 학종의 비중이 높으며 수능 비중은 부모님 세대의 1/4에 불과하며 그만큼 진학하기가 힘들다는 사실을 말씀드렸다. 그리고 학종의 원래 취지는 자신이 하고 싶어 하는 영역을 학교 내에서 다양하고 심도 있게 탐구한 학생을 뽑는 것이라고 말씀드리고, 학생의 성향을 고려해 보면 학종으로 대학을 가는 것이 좀 더 적합할 것이라는 의견을 말씀드렸다. 그러려면 필수적으로 수학, 과학, 영어 과목만큼은 심화 능력을 중학교 때 배양시켜야 한다고 강조하였다. 각종 체험학습 사이트와 독서목록을 A군에게 제시하고 스스로 학습 플랜을 작성해서 실행하도록 권유하였다.

현재 A군은 지방의 전국권 자사고에 진학하여 학업에 매진하고 있어서 부모님들이 흡족해한다는 근황을 전해 듣고 필자도 매우 기뻤다. 중요한 것은 스스로 공부하는 것이지만 사춘기 학생들은 입시가 피부에 와 닿지 않는 관계로 정작 학습의 중요성을 놓칠 때가 많다. 부모님들은 이런 학생들의 성향을 잘 파악해서 대처를 해야 할 것이다.

프로그래머가 되기 위한 학종 가이드

1) 고교 선택 과목
수학은 기하까지 하는 것이 유리하다. 과학은 화학과 물리 모두 유용하다. 가급적 물리는 II까지 하는 것이 전공연계성이 돋보일 수 있다.

2) 동아리
프로그래머가 되는 데 필요한 자질을 연마할 수 있는 동아리를 1학년부터 가입하는 것이 유리하다. 동아리와 봉사활동을 연계시키는 방안을 모색해보면 좋다.

3) 봉사활동
학종 합격자들의 봉사활동 시간은 보통 연간 50~100시간 내외이다. 시간보다는 내용이 더 중요하다.

4) 수상실적
자신의 전공 적합성을 나타내는 학교대회의 수상실적이 중요하다. 2019학년부터 학기별 수상실적은 1개만 대학에 제공되므로 더욱더 최우수상을 받는 것이 중요해졌다.

5) 학교 내신 성적
전체 과목의 내신 성적도 중요하나 전공과 관련 있는 교과목의 수강 여부, 그리고 내신 성적이 중요하다. 특히 영어와 수학, 물리 과목의 내신 성적이 중요하다.

머리는 좋은데 공부는 안 하는 유형

02

    대부분의 학부모들이 가지는 고민일 것이다. 머리는 나쁘지 않은 것 같은데 공부에 흥미가 없는 학생이 의외로 많다. 필자가 보기엔 학생들이 공부에 흥미가 없는 것이 특이한 현상은 아니다. 김은주 박사의 연구 논문에 의하면 중학생의 13.8%만 공부가 재미있다고 생각한다. 나머지는 보통이거나 재미가 없다고 생각하는 것이다. 여기서 다시 한 번 생각해보자. 우리 아이는 진짜 머리는 좋은데 안 하는 것일까? 아니면 내가 그렇게 믿고 싶은 걸까? "너는 머리는 좋은데 공부를 안 해서 성적이 낮을 뿐이야."는 아이를 저성취중후군으로 이끄는 많고 많은 말 중 가장 대표적인 말이다. '저성취중후군'이란 간단히 말해 '성적이 낮은 아이들은 아이 스스로 의식적이건 무의식적이건 낮은 학업 성적을 선택한다.'는 것이다. 노는 것이 좋고, 단순히 게으른 아이들과는 또 다르다. 저성취중후군 아이들은 공부를 열심히 해야 좋은 대학에 갈 수 있다는 것을 잘 알고, 또 그렇게 되고 싶어 한다.

하지만 실패했을 때의 주변 상황을 감당하기 어려워 아이 스스로 실패를 선택하는 것이다. 이런 아이의 마음속에는 실패에 따른 두려움과 자신을 지키고 싶은 마음이 크다. 항상 다음번에는 더 잘하겠다고 약속하지만 다음번이 와도 절대로 나아지지 않는다. 어려움이 닥치면 금방 포기하며 끝까지 물고 늘어지는 것을 회피한다. 하지만 본인 스스로는 학교나 일상생활에서 그저 평범한 수준에 머무르는 것에 대해 큰 불만이 없다. 노력해도 안 된다기보다 누구보다 잘할 수 있지만 안 해서 안 된 것이라고 위안하면서 자존심을 지켜나간다. 부모 입장에서는 아이의 머리가 나쁠지라도 그것을 인정하기 쉽지 않은 데다 인정한다고 하더라도 아이의 기를 살려주기 위해 좋은 말로 둘러대는 것이다.

그런데 아이들은 부모의 의사와는 정반대로 부모의 말을 자신을 합리화하는 데 이용하는 경향이 있다. 부모는 아이에게 "너는 충분히 자질이 있고 머리가 좋은 아이이니까 지금 당장의 저조한 성적에 기죽지 말고 다시 한 번 열심히 하면 해낼 수 있어."라는 취지로 이야기한 것이지만, 아이들은 '그래, 나는 원래 머리가 좋은데 공부를 안 해서 성적이 나쁠 뿐이야. 그런데 만약 공부를 열심히 했는데도 성적이 잘 안 나오면 어떻게 하지? 그렇게 되면 내가 머리가 나쁘다는 것이 되어버리겠지? 그렇다면 그냥 공부를 안 하고 안 좋은 성적을 받는 것이 좋겠다. 그렇게 하면 적어도 머리가 나쁘다는 소리는 듣지 않을 테니까.'라는 식으로 자기를 합리화해버린다. 그렇기 때문에 아이의 기를 살려줄 목적으로든, 부모의 자기위안으로든 "너는 머리는 좋은데……."라는 식의 말은 자제하는 것이, 아니 안 하는 것이 좋다. 이러한 말들로 어쩌면

부모가 아이에게 좋은 변명거리를 제공해줄 수 있기 때문이다. 이런 학생들의 학교 성적은 대체로 90점 전후이다. 딱 욕먹지 않을 수준에서 학습이 정지되어 있다. 이러니 부모들이 '우리 애는 머리는 있구나.' 하고 안심하는 것이다.

사실 IQ와 입시의 연계성을 따지기는 힘들다. 강남이나 목동 학부모들이 좋아하는 수능전형에서는 실제로 보면 머리보다는 학습에 대한 의욕을 가진 학생이 얼마나 열심히 하느냐에 따라, 또 얼마나 좋은 학습 환경을 가졌느냐에 따라 점수가 나오는 것을 쉽게 목격한다. 우리 아이가 머리가 좋든 나쁘든 상관없다. 중요한 것은 우리 아이가 꿈을 가지고 있느냐의 여부다. 꿈을 가지고 있는 학생은 공부를 하게 된다. 꿈이 없는데 무슨 공부를 하고 싶겠는가? 지능지수가 높으면 공부를 잘할까? 그럴 수도, 아닐 수도 있다. 지능지수대로 학업 성적이 나올 확률은 많아야 36%다. 전문가들은 이를 IQ의 '성적 예언도'라 부른다. 자란 환경, 교육 기회, 본인의 노력 등이 지능보다 성적에 더 큰 영향을 준다는 것이다. 특히 고학년으로 갈수록 성적과 지능의 상관관계는 점점 낮아진다. 또한 우리는 IQ가 높은 사람이 당연히 수학을 잘한다고 믿는다. 하지만 선천적인 지능지수인 IQ는 출발점만 결정지을 뿐 수학 성적과는 큰 연관이 없다는 연구 결과가 있다. 2013년 1월 국제저널인 '아동발달'을 통해 미국 캘리포니아에 위치한 로스엔젤레스대학 소속 무라야마 고 박사 연구팀은 지능 관련 논문을 발표하였다. IQ보다는 동기부여나 공부 방식이 수학적 실력에 훨씬 더 큰 영향을 미친다는 것이다. 이는 기존의 속설을 뒤집는 연구 결과였다. 연구팀은 독일 바바리아주에 거주하는 IQ가 확인된 학생 3,520명의 수학 성적을 초등학교 5학년부터 고등학교 1학년까지 매년 측정하였고, 그들의 습관 역시 살펴보았다. 그 결과 초등학교 5학년 첫 측정 당시에는 IQ가 높을수록 수학 성적이 높은 것으로 나타났다. 하지만 점차 학년이 올라갈수록 IQ와 성적의 연관 관계는 희미해졌다. 더 나아가 고등학교 1학년 때에는 통계적으로 의미가 거의 없어졌다. 이는 성적 향상에 IQ가 미치는 영향이 어렸을 때에는 있을 수 있지만 성장하면서는 거의 영향을 미치지 않는다는 것을 뜻한다.

성적 향상에 가장 큰 영향을 미치는 요인은 자신감과 같은 동기부여로, 성적이 크게 오른 학생의 상당수는 IQ가 낮았음에도 "수학이 재미있다." 혹은 "수학 공부를 열심히 하니까 성적이 올랐다."와 같은 긍정적인 태도를 보였다. IQ와 성적은 크게 상관이 없음을 알 수 있다.

그러나 IQ와 환경과의 관계는 실제로 밀접한 연관성이 있다. 센드힐 물라이나단 하버드대 경제학과 교수는 가난이 뇌에 인지적 부담cognitive tax을 주고 있다고 밝혔다. 즉 학생의 물질적 환경이 풍족하면 어느 정도는 학습 효과가 높게 나타날 개연성이 높아질 수도 있는 것이다.

머리는 좋은데 공부를 안 하는 아이 때문에 고민이 많은 학부모는 이제 접근 방식에 변화를 줄 필요가 있다. 즉 학습 의욕을 고취시킬 수 있는 환경과 방법을 찾아보는 것이다. 이전까지만 해도 영재는 IQ에 의하여 결정되었다. IQ가 전체의 3~5%에 들면 영재라고 판정했다. 그러나 최근에는 영재의 개념이 지능 위주로 평가하던 일차원에서 잠재된 재능을 보는 다차원으로 바뀌고 있다. 지능과는 상관없이 어느 한 분야에서 평범한 아이들이 나타낼 수 없는 탁월한 재능을 가지고 있다면 그 아이는 영재라고 볼 수 있다. 외국어 영재, 수학 영재, 과학 영재, 축구 영재, 태권도 영재 등 자신이 특별하게 관심을 가지고 남들보다 특별히 잘하면 영재인 것이다. 모든 아이가 영재가 될 수 있는 것이다.

실|제|사|례|1 ∿∿∿∿∿∿∿∿∿∿∿∿∿∿∿∿∿∿∿∿∿∿∿∿∿∿∿∿∿∿

중학교 3학년인 O양은 다중지능 검사나 인터뷰를 해보면 똑 부러지는 스타일이다. 묻는 말에 논리적으로 자신의 의견을 잘 개진한다. 그런데 문제는 학교 성적이 애매하게 항상 90점 언저리인 것이다. 그러다 보니 어떤 과목은 A이지만 몇 개 과목은 B이다. 이러니 당연히 부모님이 원하던 전국권 자사고는 원서도 못 써보는 처지에 몰리고 말았고, 이제는 고등학교에 가야 하니 부모님이 걱정이 되어 상담을 온 것이다. O양의 부모님은 지식인으로서 사회적으로 보면 상당한 존경을 받는 지위에 있다. 그리고 청소년들에게 절대 부모는 압박을 하면 안 되며, 자율적으로 키워야 한다는 확고한 교육 철학을 가지고 있었다. 필자도 학생이 자율적으로 공부를 해야 한다는 원칙에 공감한다. 그런데 학생과 깊숙이 얘기해보니 학생은 부모님에 대해 스스로 주눅이 들어 있었다. '우리 부모님은 이렇게 남들이 존경하는 교수인데 내가 성적이 안 나오면 남들이 어떻게 볼까?' 하는 불안감을 갖고 있었던 것이다. 그래서 기대치에 맞추려 공부를 열심히 하느니 차라리 적당히 공부를 안 하는 쪽으로 선택을 한 것이다. 그러나 너무 성적이 나쁘면 자신의 자존심도 상하니 항상 90점은 받으려고 노력한 것이다. 그러면 해결책은 무엇일까? O양에게 너무 부모님을 의식하지 말라고 설득했다. "이제 너는 전국권 자사고나 과학고는 못 간다. 일반고에 가는 길만 남았다. 그러니 이젠 진짜 네가 하고 싶은 영역을 찾아보라."고 했다. 필자는 TED를 추천했다. 거기서 1주일에 2편씩

동영상을 보고 자신이 좋아할 만한 일을 선정하라고 했다. 그리고 20년 후 자신의 모습을 상상해보고 서울대 홈페이지에 들어가서 자신의 장래와 좋아하는 일의 성격에 맞는 학과와 전공을 선택해보라고 했다. 그 학생의 결론은 국제관계학이었다. 그러면 이제 이것을 학과 공부에 연결만 하면 된다. 영어와 국어 그리고 사회를 열심히 공부하기로 목표를 정하고 스터디 플랜은 부모님과 같이 짜도록 하였다. 결과가 어떻게 되었을까? 부모님이 애초에 원하던 SKY대는 아니었지만 그래도 알아주는 명문대학의 자신이 원하던 국제계열에 입학해서 행복한 대학생활을 보내고 있다. 이처럼 접근 방식을 학생이 진정 원하는 방향으로 바꾸면 영재는 만들어질 수도 있는 것이다.

실|제|사|례|2 〰〰〰〰〰〰〰〰〰〰〰〰〰〰〰〰

일반고 학생인 B군이 나를 찾아온 것은 고등학교 1학년 때였다. 2학년 진학을 앞에 두고 입시를 어떻게 대비해야 할지 고민하다 필자를 찾아온 것이다. 다중지능 검사를 해보니 매우 우수한 지능을 가지고 있으며 특히 이공계에 관심이 많은 학생이었다. 그러나 중학교 때 공부를 적당히 한 결과 고1 내신 성적은 만족할 만한 성적에 못 미치는 중상위권이었다. 본인은 의대 진학을 원하였다. 그래서 왜 의대를 원하는지 물었더니 아빠가 너무 힘들게 사시는 것 같아 전문 자격증을 가진 의사가 되면 좀 부모님을 편하게 해드릴 수 있지 않을까 하는 생각을 했다는 효심 깊은 학생이었다. 필자는 효심 깊은 학생은 열정과 노력이 결합되면 대부분 자신의 목표를 성취하는 것을 많이 봐왔다. 이 학생에게도 그런 결과를 기대해도 좋을 것 같았다. 그래서 의대에 진학하는 방법으로 학종은 포기하고 지금부터 수능 대비에 매진하는 전략을 쓰기로 하였다. 이때 학원이 필요한 것이다. 초등학교 때부터 착실히 공부한 학생은 나름 대비하는 법을 알아서 자기주도적으로 학습을 하면 효과가 있겠지만, B군같이 기초가 약하고 단시간에 학습 효과가 필요한 학생은 자신에게 맞는 학원을 잘 택해야 효율적인 경우가 많다. 그래서 B군에게 맞는 학원을 소개해주고, 학습 플래너를 작성해서 체계적, 효율적으로 공부를 하도록 권했다. B군은 졸업 연도 당해에는 의대 진학에 실패하였다. 그러나 실망하지 않고 재수의 길을 선택해서 1년간 각고의 노력 끝에 당당히 지방이지만 의대에 합격하였다.

필자는 이 B군을 생각하면 항상 웃음이 난다. 부모님을 위해서 공부하는 학생을 보면 마치 사이다를 마신 것처럼 상쾌한 기분이 든다. 이 책을 읽는 부모님들도 자식이 일단 효자, 효녀이면 공부에 대한 걱정은 반은 내려놔도 된다. 이런 자식이 있으면 공부는 못해도 우리의 인생은 성공한 것이다. 나를 이해해주고 나를 존경하는 자식과 같이 인생을 사는 것이 더 행복하다는 생각을 해본다.

03 머리와 입시는 상관없다

지능(知能, intelligence)은 글자 그대로 지적인 능력이다. 배우고, 이해하고, 생각하고, 판단하고, 계획하고, 문제를 해결하는 모든 능력을 말한다. 당연하게도 인간이라면 모두 지능을 가지고 있다. 사람의 뇌는 서로 다른 기능을 하는 여러 영역들로 이루어져 있고, 또 사람들은 다양한 맥락에서 살아가기 때문에 그만큼 지능도 단순한 높고 낮음보다 여러 측면에서 복합적으로 파악되어야 한다. 오늘날 심리학자들은 지능이 하나의 능력이 아니라 여러 가지 능력들로 이뤄져 있다고 본다. 대부분의 산업화된 사회에서는 학교 공부가 중요하기 때문에, 공부를 잘할 수 있는 능력을 기준으로 지능을 비교한다. 이러한 맥락에서 가장 널리 쓰이는 지능의 비교 방법은 지능지수, 즉 IQ다. 최초의 IQ 검사는 프랑스 심리학자 알프레드 비네 Alfred Binet 가 만들었다. 비네의 검사는 특수교육이 필요한 학생들을 가려내기 위한 것이었으나, 나중에는 특수교육만이 아니라 다른 용도로도 널리 사용하게 되었다.

미국에서는 학업적성 검사 SAT를 만들어 대학 입시에 사용했고, 한국도 1993년부터 학력고사 대신 수학능력시험(수능)을 실시하고 있다. IQ는 어떤 절대적인 능력을 나타내는 값이 아니라 같은 연령대 사람들과 비교한 상대적 능력을 나타낸다. 원래 비네의 IQ는 정신 연령을 신체 연령으로 나눈 값을 썼지만 요즘에는 평균이 100이고 표준 편차가 15인 정규 분포를 사용한다. 예를 들어 IQ가 110이면 동일 연령을 기준으로 상위 25%라는 뜻이다.

학업성취도와 IQ

그렇다면 IQ가 높은 학생이 학업성취도도 높을까? 여러 조사에 따르면 IQ는 성적 차이의 25% 정도를 설명한다. 다시 말해 IQ가 높으면 대체로 공부도 잘한다. IQ가 성적 차이를 100% 설명하지 않는다는 것은 유념해둘 필요가 있다. 학업성취도에는 IQ 말고도 친구나 교사로부터 받는 영향, 학업 태도, 성실성, 학습법 등 다양한 변수들이 영향을 미친다. 항상 그런 것은 아니라고 해도 대체로 IQ가 높은 학생들이 성적도 높다. 왜 그럴까? IQ가 높으면 머리가 좀 빨리 돌아가는데, IQ 검사 자체가 짧은 시간 동안 문제를 많이 풀도록 되어 있기 때문이다. 따라서 IQ가 높은 사람은 적어도 두 가지가 유리하다. 우선 학교 성적도 IQ 검사와 마찬가지로 짧은 시간 동안 여러 개의 문제를 푸는 지필 검사로 매겨진다. IQ가 낮은 학생이라도 시간을 충분히 준다면 IQ가 높은 학생만큼 풀 수 있다. 하지만 시간이 확실히 더 걸린다. 그러니 IQ가 높은 학생들은 같은 시간 동안 시험을 보면 성적을 더 잘 받을 수 있다.

IQ가 높으면 좀 더 빨리 배울 수도 있다. 여기에 더해 IQ가 높은 학생들은 초반에 공부를 잘하게 되고 이렇게 얻은 지식과 자신감으로 공부를 더 열심히, 잘할 수 있게 된다. 결국 IQ 자체보다도 이런 차이가 누적되어 더 큰 차이가 벌어지게 된다. IQ 검사에서 수능 수리영역의 성적이 높은 학생들이 더 빨리 배우는 것은 사실이지만 충분한 연습을 시키면 경험이 부족하고 수능 성적이 더 낮은 학생들도 결국 똑같은 수준에 도달할 수 있다. 예를 들면 수학적 사고력이 부족한 학생도 수능에선 만점을 받을 수 있는 것이다. 결국 학생들의 실력은 IQ가 아닌 학습량에 따라 갈린다는 점을 알 수 있다. 우리 아이의 머리가 나쁘게 여겨지는 것은 학습량의 차이인 것이다. 즉 충분한 시간을 주면 누구나 다 문제를 풀 수 있지만 한정된 시간 안에 풀어야 할 때 머리의 좋고 나쁨이 결정 요소가 된다는 것이다. 그러면 난 머리가 나쁘니 학교시험에서 상위권은 포기해야 하나? 아니다. 비록 머리는 나쁘지만 그것은 학습에 국한된 현상일 뿐이다. 그리고 학습에 국한된 현상은 '노력'으로 극복이 가능하다. 학생들과 인터뷰를 하다 보면 자신이 스스로 머리가 나쁘다고 인정하는 학생은 거의 없다. 대부분의 경우 자신의 머리는 중간 정도라고 생각한다. 즉 학습의 기본 자질은 갖추고 있는 것이다. 이 대목에서 학부모들은 자녀들의 시간 관리의 효율성에 대해서 생각해봐야 한다. 하루 24시간이라는 한정된 시간을 어떻게 쓰느냐에 따라서 학습 효과가 달라지는 것이다.

여기서 필자가 학습 컨설팅을 통해서 가장 효과를 본 학습 방법 두 가지를 제시하고자 한다.

첫째, 에빙하우스의 망각곡선에 따르면 우리는 학습 후 20분이 지나면 겨우 58%만 기억한다. 그리고 9시간이 지나면 36%만 기억할 뿐이다. 이런 망각곡선을 감안하면 학습 플랜을 수업 후 바로 복습하는 것으로 디자인하는 것이 가장 효과적인 방식이다. 그러나 필자가 학생을 대상으로 학습 패턴을 분석해보면 대부분이 오늘 수학 학원에서 강의를 받고는 집에 와서 내일 영어 학원 숙제를 하고 있는 것으로 나타났다. 24시간이 지나서야 오늘 수업한 내용을 복습하는 것이다. 이래서는 학원에서 받은 수업이 별 효과가 없다. 오늘 수업한 것은 바로 복습하는 패턴을 몸에 익히는 것이 중요하다.

둘째로는 학습 중일 때는 무조건 휴대폰을 꺼두어야 한다. 필자의 컨설팅을 받은 학생들의 대부분은 평균 하루에 1시간 이상을 SNS나 게임에 쓰는 것으로 밝혀졌다. 그리고 집에서 학원이나 학교 숙제, 예습, 복습을 할 때도 휴대폰을 이용해 게임이나 SNS를 하고 있는 학생이 많았다. 공부하는데 휴대폰에 문자가 오면 안 받기가 애매하다. 특히 사춘기의 학생들은 또래 집단에서 자신이 왕따당하지 않을까 하는 강박관념을 가지고 있는 경우가 많기 때문에 거의 예외 없이 학습 중에도 SNS를 하게 된다. 휴대폰을 꺼두면 이런 현상을 미연에 방지할 수 있다.

처음에는 이 방식을 따라 하는 게 쉽지는 않다. 그러나 이 학습 방법을 한 학기만 실행해보면 성적이 올라가는 것을 실감할 수 있을 것이다.

실|제|사|례|1 ~~~~~~

소위 교육특구지역 일반고에 재학하였던 B군은 나름대로 열심히 공부하는 모범생형이었다. 새벽 1시 이전에는 자본 적이 없고 적어도 아침 6시 30분 전에 일어나서 학교로 간다. 학교생활도 임원활동을 하면서 적극적으로 자신의 진로와 관계있는 동아리에 가입하여 자신의 꿈인 이공계열학과에 진학하기 위해 최선을 다하였다. 그런데 1학년 때부터 이렇게 열심히 하는데도 학교 내신 성적이 최상위권에 진입을 하지 못해서 고민이다. 이때 필자를 찾아와 다중지능 검사를 하고 부모님과 같이 상담을 진행하게 되었다. 다중지능 검사 결과를 보니 B군의 성향은 예상대로 이공계보다는 오히려 사회과학 계열에 더 적합한 유형이었다. 본인에게 이 결과에 대해서 어떻게 생각하는지 물어보니 이공계보단 인문사회계열에 더 흥미를 가지고 있다는 점을 솔직히 시인하였다. 하지만 요즘 모든 매스컴에서 인문계열은 취업이 힘들다고 떠들어대니 어쩔 수 없이 이공계를 선택하게 되었다고 털어놓았다. 요즘은 이런 유형의 학생들이 날로 증가하고 있는 추세다. 적성보단 향후 취업을 생각해서 전공과 계열을 선택하고 나중에 후회하는 학생이 많다.

필자는 B군의 적성을 보니 경영과 요리에 적합한 것을 보고 지금이라도 방향을 호텔경영 등으로 바꾸면 좋겠다는 의견을 제시하였다. 그러나 부모님과 본인은 현실적인 판단으로 서울의 이공계학과로 진학하였다. 그러나 재학 중 내내 본인은 불만스러워 하였고, 결국은 재학 중에 군 입대를 해서 제대 후에는 유학의 길을 선택하였다. 유학 가서 그 학생이 선택한 길은 요리사였고 지금은 너무나 만족스럽게 해외 대학에서 요리를 공부하고 학위를 받아 현지에서 요리사로 재미있게 생활하고 있다는 소식을 들었다.

지금 자녀가 머리가 나빠서 성적이 안 오른다는 생각을 하는 학부모님은 한번쯤 우리 아이가 실제론 자기 적성에 맞지 않는 쓸데없는 공부를 하고 있지는 않은지 다시 한 번 점검해보시길 권한다. 경영학과 진학을 위해 열심히 공부하는 우리 아이가 실제론 공학계열이나 어문학계열 적성일 수도 있는 것이다. 자신이 좋아하는 분야 공부를 해야 학습 능률이 오르는 법이다.

C양의 어머니는 오늘도 걱정이 태산이다. 중학교 다니는 딸이 열심히 공부는 하는데 성적은 안 오르니 본인도 갑갑해하고 옆에서 지켜보는 사람들도 애가 타는 것이다. 차라리 공부를 안 하고 성적이 안 나오면 그러려니 하겠는데 공부는 하는데 성적이 안 나오니 내 머리가 나빠서 애가 고생하는 것은 아닌지 괜히 애 보기에 미안하고 마음이 아픈 것이다. 필자가 먼저 이 학생의 다중지능 검사를 해보니 딱히 머리가 나쁜 것은 아닌데 수학 적성은 좀 약한 편이었다. 그러나 반대로 감수성은 풍부하여 문학적인 재능으로 발전 가능성이 높아 보였다. 학생과 본격적으로 상담을 진행해보기로 하였다. C양은 한눈에도 얌전하게 보이는 학생인데 어딘지 주눅이 들어 있었다. 요즘 고민되는 일이 있냐고 물어봤더니 이 자리에 온 것이 부담스럽다는 것이다. 어머니가 자신의 성적이 안 올라서 온 것이 뻔히 보이니 괜히 신경이 쓰인다는 것이다. 그래서 어머니를 잠시 나가시라고 해놓고 둘만의 상담을 진행하였다. 본인의 말인즉 공부는 열심히 한단다. 1시까지 공부하고 7시 반쯤 일어나니 열심히 하는 편이었다. 근데 왜 성적이 안 나오는 것 같냐고 물었더니 집중이 안 된다는 것이다. 구체적으로 들어가 보니 자신은 공부 시작하고 조금만 있으면 딴 생각이 자꾸 나서 학습에 집중을 못한다고 했다. 오늘 학교에서 있었던 일, 친구와의 대화, 학원 친구와의 관계 등 별 생각이 다 나서 실제 학습에 집중하는 시간이 15~20분이 안 된다는 것이다. 그래서 보통의 학생들은 다 집중 가능 시간이 10~20분 사이이니 걱정하지 말고 20분 단위로 5분씩 잠시 쉬고 공부를 해도 된다고 말해주었다. 그러다 보면 집중 시간

이 30분이 되고 1시간이 된다고 말해주었더니 학생의 얼굴이 밝아지면서 진짜냐고 묻는 것이다. 당연히 진짜라고 걱정하지 말라고 재차 강조하였다. 단 학습 시간표를 짤 때는 꼭 오늘 수학 몇 문제, 영어 몇 문장, 단어 몇 개 등 구체적으로 짜도록 일러주었다. 그러면 집중력이 더 좋아지고 집중 시간도 더 길어질 수 있다. 그리고 TED나 대학 방문, 유명 고등학교 방문 등을 통해서 자신의 꿈을 찾아보라고 하였다. C양은 실제 모 학교의 학교 설명회에 참석하고 나서 요즘 그 학교에 진학하려는 욕심으로 탄탄히 학습 프로그램을 짜서 집중력 있게 공부를 하고 있다.

  겉으로 보면 공부를 열심히 하는 것 같지만 자신의 꿈을 모르면 그냥 수박 겉핥기식으로 시간만 때우니 결과가 안 나오는 것이다. 꿈을 찾아야 노력이 빛을 발할 수 있다. 지금이라도 우리 아이가 바라는 것이 무언인지, 무엇을 할 때 눈이 반짝이는지 관찰하고 길을 알려주자. 바로 이것이 자녀의 행복을 찾아주는 방법이다.

머리도 좋고 공부도 열심히 하는데 성적이 안 나오는 유형

이런 유형은 쉽게 발견되지는 않지만 그렇다고 완전히 드문 스타일은 아니다. 부모님이 보시기에 우리 아이는 머리도 나쁘지 않고 공부도 열심히 하는데 성적은 안 나오는 것이다. 참으로 환장할 노릇이다. 그런데 이런 학생들의 학습 습관을 자세히 분석해보면 몇 가지 공통된 특징을 발견할 수 있다.

첫째는 수동적으로 공부하는 것이다. 집에서 "너는 과학고를 가야 해.", 또는 "연·고대는 가야 해."라는 이야기를 들으면서 수동적으로 학원을 다니고 숙제를 하는 스타일이다. 즉 의무감과 집안의 기대감 때문에 공부를 하긴 하는데 마음은 딴 우주를 헤매니 학교 성적이 노력에 비례하지 않는 것이다. 이런 유형의 학생에게는 먼저 왜 공부하는지를 물어보고 스스로 목표를 수립하고 장래 진로를 결정하도록 해야 학습 효과가 발생하는 것이다.

둘째는 머리만 믿고 악착같이 하지 않고 정해진 학습량만 하는 것이다. '오늘 ○○를 하겠어.'라고 목표를 정해놓고 하되 그 이상은 하지 않는다. 큰 욕심이 없는 것이다. 만점이 아니라 90점을 목표로 하다 보니 항상 성적은 나쁘지 않은데 최상위권은 힘든 것이다. 이런 유형의 학생에겐 목표를 좀 더 상향해서 자신에게 맞는 학습 플랜을 짜길 권한다. 상향된 목표에 맞게 구체화된 학습 시간표를 짜고 나면 확인하는 과정이 필요하다. 이때 부모의 도움이 필요하다. 점검을 해줘야 되는 것이다. 최소 3개월 동안은 부모가 학습 플랜에 따른 점검을 매주 해주어야 효과가 있다.

셋째는 주로 여학생들에게 많이 발생하는 '인테리어 공부형'이다. 공부하려면 일단 공부방의 조명등부터 맞춰 보고 갖가지 색깔의 형광펜을 갖춘다. 그리고 문제집과 교과서를 화려하게 형광펜으로 장식하며, 각종 메모지도 부착한다. 그것으로 끝이다. 내용을 이해하고 암기하는 것이 아니라 꾸미는 데만 대부분의 학습 시간을 소비한다. 남들이 보기엔 공부를 많이 하는 것 같지만 실은 인테리어만 한 것이다. 이런 류의 학생들에게도 역시 학습 플랜이 유용하다. 처음에는 힘들어하지만 습관이 되면 점차 성적이 향상되는 것을 목격할 수 있다.

넷째는 초중교에서의 기본기가 부족한 학생이다. 어떤 사람은 몇 개월만 공부해도 학교성적이 오르지만 어떤 사람은 아무리 공부해도 점수가 오르지 않는다. 기계적으로 암기만 했지 근본 개념을 생각하는 습관을 들이지 않았기 때문이다. 초중교에선 학교시험 범위가 좁고 한정적이라 단순 암기로 성적을 올릴 수 있지만 고등학교에선 개념 파악이 안 되면 심화 문제를 풀기가 힘들어진다. 이런 유형은 기초부터 다시 돌아가서 학습을 해야 한다. 고등학생인데 어떻게 중학교 책을 보느냐고 부끄러워하지 말고 개념서부터 다시 봐야 한다. 그래야 지금의 심화 문제를 풀 수 있다. 어떤 내용을 보고 자신만의 방식으로 개념화하는 능력을 키워야 한다. 공식이나 암기 사항을 자신만의 방식으로 기억하는 것이다. 이런 노력을 계속하면 뇌가 활성화되고 자신만의 공부 방법이 생기게 되며 자연히 학업 성적도 향상된다.

실|제|사|례 1 〰〰〰〰〰〰〰〰〰〰〰〰〰〰〰〰〰〰〰〰〰〰〰〰〰〰〰〰〰〰〰

중학생 C군, 망각곡선을 활용한 학습 플랜으로 학업 성적이 오른 케이스

시간	변경 전 학습 플랜	변경 후 학습 플랜
오전 8시 ~ 오후 4시	학교생활	학교생활
오후 5시 ~ 오후 7시	당일 영어 학원 숙제	학교 수업 과목 복습
오후 7시~ 오후 10시	영어 학원 수업	
오후 10시 30분~ 12시 30분	다음 날 수학 학원 숙제, SNS, 게임 병행	당일 영어 학원 숙제 숙제할 때는 휴대폰 끄기

실|제|사|례 2 〰〰〰〰〰〰〰〰〰〰〰〰〰〰〰〰〰〰〰〰〰〰〰〰〰〰〰〰〰〰〰

잘생긴 얼굴, 훤칠한 키. 여학생들이 보면 너무 좋아할 학생이 들어섰다. 그런데 이 학생은 이제 중2다. 어디 가면 대학생이라 착각할 만한 모습이다. 외모는 다 좋은데 필자에게 내민 성적표는 이 학생에 대한 호감을 싹 가시게 만들 만큼 처절하였다. 영어를 제외한 모든 과목이 골고루 B와 C로 도배되어 있었다. 그런데도 본인은 특목고도 갈 수 있다고 자신만만하다. 이 학생은 다중지능 검사 결과 이공계열 적성인 것으로 나타났다. 따라서 2학년부터 내신 성적만 적용하는 전국권 자사고를 찾아가야 한다. 그러면 O학교와 H학교, 두 학교밖에 없다. 문제는 이 두 학교가 면접시험이 힘들 뿐 아니라 주

요 과목에서 심화를 요구하는 학교라는 점이다.

이런 경우 일단 학생이 현실을 직시하는 것이 중요하다. 자신의 희망이 아니라 실제 위치가 어디인지를 아는 것이 필요하다. 이 학생의 성적 중 A가 30% 전후라는 점을 지적하였고, B와 C의 차이가 대학 입학에 어떤 영향을 미치는 지를 설명했다. 더욱 중요한 점은 다중지능 검사 결과이다. 사실 이 학생의 공간 지각력과 수학적 사고력, 언어적 사고력을 종합해보면 전국권 자사고에 충분히 도전할 수 있을 정도로 높은 수준이었다.

그러나 스스로 그만큼 노력은 하지 않으면서 결과만 높은 곳을 바라고 있어 학교 성적이 하위 20%로 오게 된 것이다. 이 점을 충분히 설명하고 학생의 적성에 맞는 명문대학의 컴퓨터공학과를 목표로 제시했다. 이를 위해서 영어와 수학 그리고 과학 성적을 어떻게 올릴 것인가에 대해서도 구체적으로 얘기를 했다. 이런 경우 제일 중요한 점은 목표치를 구체적으로 설정하는 것이다. 예를 들어 수학은 98점, 영어 100점, 이런 식으로 구체적인 수치를 제시해야 스스로 의욕을 가질 수 있다. 둘째는 비교과활동에 대한 코칭이다. 어떤 분야의 책을 주별로, 월별로 몇 권을 읽고 감상문을 몇 줄 작성해야 하는지 구체적으로 한다. 그리고 봉사활동은 어떤 분야에서 2~3개월 간격으로 몇 시간을 해야 하는지 알려주었다. 임원활동, 동아리활동에 대한 조언도 빠트리지 않았다. 마지막으론 부모님이 자식에 대한 확신과 믿음을 가지고 끝까지 지원해줘야 한다는 점을 명확히 알려드렸다. 자식은 누구나 부모의 기대에 어긋나지 않으려는 속성을 가지고 있다. 비록 지금 당장은 그런 점이 나타나지 않더라도 참고 꾸준히 옆에서 도와주면 언젠가는 그 결실이 나타나는 법이다. 이 학생이 특목고를 갈 수도 있고, 실패할 수도 있다. 그러나 이런 과정을 거쳐 스스로 조련하고 목표를 향해 매진한다면 입시에서 절대 실패하지 않을 것이다.

05 열심히는 하는데 성적이 안 나오는 유형

이런 학생은 많지는 않지만 가끔씩 출현한다. 부모님은 이런 자식을 둔 것이 자신의 죄인 것마냥 필자를 보고 미안해한다. 나에게 미안한 것이 아니라 약간은 창피한 심정이라는 것이 맞는 표현일 것이다. 머리는 안 좋은데 열심히 공부하는 학생은 드물다. 진짜 머리가 안 좋은 학생은 억지로 책상 앞에 있는 것 자체가 쉽지 않다. 책상 앞에 있는 그 자체가 그래도 공부에는 관심이 있다는 방증이다. 그리고 혹시 공부 이외의 다른 분야에 재능이 있는지 여부를 체크해보자. 만일 예체능적인 측면, 즉 음악, 미술, 체육, 조리 분야에 흥미를 가지고 열정을 가지고 있으면 그쪽으로 밀어주자. 굳이 공부하기 싫고 적성에 맞지도 않는데 성적도 하위권으로 처져서 자기비하를 하는 것보단 훨씬 낫다. 요즘은 한 분야만 잘해도 성공할 수 있잖은가. 지금은 전문가의 시대이다. 만일 예체능 분야에도 재능이 없다면 이제 남은 길은 하나다.

오직 공부로 승부를 하는 수밖엔 없다. 다행스럽게도 우리나라 입시제도는 천재형보다는 노력형에 후한 점수를 준다. 즉 학교 내신만 높고 수능 성적이 좋으면 상위권 대학에 진학할 수 있는 것이다. 그러니 이제 남은 과제는 나의 약점을 알고 그에 맞는 노력을 하는 것이다.

첫째, 죽어라고 영어 공부를 하는데 영어 내신은 4등급이고 수학 내신은 5등급이면 그 원인을 찾아야지 학습 시간만 늘리는 게 능사는 아니다. 예를 들면 영어 평가는 지필과 수행으로 나뉘는데 지필 평가는 대부분 독해와 문법으로 구성되기 마련이다. 어느 쪽에 내 약점이 있는지 찾아서 보완을 하는데 학습 시간을 써야 한다. 수학에서도 내가 약한 영역을 찾아야 대비가 가능하다. 공부는 요령이다. 무턱대고 공부 시간만 늘리지 말고 약점을 찾아서 보완하자.

둘째, 문제집을 맹신하지 말자. 어려운 문제집을 푼다고 실력이 향상되는 것이 아니다. 수학과 같이 나선형의 레벨 체계를 가지고 있는 학문은 기초를 거쳐야 비로소 심화가 가능하다.

마지막으론 벼락치기를 체질화하지 말자는 것이다. 중학교 때는 범위가 좁으니 벼락치기가 가능했지만 고등학교는 시험범위가 넓어지고 응용영역도 확대되어 벼락치기가 통하지 않는다. 그리고 학원에선 이해가 되는데 집에서 혼자 풀다 보면 문제가 안 풀리는 경우를 경험했을 것이다. 학원 수업이 끝나고 바로 집에서 복습을 해야 비로소 그 강의가 내 것이 되는 것이다. 강사가 문제 푸는 것을 구경하는 것으로는 내 것이 되지 않는다. 내가 직접 풀어야 내 것이 되는 것이다.

중학교 3학년이 된 D군은 운동을 1학년 때부터 좋아했다. 축구와 야구, 농구 등 모든 스포츠를 다 잘해서 항상 운동을 하는 데 모든 시간을 쓰고, EPL축구를 보느라고 밤을 새기도 했다. 그러다가 중3이 되고 나니 이제 스스로 조금은 걱정이 되기 시작했다. 대학은 가야겠고, 그렇다고 선수로 갈 정도로 실력이 있는 것도 아니고 큰일 났다 싶었다. 그래서 상담을 왔는데 필자가 보니 공부에 적성이 있는 것은 아니었지만 성격만큼은 진짜 남자답게 시원시원했다. 그래서 진지하게 제안을 하였다. 지금부터 내가 하는 말만 들으면 넌 SKY대도 갈 수 있다고 얘기했더니 D군의 눈이 반짝거렸다. 영어, 수학, 과학을 이제부터 집중적으로 하라고 하고 학습 시간표를 짜주었고, 그 시간표는 새벽 1시까지 공부하도록 짜여 있었다. 그리고 그때 그 학생의 영어, 수학, 과학 내신 성적 평균은 50점대였다.

　나중에 어머니가 한 달 후에 찾아와서 얘기하시길 애가 잠을 자질 않는다는 것이었다. 그래서 무슨 소리냐고 물었더니 공부하느라고 새벽 2~3시까지 책상에 붙어 있다고 했다. 필자는 '그러다가 좀 있으면 그만두겠지.'라고 생각했다. 그런데 3학년 2학기에 어머니가 다시 찾아오셨다. 그리고 자랑스럽게 내 앞에서 아들자랑을 하셨다. 애가 이번 기말고사, 수학 지필에서 100점을 맞았다는 것이다. 난 너무 놀라서 처음에는 농담을 하시는 줄 알았다. 50점에서 100점이라니 그게 가능한가 싶었다. 그러나 어머니 말씀을 들어보니 수긍이 되었다. 3월에 컨설팅을 받고 나서 거의 새벽까지 공부를 하고, 학교에선 잠을 자곤 했단다. 학교 선생님들이 보시기엔 아예 성적이 안 나오는 학생이니 그냥 봐주셨던 것 같다. 그러더니 드디어 이번 기말고사에서 수학은 100점, 영어는 80점대 후반을 기록했다는 것이다. 어머니에게 고등학교 들어가면 더 좋아질 거고, 대학도 수능전형으로 가면 될 거라고 말씀드렸더니 너무 좋아하셨다. 그리고 최근에 다시 얘길 들으니 고등학교 진학 후에도 그 패턴을 그대로 유지해서 최상위권은 안 되지만 그래도 중상위권 이상은 유지하고 있다고 한다.

D군의 사례는 우리나라 입시의 실제를 그대로 드러내는 케이스이다. 좋은 머리와 적성도 성실함을 이겨내지는 못하는 법이다. 대한민국의 모든 학부모들은 절대 지금 아이의 성적이 안 오른다고 실망할 필요가 없다. 언젠가 마법 같은 순간이 오면 그 학생은 영재로 바뀐다. 그때가 빨리 오도록 응원해주고 지켜봐주면 된다.

06 적성과 열정의 결합이 최상위권 대학을 좌우한다

우린 가끔 주위에서 후광이 나는 학생들을 볼 수 있다. 공부도 잘하고 열심히 하면서 인물도 준수하고 인성도 갖춰진 그런 학생 말이다. 대체적으로 이런 학생은 자신의 진로나 적성에 대한 신념도 확실할 것처럼 보인다. 그러나 반은 맞고 반은 틀리다. 이런 학생의 특성은 첫째로 효자, 효녀형이라는 점이다. 이런 학생에게도 자신이 하고 싶어 하는 일이 있고 남들처럼 놀고 싶은 욕구도 있다. 그러나 그 이전에 부모님의 기대치를 먼저 생각하는 경향이 있다. 일반적인 학생이라면 이런 부모님의 기대감에 자신감이 함몰되어 스트레스를 과도하게 느끼는 나머지 반항심리로 일부러 공부를 등한시하는 경우도 많다. 반면, 머리가 좋은 학생은 부모의 높은 기대감에 지는 것이 아니라 부합하려고 노력한다. 수학, 과학을 잘하는 학생이 머리가 좋은 학생이 아니라 부모님의 기대치에 부합하려고 노력하는 학생, 현실적 판단을 잘하는 학생이 머리가 좋은 것이다. 주위에 있는 소위 '사'자 직업을 가진 사람을 보라. 자신이 진짜 좋아해서 판사, 검사, 의사가 된 사람이 몇 명이나 있는가? 부모님의 기대에 맞추어서 된 사람들이 태반이다. 부모님이 원하는 사람이 되고 나서야 비로소 자신의 진짜 적성을 찾아 제2의 인생을 사는 사람들도 많다.

필자의 고등학교 동기 중 머리도 좋고 인성도 좋은, 열심히 노력해서 서울 대에 진학한 친구가 있다. 당연한 코스로 대기업에 입사해서 고위 임원까지 되었고 지금은 벤처기업에서 임원으로 활동하는 존경할 만한 친구다. 이 친구를 최근에 만났더니 하는 말이 지금에서야 자신의 적성을 찾았다는 것이다. 무슨 얘기인지 들어보니 자신이 대학교에서 인문학을 전공할 때는 그게 자신의 적성인 줄 알았고, 회사에서 재무 담당 임원을 할 때는 그게 적성인 줄 알았는데, 지금 벤처기업에서 생명공학을 다루어보니 이 분야가 너무 재미있다는 것이다. 자신이 고교 시절에 이런 것을 미리 알았더라면 지금 유명한 의사가 되었을 거라고 했다. 그 친구는 끔찍이 부모님의 뜻을 존중하면서 살아서 대기업에 가고 임원이 되었다. 그래도 그 결정에는 후회가 없다고 덧붙였다. 이게 바로 우리 우등생들의 실체라는 것을 다시 한 번 깨닫는 순간이었다.

또 하나의 사례를 보자. 이 분은 중학교 때 PC 애플2를 구입해서 기초 프로그램 언어 '애플소프트 베이직'을 배웠고 PC를 바꾼 후에는 MS DOS와 윈도우도 익혔다. PC통신 서비스를 만나고 통신망을 통해 다른 사람과 소통하는 법도 배웠다. 고려대학교 법대를 졸업한 후 사법시험에 합격했다. 법무연수원을 다니면서 하이텔 법조인 커뮤니티 '법촌'의 시샵(커뮤니티 대표 운영자)를 맡았고, 컴퓨터수사부(지금의 첨단범죄수사부)에 근무를 해서 디지털 포렌식 기법을 도입했다. 이 촉망받는 검사가 갑자기 검찰을 떠나 변호사가 되었다. 부친이 암 판정을 받았는데 검사 월급으로는 치료비를 감당하기 힘들어서였다. 월급이 많아서 아버지가 돌아가실 때까지 치료비 걱정은 없었다. IT기업 사건을 위주로 변론을 하고 싶어서 2011년에 '혁신가들의 로펌'이라는 슬로건을 걸고 테크앤로를 창업했다. 지금은 자신의 적성과 열정을 바쳐 일을 하고 있다. 인터넷기업협회 법률 자문을 하고 있으며 스타트업얼라이언스의 고문 변호사다. 코리아스타트업포럼에서는 운영위원과 이사를 맡았다. 블록체인스타트업협회 부회장 직함도 있다. 스타트업액셀러레이터 빅뱅엔젤스와 컴퍼니 B, 디지털헬스케어파트너스DHP에서도 멘토와 파트너 등으로 활동하고 있다. 활동하는 정부 기관 위원회도 10개가 넘는다. 혁신이 붙은 정부 기관 위원회에는 거의 다 이름을 올렸다. 4차산업혁명위원회에서 사회제도혁신위원회가 대표적이다. 디지털포렌식을 한국 수사에 도입한 주역 가운데 한 명인 구태언 변호사의 이야기다.

실│제│사│례│1

명문 전국권 자사고에 입학한 학생의 이야기다. 이 학생이 필자에게 왔을 때는 허풍쟁이인 줄 알았다. 말끝마다 자신은 스티브잡스를 존경해서 창업을 하고 싶다고 얘기했다. 컴퓨터 공부만 하고 학교 공부는 생각지도 않았다. 어머님이 너무나 걱정되어 함께 오셨다. 그런데 다중지능 검사와 성향 검사를 했더니 의외로 천재형이었다. 필자가 학생에게 "넌 학교 공부를 창업에 접합시키면 진짜 크게 성공할 것"이라고 얘기하면서 창의적인 학생들이 주로 많이 지원하는 전국권 자사고 얘기를 해주고 도전해볼 것을 권하였다. 그 학생은 그 학교 얘기는 많이 들었다고 반색을 하면서 그 학교에 들어가기 위해 열심히 공부하겠다고 내 앞에서 약속하였다. 반신반의했지만 워낙 진지하게 얘길 해서 일단 받아들였다. 그 이후 얘기를 들으니 진짜 학교 내신 성적도 상승하였고, 결국 자신이 원하던 학교에 진학했다고 한다. 미래를 꿈꾸는 빅픽처가 실현된 것이다.

지금 이 책을 읽고 있는 학부모들에게 "사람은 자기가 꿈꾸는 대로 이루어진다. 만일 못 이루어지더라도 노력했던 과정은 영원히 자신의 것이 된다."고 말씀드리고 싶다. 우리 아이에게 꿈을 찾아주자.

실|제|사|례|2 〰〰〰〰〰〰〰〰〰〰〰〰〰〰〰〰〰〰〰〰〰〰

필자의 상담실 문을 열고 들어오는 학생들 대부분은 어느 정도 긴장을 하기 마련이다. 그런데 이 학생은 의외로 표정이 여유로웠다. 오히려 어머니가 초조한 듯 보였다. 일단 학교생활기록부의 진로희망사항란을 보니 1학년 때부터 전부 의사로 표시되어 있었다. 왜 의사가 되고 싶냐고 물었더니, 자기가 하는 일이 사람들에게 희망을 줄 수 있을 거라고 얘기를 했다. 학생부를 보니 세부능력 및 특기사항(세특)이나 담임 선생님의 종합의견란은 좋긴 하나 매우 우수하다고는 보기가 힘든 편이었다. 그런데 독서기록을 보니 1학년부터 각 영역에 걸쳐 수준 있는 독서를 했으며, 특히 수학, 과학영역에선 의학 관련, 고등수학, 생물학 관련 책들로 채워져 있었다. 신기해서 진짜 다 읽어본 책이냐고 물었더니 한술 더 떠서 과학 관련 주제로 리포트도 작성해본 경험이 있다고 하였다. 왜 담당 과목 선생님에게 보여드리고 수정을 받고 감수를 받지 않았냐고 하니 그렇게 하는 줄 몰랐단다. 그리고 봉사활동도 연간 30시간 이상씩 재활 기관에서 열심히 했다. 자신의 의견을 말할 때에도 너무나 명확한 표현을 사용하고 의사 전달력이 출중하였다.

어머님이 걱정하시는 것은 그 학교에서 한 명 정도만 H고를 들어간다는 것이다. 그래서 이미 학교에선 한 학생을 밀어주기로 했다는 얘기가 떠돈다고 했다. 학생 본인은 너무 그 학교를 가고 싶어 하는데 딴 학교 지원을 해야 하는지 고민이라는 것이다. 나의 해결 방안은 일단은 H고를 목표로 열심히 공부를 해서 면접에 대비하자는 것이었다.

자소서와 생기부상의 보완점을 살펴보았다. 딴 건 다 좋은데 담임 선생님의 종합의견란이 너무 평범하고 구체성이 결여되어 있기에 이를 시정하기로 하였다. 먼저 주요 과목 선생님 수업 시간에 활발하고 적극적으로 학습 능력을 어필하는 것이 중요하다는 점을 주지시켰다. 과목 선생님이 학생에 대한 좋은 의견을 내야 담임 선생님이 그 분야에 대한 의견을 피력할 수 있기 때문이다. 그리고 리더십 분야에서도 꼭 학급 임원이 되어야만 하는 것은 아니라는 것을 납득시켰다. 아무리 조그만 일이라도 성의를 가지고 꾸준히 하게 되면 결국은 담임 선생님이 그 사실을 인정하실 거라고 말해줬다.

어머님은 H고를 너무 어려워한 나머지 포기하고 다른 학교로 지원하려 했으나 필자는 반대였다. 오히려 정공법으로 뚫고 나가자고 말씀드렸다. 지금까지 H고에 간 학생들의 생기부와 비교해서 별로 뒤질 게 없는데 겁을 먹어서 지레 포기하는 것은 어리석은 일이라고 생각했다. 그리고 무엇보다 학생 자신이 열정을 가지고 있는 점이 무엇보다 큰 장점이었다. 내가 학교 관계자라면 이런 학생은 결코 놓치지 않으리라는 생각을 하였다. 물론 결과는 정반대로 나올 수도 있겠지만 나는 이런 열정을 가진 학생은 고입에서 실패하더라도 대입은 꼭 성공하리라 확신한다. 왜냐하면 대입은 수시 6회, 정시 3회 등 총 9번의 기회가 있기 때문이다. 훨씬 확률적으로 성공 가능성이 높다. 물론 지금과 같은 노력을 한다는 전제이지만 말이다.

07 최상위권 대학에 진학하는 학생들의 특징

　필자가 학생들을 상담하면서 최상위권 대학에 가는 학생들 중 학종으로 가는 학생들의 공통적 특징을 발견하였다. 그것은 공부 습관, 열정과 관련이 있었으며 그것이 곧 합격으로 이어지는 공식이었다. 과연 어떤 특징이 있었는지 알아보자.

　첫째, 모든 일에 열정적이다. 모든 학생들이 영어는 기본적으로 잘한다는 것을 보면 알 수 있다. 자신의 적성이 인문계열이든 이공계열이든 간에 공통적으로 영어라는 과목의 중요성에 대해선 모두 공감을 하고 있었다. 이 말을 좋은 대학에 가려면 무조건 영어만 공부하면 되겠다고 오해하면 안 된다. 이들은 최소한 초중교 재학 시절부터 영어 공부를 열심히 하였으며 꿈속에서 영어 단어를 말하고 영어로 토론했던 기억을 공통적으로 가지고 있었다. 그러나 신기하게도 인문계열 적성의 학생들은 수학 문제를 푸는 꿈을 모두 꾼

것은 아니었다. 이런 현상은 사춘기에 나타나는 전형적인 학습의 열의를 보여주는 하나의 현상이라 할 수 있겠다.

둘째, 성적이 좋은 학생이 무조건 학습 시간은 길고 수면 시간이 짧은 것은 아니었다. 대부분 6시간 정도의 수면 시간은 최소한 가지고 있었다. 이들의 특징은 학습 시간을 무조건 많이 가지는 것이 아니라 주어진 학습 시간에 집중하고 효율적으로 공부한다는 것이다. 이러다 보니 당연히 게임이나 SNS에 할애하는 시간은 일주일 평균 1시간 내외에 불과하였다. 반면, 학업성취도가 떨어지는 학생들은 휴대폰 게임으로 소비하는 시간이 주당 10시간이 넘어갔다. 2016년 정보화진흥원의 인터넷 실태 조사 결과에 따르면 청소년의 하루 휴대폰 사용 시간은 4시간 47분에 이른다. 이렇게 해서는 공부할 시간이 부족할 수밖에 없다. 휴대폰 게임 시간을 줄이고 그 시간을 활용하자. 그리고 이런 학생들이 호소하는 어려움은 집중이 잘 안 되고 자꾸 잡생각이 난다는 것이다. 이런 경우는 자신만의 리듬을 파악하고 공부 방법을 맞추는 것이 중요하다. 즉 자신의 집중력이 20분 내외라면 20분의 리듬에 맞추어 학습 계획을 짜는 것이 효율적일 것이다. 다른 학생들이 1시간의 리듬에 따른 학습 계획을 짠다고 덩달아 자신도 거기에 맞추면 오히려 더욱 비능률적인 학습이 된다.

셋째로는 자신이 좋아하는 영역을 찾아 그것을 미래의 전공 및 직업과 연계를 시켜야 한다. 무턱대고 영어, 수학, 과학을 공부하는 학생과 자신의 몇 년 후 직업과 대학을 생각하면서 공부하는 학생은 성취도가 다를 수밖에 없다. 그리고 이런 학생은 대체적으로 고등학교 1학년 때부터 학종 준비를 시작하기 때문에 상대적으로 2학년이 되어서야 학종을 준비하는 대부분의 학생들보다 유리할 수밖에 없다. 요즘은 1학년 7~8월에 자신이 2학년 때 들을 선택 과목을 미리 신청해야 한다. 자신이 어떤 영역에 관심이 있는지를 알아야 진로선택 과목을 신청할 수 있고 학종에 유리하다. 지금부터라도 꼭 자신이 어떤 적성을 갖고 있는지를 파악하고 미래의 계획과 연계시키길 바란다.

이것 때문에 힘들어요!

요즘 중고생들은 어떤 것들이 힘들게 한다고 생각하고 있을까? 씨앤씨입시연구소에서 컨설팅을 온 학생들을 대상으로 조사한 결과에 의하면, 제일 크게 스트레스를 받는 것은 역시 학교 성적이었다. 전체 학생의 31%가 성적 때문에 스트레스를 받는다고 응답하였다. 역시 중학생이나 고등학생이나 성적이 학생들에게 주는 압박감은 예나 지금이나 다를 바가 없는 듯하다.

압박감을 느끼면 주로 어떻게 스트레스를 푸느냐 하는 질문에는 의외로 게임이나 SNS가 답이 아니었다. 남학생들의 경우에는 운동, 여학생들의 경우에는 부모님 또는 친구들과의 대화로 해소한다는 대답이 많았다. 이런 점이 목동만의 현상인지 아니면 타 지역에도 동일한 현상인지 추후 좀 더 조사를 진행할 필요가 있겠다.

두 번째로는 의외로 높은 비율인 27.5%의 학생들이 스트레스를 받지 않고 생활한다고 대답하였다. 이 결과는 상당히 의외였다. 왜냐하면 목동이나 강남의 학부모들은 교육열이 강해서 자녀들에게 성적 향상을 기대하고 압박을 가하리라 추측했기 때문이다. 그러나 필자가 만나본 많은 수의 학부모들이 자녀들에게 공부하라고 얘기하는 것을 주저하고 있었다. 왜냐하면 그런 학습에 대한 말을 함으로써 학생들이 자극받아서 공부를 하는 것이 아니라 오히려 반작용으로 학습을 멀리할까 봐 두려워해서이다.

특히 중학교 때는 공부하라는 압박보다는 자연스럽게 학습을 하도록 환경을 조성하는 것이 더 효과적이라는 의견을 가진 학부모들이 많았다. 이들은 중학생 때는 공부를 좀 안 해도 고등학교 때 열심히 하면 그래도 어느 정도의 명문대는 갈 수 있을 거라고 확신하는 경향이 강했다. 아마 이렇게 생각하는 이유는 학부모 자신들이 예전에 공부하던 경험을 떠올려서 그런 것으로 추측된다. 그리고 일부학부모들은 학습에 대한 언급 자체를 구시대적 방식이라 생각하는 경향이 있는 것으로 보였다. 이런 유형의 학부모상은 최근에 열성적으로 학습을 권장하는 PD맘의 등장과 같이 하나의 세태를 반영하는 또 다른 학부모상으로, 앞으로 이 유형의 학부모들이 더 많이 나올지 귀추가 주목된다.

그러면 우리 학부모들은 이런 스트레스를 받고 있는 학생들을 어떻게 다루어야 하는 것일까? 그냥 스트레스 받지 않게 방치하면 좋을까? 아니면 더욱 철저하게 관리를 해서 성공대입을 향해서 달려 가야 하는 걸까? 필자는 자녀들에게 자신의 적성과 진로를 찾는 고민은 안겨야 대입에 성공할 수 있다고 생각한다. 수학, 영어를 무조건적으로 열심히 하라고 얘기하기엔 대학 입시는 너무 복잡하게 설계되어 있다. 그리고 무조건적인 공부가 재미있을 수가 없다. 적성 찾기를 위해서 각종 심리 검사도 유용한 도구로 사용될 수 있으며 체험학습도 유용한 방법이다. 그리고 무엇보다 효과적인 것은 미디어를 활용한 방법이다. 진로 관련 재미있는 다큐필름이나 TED 동영상을 찾아서 자녀들과 같이 시청하자. 여기서 중요한 것은 같이 시청해야 한다는 것이다. 혼자 알아서 보라고 하면 절대로 보지 않는다. 같이 보면서 추임새를 넣어주며 흥미를 유발해야 한다. 자녀교육은 공짜로 이루어지지 않는다. 자녀 대신 수능과 학교시험은 못 쳐주지만 이런 적성 찾기는 같이 해야 할 수 있다. 맹자는 모친의 삼천지교에 의해서 탄생된 결과물인 것이다. 우리의 자녀도 맹자는 못 만들지만 최소한 SKY대생은 만들 수 있다.

PART

2

아이의
적성에 따른
학생부종합전형
전격 준비 요령

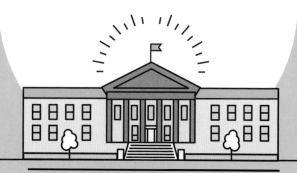

01 박지성 선수가 공부를 했으면 서울대에 갔을까?

　한 축구계 관계자는 "박지성 선수와 동년배였던 모 선수는 천부적인 재능을 갖고 있었다. 어린 시절부터 많은 관심을 받았다. 반대로 박지성은 다소 주목받지 못했다. 하지만 끊임없는 노력이 박지성을 지금의 자리까지 올려 놨다."고 말했다. 박지성은 세류초등학교 6학년 시절 '차범근 축구 대상'을 차지했다. 전국대회 준우승을 거둬 유망주로 당당히 이름을 올린 것이다. 하지만 이후 그의 발자취는 주류와는 거리가 멀었다. 안용중학교를 거쳐 수원공고를 졸업한 박지성은 명지대에 입학하기 전까지 주축 선수로 불리기엔 부족했다. 왜소한 체격과 눈에 띄지 않는 플레이는 화려함과 거리가 멀었다. 아버지 박성종 씨가 박지성에게 개구리즙이나 각종 보약을 먹여 1년 사이에 10cm 이상 키를 키운 것은 유명한 일화다. 당시 박지성이 아버지에게 "프로 못 가면 통닭집 하며 살게요."라고 웃으며 말했다는 얘기도 널리 알려진 사실이다.

　프로 선수가 되는 그 순간까지도 박지성의 축구 인생은 순탄치 않았다. 박지성이 태극마크를 달게 된 것은 명지대 시절 허정무 당시 올림픽대표팀 감독과의 인연 덕분이다. 허 감독은 박지성의 성실함과 헌신적인 플레이를 눈여겨본 끝에 그를 발탁했다. 박지성은 2001년 1월 처음 성인대표팀에 이름을 올렸다. 이후 박지성은 일본 J리그 교토 퍼플상가(현 교토상가)에 입단해 탁월한 체력으로 주전 자리를 꿰찼다. 2002년 월드컵을 앞두고는 박지성 인생에서 빼놓을 수 없는 두 번째 은사인 거스 히딩크 감독을 만나 월드컵 영웅으로 발돋움했다. 박지성은 조별리그 최종전인 포르투갈과의 경기에서 가슴 트래핑에 이은 절묘한 왼발 슛으로 골을 터뜨려 한국의 사상 첫 16강행을 결정지었다. 2002년 월드컵 4강 신화에 기여한 박지성은 곧장 히딩크 감독을 따라 네덜란드로 건너갔다. 그는 PSV에인트호번 시절 초반에 힘든 시간을 겪기도 했으나 결국 2004~2005시즌 팀을 유럽축구연맹 UEFA 챔피언스리그 4강까지 이끌었다. 2005년부터 2012년 7월까지 박지성은 EPL 맨체스터 유나이티드에서 뛰었다. 박지성은 한국을 넘어 아시아의 상징으로 맨유에서 7시즌(205경기 27득점)을 보냈다. 그리고 은퇴한 지금 그는 영원히 한국 축구의 레전드가 되었다.

　박문성의 풋볼리즘이라는 기사에 한 선수가 한 말이 나온다. "솔직히 박지성을 인정하기 어려웠습니다."라는 고백이다. 2002년 월드컵 이전까지 박지성의 이력은 대단치 않았다. 뚜렷이 내세울 것이 없었다고 하는 것이 맞을 것이다. 요즘 유행하는 말로 스펙을 갖추지 못한 20대 초반의 박지성이었다. 가냘프고 어렸다. 대표팀은 딴 나라 얘기일 뿐이었다. 대학 진학도 쉽지 않았다. 박지성의 성실한 자세를 아끼고 안타까워한 은사의 노력이 아니었으면 가능하지 않았을 일인지 모른다. 2002년 월드컵 포르투갈전에서 골을 넣었을 때도, J리그를 거쳐 유럽 무대에 진출했을 때도 마음 한편엔 성공보단 실패의 그림자가 자리 잡고 있었다고 한다. 이렇다 할 이력이 없고 타고난 재능이 부족하다고 여긴 탓이다. 박지성의 최대 강점은 후천적 재능에서 비롯했다. 자신의 단점을 극복하기 위해 누구보다 많이 뛰고 또 훈련하는 전형적인 노력형 선수이다. 재능이 있어도 노력하지 않으면 아무것도 이룰 수 없다는 걸, 또 재능보단 노력이 중요하다는 걸 박지성 선수가 보여주었다.

우리는 박지성 선수의 사례에서 가장 중요한 점을 놓치지 말아야 한다. 그것은 조기에 자신이 좋아하는 것을 발견한 것이다. 적성을 조기에 발견하는 것이 '조기교육'이다. 대입 학종에서 2학년 2학기부터 전공 관련 학교활동을 열심히 한 학생은 1학년 1학기부터 준비한 학생에게 뒤질 수밖에 없다. 이것이 학종의 핵심이다. 즉 '조기 적성 발견'이 핵심인 것이다.

그러면 박지성 선수가 공부를 했으면 서울대에 갔을까? 필자는 당연히 갔다고 본다. 축구인들이 공통적으로 하는 얘기는 박지성 선수는 타고난 재능이 아니라 노력으로 그 자리까지 갔다는 것이다. 어느 사설 연구소에서 7년 동안 3,121명의 서울대 신입생들을 인터뷰해보니 대부분은 보통의 머리에 적절한 노력을 한 학생들이었다. 세인트존스대학교 조석희 박사의 발표에 의하면 서울대 신입생의 평균 IQ는 110~120 사이인 것으로 나타났다. 이 얘기는 우리나라 입시는 타고난 재능보다 노력으로 좌우된다는 것을 의미한다. 그러면 박지성 선수가 축구를 접고 공부를 해서 서울대에 갔으면 행복했을까? 맨유에 갔으니 행복했고, 우리나라의 그냥 그런 실업팀 정도에 갔으면 불행했을까? 어떤 팀에 갔더라도 행복했으리라 생각한다. 성공은 자기 자신의 척도이지 남의 시각에 따라 좌우되지 않는다고 믿는다. 우리 아이들도 마찬가지이다. 단순한 표피적인 면으로 성공을 포장하려고 하지 말자. 진정으로 우리 아이들이 좋아하는 것을 하도록 응원해주고 도와주자. 그것이 성공이다.

02 다중지능 검사와 IQ

　요즘 다중지능에 대한 관심이 높다. 모든 분야에서 무조건 성적이 높은 학생을 천재라고 부르던 시대가 가고 박지성, 박태환, 조수미처럼 축구, 수영, 음악 등 특정 분야에서 재능을 보이는 이들이 전문가, 스타, 천재 소리를 듣는 시대다. 다중지능 검사는 하워드 가드너 박사의 다중지능 이론을 근거로 개발한 심리 검사 도구이다. 다중지능은 8가지의 지능영역으로 구분되는데, 지능의 형성 중 가장 많이 발달한 지능이 어떤 영역인지를 발견함으로써 기존의 단일적 지능 측면(일반적으로 학습 부진아를 판별하기 위한 비네의 IQ 검사)이 아닌, 다양한 지능영역에서 개인의 지능발달 중 가장 강점으로 나타나는 지능영역을 알고자 하는 것이다.

　다중지능의 영역은 언어지능, 논리수학지능, 음악지능, 신체운동지능, 공간지능, 자연지능, 대인지능(인간친화지능, 인간친밀지능, 사회성지능), 개인 내 지능(자기이해지능, 자기성찰지능) 등 8가지로 나타낸다. 유아 다중지능 검사와 아동 다중지능 검사는 재능 및 잠재력 발견, 청소년 다중지능 검사는 대학의 학과 선택, 진로 및 직업 선택, 학습 유형, 행동 유형 등의 탐색에 활용된다. 요즘은 중고교 학생들의 계열 적성과 적합한 대학의 학과 선정을 위한 도구로 주로 사용되며 학생부종합전형을 대비하기 위한 기초 자료로 많이 활용하고 있다.

다중지능 검사를 통한 기대 효과의 가장 중요한 핵심은 자기 이해와 자기 탐색을 기본으로 비전을 형성할 수 있도록 미래 설계를 도와주며, 자아 존중 및 자아실현을 돕는 효과를 가질 수 있다는 것이다. 자기 이해는 자신의 재능, 잠재력, 강점, 약점 등을 탐색하며, 그것을 바탕으로 미래 설계에 도움이 되는 적성, 진로, 직업, 비전을 찾는 것이다. 다중지능 검사 결과를 토대로 자신의 강점을 극대화하여 자기 성장과 자아실현을 이루는 것이며, 자신을 아는 것이 곧 성장의 열쇠가 된다.

'지적 개념'에 한정해 획일화된 지능을 계산한 IQ 검사만으로는 우리가 흔히 말하는 천재 바이올리니스트나 축구 선수가 왜 나오는지, 지능 검사가 이들의 능력을 왜 식별하지 못하는지 답을 구할 수 없었다. 하지만 다중지능 이론에 따르면 이들은 각각 음악적 지능이 높거나 신체·운동적 지능이 매우 뛰어나다는 점을 알 수 있어 이해가 가능하다. 다중지능에선 단순히 언어, 수학지능이 높고 낮다는 정보만 나오는 게 아니라 어떤 내용의 지능이 높고 낮은지 인간의 능력과 특정 영역을 연결한 결과가 나오게 된다. 즉, 사람마다 잘할 수 있는 분야가 존재한다는 것이 이 이론의 핵심이다. 어떤 영역에서 지능이 낮다고 실망할 필요도 없다. 부족한 지능은 개발할 수 있다. 가드너 교수는 한 방송 인터뷰를 통해 "장애보단 능력에 관심을 주고, 특히 아이들의 경우는 못하는 부분을 근육처럼 발달시켜주면 계발이 가능하다."고 했다. 누구라도 동기를 부여받거나 지능을 높이 평가하는 문화권에 소속되거나 도움을 줄 인물 등이 있으면 지능 강화가 가능하다고 주장했다. 이는 부족한 부분은 얼마든지 채워질 수 있다는 것을 의미한다. 요즘 시대에는 획일화된 IQ 검사보단 자신의 흥미도와 적성에 연계된 다중지능 검사가 더 미래지향적이며 개성화 시대에 더 적합한 심리 검사라고 말할 수 있을 것이다.

2019학년도 수능에서 만점을 맞은 서울 강북구에 위치한 학교에 다니는 학생 김군은 IQ가 110이라고 스스로 밝혔다. 그리고 모든 학부모들이 꿈에 그리는 서울대 의대에 진학하겠다고 포부를 밝혔다. 서울대 정시는 수능 100%이니 합격은 당연지사이다. 언론 보도에 따르면 김군은 인터넷 강의로 홀로 공부했다고 한다. 학원도 초등학교 때 1년간 영어, 수학 학원을 다닌 게 전부다. 하지만 수능 만점을 받기까지는 순탄치 않았다. 김군은 초등학교 6학년 때 '급성임파구성 백혈병' 진단을 받았다. 이후 중학교 3년 내내 항암 치료를 받으며 병과 싸웠다. 치료를 받으며 자사고인 선덕고에 입학했고, 고등학교 1학년 3월에 완치 판정을 받았다. 김군이 매번 상위권을 유지한 것도 아니었다. 그는 2학년 1학기 미적분 과목에서 3등급을 받았고 2학기 영어에서도 3등급을 받았다고 한다. 그의 공부 비법은 '꾸준함'이었다. 고등학교 3년 내내 오전 8시에 등교해 오후 10시 30분에 집에 왔다. 수능 일주일 전까지도 오후 9시까지 자율학습을 했다. 야자 때는 주로 학교 수업을 복습하고 인터넷 강의는 집에서 들었다고 한다. 그는 "거창한 전략 같은 것은 없었다. 그냥 시간 날 때마다 공부했다. 자습 시간을 최대한 확보하고 배운 내용을 '내

것'으로 체화하려고 했다."라고 말했다. 김군이 수능 만점을 맞은 것은 IQ로는 설명이 불가능하다. 그러나 다중지능으론 설명이 가능하다. 필자가 보기엔 학교의 최상위권 학생들 중 최소한 20~30%는 머리가 아니라 목표달성에 대한 열정과 자신의 성향을 이용한 학습법으로 공부를 하는 것으로 보인다. 실제 씨앤씨입시연구소의 조사 결과에 따르면 IQ로는 중하위권에 있어야 하는 학생이 상위권에 있고 최상위권에 있어야 할 학생이 중하위권에 있는 비율이 최소 20% 선이다. 학부모 여러분도 자녀들의 성향을 찾고 거기에 맞는 학습법을 개발하는 것이 IQ보다 훨씬 중요한 요인이라는 점을 아셨으면 좋겠다.

고슴도치도 자신의 새끼는 예쁘게 보이는 법이다. 이런 시각을 좀 더 객관적으로 평가하는 것이 다중지능 검사이다. 무조건적, 맹목적으로 자녀를 긍정적으로 보지 말고 객관적으로 자녀들의 장점을 찾아내서 극대화하자. 그리고 진학을 원하는 학교의 특징과 원하는 전공에 따라 입시 전략을 짜자. 이것이 학종이다.

03 경영, 경제계열의 다중지능 및 입시 대비

우리는 흔히 인문계 적성, 이공계 적성이라고 얘기한다. 왜 이런 구분이 중요한 것일까? 이것은 다분히 입시 때문이다. 현재도 문과, 이과 통합형교육과정인 2015 개정교육과정이 고1 학생부터 실행 중이며 향후에는 더욱더 정교하게 실행될 것이다. 문과, 이과 통합형 과정이란 자신의 진로에 관련된 선택 과목을 2학년 때부터 스스로 선택하는 것이다. 현재까진 학교에서 이과반이나 문과반에 맞는 커리큘럼을 마련해 놓고 학생들은 거기에 맞추어 과목을 이수하면 되었다. 그러나 2018년 고1 학생부턴 스스로 자신에게 맞는 과목을 선택할 권리가 생긴 것이다. 예를 들면 내가 이과형이면 수학, 과학 과목 중에서 심화 수학, 심화 과학 등을 선택하면 전공연계성을 좀 더 보여줄 수 있을 것이다. 그래서 내가 어떤 적성에 맞는지를 보다 적극적으로 탐구하는 일이 중요해졌다. 그래야 적합한 진로선택 과목과 심화 과목을 선택할 수 있으며, 학생부종합전형도 대비할 수 있는 것이다.

그러면 인문계열학과 중에서 가장 선호도가 높고 취업이 잘되는 경영, 경제계열에 적합한 다중지능은 어떤 형일까? 경영학은 회사를 관리하는 방법과 기술들에 대해 배우는 학문이다. 경영학과 수업의 대부분에는 회사 경영에 필요한 회계학, 재무 관리, 생산 관리, 마케팅, 증권뿐 아니라 세법, 상법, 인적자원 관리, 기업 윤리 등이 포함되어 지극히 실무적이라고 볼 수 있다. 경제학은 경제 전반에 대해 배우는 학문이다. 경제학은 가치를 생산, 교환, 분배, 소비하는 인간의 기본 행동을 연구한다. 경제학과에서는 기본적으로 경제학을 공부하는데, 모든 경제이론이 수학을 통해서 설명되는 것은 아니지만 많은 내용이 수학적 논의와 증명을 포함하고 있다. 따라서 수학을 잘하는 학생이 상대적으로 유리할 수밖에 없는 건 사실이다. 그래프를 직관적으로 분석할 수 있는 능력이나 사고력 등이 매우 중요한 역할을 한다. 따라서 경제학과에선 미분과 적분, 벡터, 초월함수 등 이과수학의 모든 영역들을 다룬다. 따라서 수학을 싫어하거나 적성이 충분치 않은 학생에겐 힘든 분야라 할 수 있다. 이 기회에 수학적 사고력이 부족하다고 느끼는 학생들은 경제학과 진학을 재고해보길 권한다. 반면에 경영학에선 수학보다 인간관계, 조직 관리 등의 영역이 중요하게 다루어지기 때문에 경제학과보다 수학에 대한 부담은 덜하다고 볼 수 있다. 그러나 경영학에서도 재무 관리, 회계 등을 다루기 때문에 수학을 잘하는 학생에게 다분히 유리하다.

경영이나 경제계열에 적합한 다중지능의 유형은 일단은 논리수리지능이 뛰어나야 한다. 그래야 수학적인 면을 커버할 수 있다. 그러나 경영학과를 지망하는 학생에겐 꼭 수리지능이 뛰어나야만 적합하다고 말하긴 어렵다.

CEO를 꿈꾸는 학생이라면 수리지능도 중요하지만 대인지능과 목표를 향한 열정의 정도가 더 중요한 요인이라고 볼 수 있다. 그다음으론 언어지능을 들 수 있다. 경영, 경제도 결국은 대상은 인간이다. 커뮤니케이션 능력이 절대적으로 중요하다. 이론 경제학자일 경우에는 다르겠지만, 경영학도를 꿈꾸는 학생들은 커뮤니케이션 능력을 키우는 것이 무엇보다 중요하고, 관련 과목으로는 영어, 수학, 국어가 중요하다. 경영, 경제학과에선 대부분의 교재가 원서이니만큼 특히나 영어의 중요성이 커진다. 요즘은 교환학생 제도가 활발하고 해외대학 간의 학술 세미나나 토론 등이 열리기 때문에 독해 실력뿐만 아니라 쓰고 말할 수 있는 다방면의 능력이 요구되고 있다. 그리고 경영학과 진학을 원하는 학생들은 경영, 경제에 관한 독서가 중요하다. 학종으로 진학하고 싶은 학생이 독서이력에서 특이성이 없다는 것은 전공연계성이 없다는 증표이다. 학종에선 필수적으로 자신이 가고 싶은 길에 대해 노력한 흔적이 필요하며, 이것은 독서이력으로 나타나게 된다. 경영, 경제계열의 적성은 대체적으로 이과계열의 학생과 중복되는 경향이 있다. 경영, 경제학과에서는 수학적 이해도가 중요시되기 때문이다. 이공계열 적성과의 가장 큰 차이점은 대인관계 능력과 금융에 관심을 보이는 학생이 많다는 점이다. 또 장래 자신의 비즈니스를 하고자 하는 비전을 가진 학생이 많다는 점도 타 적성과 구분된다고 하겠다.

어느 고등학교가 유리할까? 고교선택 가이드

1) 외고, 국제고

외고, 국제고는 어학 및 문학계열에만 적합한 학교로 잘못 알고 있는 분들이 많지만 실제로 2014~2018년 외고 졸업생의 어문계열 진학률 평균은 36%에 불과하다. 이것은 외고에서 외국어 능력을 활용한 다양한 과목과 활동을 통해 인문사회분야로 진학하는 학생이 많다는 것을 의미한다. 외고는 어학 특기자만을 양성하는 특목고가 아니라 인문사회계열 진학 학생을 위한 학교라는 특성을 염두에 두고 학교를 선택하기 바란다.

2) 전국권 자사고

전국을 대상으로 학생을 선발하는 10개 전국권 자사고와 광역 단위로 선발하는 한일고, 공주사대부고 등의 학교는 인문계열과 이공계열 학생을 다 포함하고 있다. 민족사관고와 하나고, 용인외대부고 등이 대표적인 학교라 할 수 있다. 이 학교들은 수시전형 특히 학생부종합전형에 적합한 다양한 교과·비교과 프로그램을 운영하고 있어서 일반고보다 최상위권 대학 진학실적에서 우위를 보이고 있다.

3) 일반고

대체적으로 교육특구라고 불리는 지역의 일반고가 진학실적이 좋다. 그러나 타 지역의 일반고 중에서도 인문계 중심의 심화 프로그램을 운영하고 있는 학교는 진학실적이 좋다. 학교별로 어떤 특색 있는 교육 프로그램이 있는지는 학교알리미에 들어가서 교육특색사업 항목을 보면 알 수 있으니 참고하기 바란다.

서울대 일반전형 경제학과 합격 학종 사례

1) 내신등급(서울지역 일반고의 경우)

1~3등급 이내 특목고, 전국권 자사고는 내신보다 전공연계성이 중요하다. 1학년 성적보다 2, 3학년 때 성적이 상승하는 우상향 추이가 유리하다. 일반고는 1~3등급을 벗어나면 생기부가 극히 우수하지 않은 이상 일단은 힘들다고 볼 수 있겠다.

2) 2015 개정된 교육과정에 따른 연관 교과목

경영, 경제학과는 수리적인 자질과 분석력이 필요한 관계로 수학교과가 매우 중요시된다. 수학Ⅰ, 수학Ⅱ, 미적, 확률과 통계 과목은 필수적으로 이수하는 것이 유리하다. 사회교과의 일반 선택 과목 중 경제, 정치와 법, 사회문화가 도움이 되며, 생활, 교양 과목에서는 일반 선택의 논리학, 논술 과목과 관련성이 있다.

3) 주요 비교과활동

- 전공연계 독서활동: 연간 10권 내외
- 동아리활동: 경제 관련 동아리, 예체능 동아리
- 경제현상 관련 소논문 작성
- 수상실적: 영어, 수학, 경제 관련 대회
- 봉사활동: 지역 교육센터, 연간 50시간 이상
- 자소서 특징: 창의적인 문제해결 사례 제시, 4번 항목 독서이력 소개에서 한국경제의 현안에 관련된 책 두 권을 소개하면서 날카로운 통찰력과 문제의식을 어필하는 것이 유용하다.

행정, 법학계열의 다중지능 및 입시 대비

04

　법학과 행정학은 사회의 다양한 문제에 대한 합리적인 사고와 분석, 논리성이 요구되는 분야이다. 다중지능으로 보면 논리적성, 언어적성, 수학적성, 봉사적성 등에 자질을 가진 학생들이 주로 도전을 하는 분야이다. 경영, 경제계열과 더불어 인문계열에선 인기 계열이나 이제 사법시험이 없어지고 로스쿨 체제로 전환되면서 예전만큼의 인기는 누리지 못하고 있긴 하지만 많은 학생들이 선호하는 계열임엔 틀림이 없다. 이 계열을 지망하는 학생들의 특이점은 사회의 부조리한 점에 대한 개선에 관심이 많으며, 정의의 실현이라는 명제에 큰 관심을 나타내고 있다는 점이다. 많은 수의 학생들이 법조계 진출의 꿈을 가지고 있으며, 권력에 대한 지향성을 보여주기도 한다. 그러다 보니 이들 계열의 학생들이 가장 갖추어야 할 적성은 봉사적성이다. 무분별한 권력에 대한 집착이 어떤 결과를 사회에 가져오는지를 우리는 지금까지

뼈저리게 경험해왔다. 이러한 이유로 학생부종합전형으로 진학을 꿈꾸는 학생들은 전공 관련활동 뿐만 아니라 봉사활동 등 인성적인 활동도 중요하다는 것을 꼭 기억해야 한다.

세부적으로 들어가 보면 행정학은 효율적인 국가 운영과 각종 사회 문제 및 갈등을 해결하고 조정하는 방법에 관한 학문이다. 따라서 다양한 사회 문제에 대한 관심과 정부의 각종 정책 및 제도에 대한 비판적 사고가 필요하다. 또, 공공 분야의 다양한 현상에 대한 종합적인 분석력, 판단력, 의사소통능력, 문제해결능력을 갖춘 학생에게 적합한 분야이기도 하다. 법학과는 사회 각 분야의 정의와 민주주의를 실현하기 위해 법률에 대한 전문적인 지식과 자질을 갖춘 유능한 법률 전문가를 양성하는 곳이다. 요즘은 로스쿨이 법조계 입문의 필수 코스로 자리 잡음에 따라 학부에서 행정학을 전공하는 학생들이 많아지는 추세이다.

어느 고등학교가 유리할까? 고교선택 가이드

1) 외고, 국제고

2012년 이후 검사 임용 현황에 따르면, 로스쿨 출신 검사가 배출되기 시작한 2012년부터 올해까지 임용된 로스쿨 출신 검사 336명 가운데 SKY대 출신인 검사가 전체의 67.6%인 227명으로 집계됐다. 또 로스쿨 출신 검사 4명 중 1명이 외고(61명) 또는 과학고(21명) 출신이며, 그중에서도 서울에 위치한 대원외고, 명덕외고, 서울과학고 등의 비중이 절대적인 것으로 나타났다. 아직도 우리나라의 법조계는 SKY대와 외고 출신들의 비중이 절대적으로 높다. 고교를 선택할 때 눈여겨보아야 할 사항이다. 특히 외고 출신들이 상위권 로스쿨에 많이 진학함에 따라 자연히 검사 임용자 수도 많아졌을 것이라 볼 수 있다.

2) 전국권 자사고

전국을 대상으로 학생을 선발하는 10개 전국권 자사고가 광역권 자사고에 비해 절대적으로 유리하다. 왜
냐하면 광역권 자사고는 대부분 정시에 초점을 맞추는 전략을 쓰는 반면에 전국권 자사고는 수시에서 비
중이 높은 학종에도 대비한 학교 프로그램을 적극적으로 운영하고 있기 때문이다.

3) 일반고

수능으로 진학하기를 원하는 학생들은 교육특구의 일반고가 유리하며, 수시 진학을 원하는 학생들은 지역
의 일반고 중 수시실적이 우수한 학교를 선택하는 것이 유리하다.

서울대 일반전형 행정학과 합격 학종 사례

1) 내신등급(서울지역 일반고의 경우)

1~3등급 이내, 특목고, 전국권 자사고는 내신보다 전공연계 과목의 성적이 더 중요하다.

2) 2015 개정교육과정에 따른 관련 과목

행정학, 법학을 전공하길 원하는 학생들은 일단 논리적 분석력이 필요한 과목과 윤리의식을 함양할 수 있
는 과목을 수강하는 것이 유리하다. 경제, 경제수학, 정치와 법, 사회문제 탐구 등의 과목이 관련이 있다.

3) 주요 비교과활동

- 전공연계 독서활동: 연간 10권 내외
- 동아리활동: 연관 동아리 또는 자율 동아리
- 수상실적: 사회, 논술, 영어, 수학 관련 대회
- 봉사활동: 자신의 진로와 연계된 활동이 중요, 대체적으로 연간 50시간 이상
- 자소서 특징: 향후 자신의 진로 설계를 현재의 상황과 연계시키는 학교활동 기술

05 의학계열의 다중지능 및 입시 대비

요즘 의사의 인기가 상한가다. 영재고를 진학한 영재들도 졸업이 가까워 오면 슬그머니 의학계열로 진학하는 경우를 왕왕 볼 수 있다. 그래서 입시 업계에선 "서울대 위에 의대"라는 말이 정설로 통용되고 학부모나 학생들도 인정한다. 그러면 상위 0.5%에게만 열려 있는 의사의 길을 걷는 사람들에겐 어떤 자질, 적성이 필요하며, 의대 진학을 위해서 우리가 어떻게 준비를 해야 할까? 의사 전용 지식·정보공유 서비스 '인터엠디'는 2018년 11월 26일부터 이틀간 의사 564명을 대상으로 설문조사를 실시한 결과, '의사를 하기에 가장 적합한 유형은 어떤 사람인가?'라는 질문(복수 응답)에 '의사소통 역량이 뛰어난 사람'(57%)이라고 응답한 사람이 가장 많았다고 밝혔다. 그다음으로는 '학습에 대한 지속적인 열정과 관심이 있는 사람(47%)', '사회적인 책임감과 사명감이 높은 사람(46%)', '공감능력이 뛰어난 사람(37%)'이 뒤를 이었다. 의외로 '자연과학 계열에 재능이 있는 사람'은 13%에 그쳤다. '의사에 부적합한 유형은 무엇인가'에 대한 질문에서도 '의사소통하는 것을 힘들어하는 사람(59%)'이라는 응답 비율이 압도적으로 높았다. '병원 포비아 증상이 있거나 피를 두려워하는 사람'은 20%로 상대적으로 응답 비율이 낮았다. '성공한 의사가 되기 위해 필요한 소양(의료 지식 제외)'으로는 단연 '외국어(47%)'를 1순위로 꼽았다. 그 뒤는 '경제, 경영, 금융(42%)', '인문학, 역사(40%)', '심리학(32%)', '법학(18%)', '컴퓨터공학(9%)', '자연과학, 수학(9%)', '예체능(7%)', '기타(1%)' 순으로 나타났다. 특히 이런 설문 결과를 바탕으로 2019학년도 의대 지원을 앞두고 있는 수험생들에게 해주고 싶은 조언을 구하니 많은 의사들은 학생이 의사에 적합한 유형인지 적성부터 확인해야 한다고 말했다.

씨앤씨입시연구소에서 상산고를 지원하는 학생들의 다중지능 검사 분석 결과를 보면 위의 설문 결과와 거의 일치하는 것을 볼 수 있다. 상산고 지망자의 90% 이상이 의사가 되기를 희망하였으며, 그중에 수학적성이 보통 수준을 넘는 뛰어난 학생이 90% 이상이었으나, 과학고, 영재고 정도의 뛰어난 수학, 과학적성을 가진 학생 비율은 30%가 되지 않았다. 오히려 상산고 지망 학생들은 언어지능과 대인관계가 뛰어난 학생들이 압도적으로 많았다. 의대교육과정을 보면 수학 실력이 뛰어나도 별로 효용이 없다는 것을 알 수 있다. 예과 2년 동안에는 화학(일반화학, 유기화학)과 생물학(일반생물학, 세포생물학, 분자생물학, 유전학), 기타 교양 과목, 본과 1학년부터 본과 2학년 1학기까지는 기초의학 과목이며, 본과 2학년 1학기부터 본과 3학년 1학기까지 임상의학 과목을 학습하고 나머지 1년 내지 1년 반 정도는 병원에서 실습을 한다.

어느 고등학교가 유리할까? 고교선택 가이드

1) 전국권 자사고
상산고의 실적이 단연 돋보인다. 매해 190여 명이 중복 합격을 하며, 입학생의 대다수가 의대 진학을 위해서 상산고에 간다고 말한다. 현역생 기준으로 2019학년도에는 76명이 진학하였다. 특히 2019학년도에는 중앙대, 경희대 등의 수도권 의대에 학종으로 진학한 학생 수가 많아졌다는 것이 학교 관계자들의 얘기이다. 상산고 못지않은 학교로는 수시와 정시실적이 고르게 나타나는 외대부고가 요즘 떠오르는 핫한 학교이다. 수도권 의과대학은 학종 비율이 높아서 수시 쪽도 같이 생각하는 학생 입장에선 딱 맞는 학교라 할 것이다. 지방의 학교 중에는 울산의 현대청운고가 의대 진학에서 강세를 보이고 있는 학교이다.

2) 일반고
일반고는 교육특구지역에 있는 학교가 진학률이 높다. 서울 광역권 자사고인 강남의 휘문고와 목동의 일반고인 강서고가 의학계열 진학에선 선두 그룹을 형성하고 있으나 단 대부분이 정시로 진학한다는 점을 명심해야 한다. 지방의 학교 중엔 대구 경신고가 의대 진학으로 유명하다.

의대, 학종으로 진학하기 위한 생기부

1) 내신등급(서울지역 일반고의 경우)
학생부교과로 가려면 마지노선이 1~3등급이다. 그러나 학종의 내신 평균은 2~3등급이며, 특목고, 전국권 자사고는 내신보다 전공연계성이 더 중요하다.

2) 2015 개정교육과정에 따른 연관 교과목
의대의 필수적인 영역인 생명과학과 수학의 심화 능력을 키울 수 있는 과목 선택이 필요하다. 생명과학 II, 수학과제탐구, 미적분, 심리학, 영어독해와 작문 등의 과목이 유용하다.

3) 주요 비교과활동
- 전공연계 독서활동: 생명과학, 화학, 문학관련 서적 10권 이상
- 동아리활동: 생명과학, 화학 관련 학교 동아리 또는 자율 동아리
- 수상실적: 생명과학, 화학, 영어, 수학 관련 대회
- 봉사활동: 자신의 진로와 연계된 활동이 중요. 대체적으로 연간 50~100시간 내외

• 자소서 특징: 실제적으로 어떻게 의사라는 분야가 자신에게 적합한지를 증명할 수 있는 실험 보고서 등의 구체적인 업적 서술이 필요하다. 인성적인 측면에서 적합 여부를 볼 수 있는 구체적 사례 진술 등이 담겨 있으면 유리하다.

06 헬리콥터맘, 미니밴맘, 돼지맘 그리고 PD맘

　자녀의 행복한 미래를 위해서 극성인 어머니들은 동서양 어디에나 있다. 우리나라에만 있는 희귀한 현상이 아니다. 일찍이 미국에서는 명문대 입학을 위해 비교과활동을 하기 편하게 자녀들을 미니밴으로 실어 나른 미니밴맘과 자녀들의 행동을 위에서 헬리콥터로 지켜보듯이 통제, 관리했던 헬리콥터맘이 유명했다. 물론 모든 어머니들이 그랬던 것은 아니고 중상위계층의 학부모들과 동양계 학부모들에게서 성행했던 현상이다. 지금도 미국에선 현재진행형이다.

　그럼 필자의 연구소가 있는 목동은 어떨까? 예전엔 '돼지맘'들이 있었다. 입시 정보에 해박하고 유명한 학원 및 강사에 대한 정보를 속속들이 알고 있는 학부모를 통칭해서 이르는 말이었다. 보통 전업주부인 어머니들과 맞벌이를 하는 어머니들은 어떻게 해서든 돼지맘과 만남을 가져서 그들이 가진 정보를 알고 싶어 했다. 지금도 가끔 학부모들이 이러한 돼지맘들의 소개로 이 학원과 저 강사를 찾아서 떠돈다는 얘길 듣곤 한다. 그런데 이제 돼지맘들이 점차 사라지고 있다. 그 이유는 무엇일까? 그것은 수능 시대의 쇠퇴와 학종의 확대와 연계된다. 수능 시대에는 교과별 우수한 성적 취득을 위한 입시 정보와 더불어 과목별 상위권 집단에 들어가기 위해서 돼지맘의 역할이 중요했지만 학종 시대에는 자신만의 개성 있는 스토리가 중요해졌다. 이제 모든 학부모들이 스스로 자녀들의 교과·비교과를 관리해야 하는 자기주도학습의 시대가 온 것이다. 학생들의 진로희망을 분석해보면 부쩍 방송국 PD를 희망하는 학생들이 늘어난 것을 볼 수 있다. 예능 프로그램에 대한 사회적 관심과 더불어 스스로 창작하고 기획, 관리하는 업무의 독창성과 자기주도적인 성향에 흥미를 느낀 것으로 보인다. 이제 돼지맘을 쫓아다니는 새끼돼지맘에서 벗어나서 스스로 학생들과 미래를 관리하는 현명한 'PD맘'이 되기 위해서는 어떻게 해야 할지 구체적으로 알아보자.

첫째, 최소한 중1까지는(만일 지금 중3이라면 고1 1학기까지) 자신의 적성과 흥미를 찾는 작업을 해보자. 이런 작업을 위해선 다양한 체험학습, 독서와 동아리활동, 각종 심리 검사 등이 유용한 도구가 될 수 있다. 그리고 요즘 정부에서 추천하는 K-MOOC과 미국의 온라인 사이트인 'TED', 'COURSERA', 'EDX'의 다양한 강좌를 수강해보길 추천한다. 이러한 사이트에는 인문학부터 생명공학까지 다양한 주제를 가지고 하버드대, 매사추세츠공대, 예일대 등의 유명 대학 교수들이 강좌를 개설하고 있다. 그리고 가능하다면 강좌별 담당 교수들이 추천해주는 책을 읽어보길 권한다. 그러면 자신의 흥미와 적성이 부합되는 분야를 발견할 수 있을 것이다. 물론 영어가 가능한 학생은 가급적이면 어렵더라도 원서 강독을 추천하지만 그렇지 못한 학생은 우리말로 번역된 관련 분야의 책을 읽더라도 지식 성장에는 많은 도움이 된다. 그리고 이러한 목표를 같이하는 친구들과 어울려서 자율 동아리를 조직해보는 것도 자신의 진로 설정에 도움이 될 수 있을 것이다.

둘째, 이제 자신의 흥미와 적성을 파악했으면 진학하려는 고교나 대학을 설정하는 작업이 필요하다. 필자의 경험상 자신의 진로에 가장 유리한 고교나 대학 진학을 목표로 세워야 학생들이 학습에 의욕을 가지는 것을 많이 목격해왔다. 구체적으로 진학을 목표로 하는 학교가 생겨야 자신의 학습이 구체성을 띨 수 있다. 물론 현실적으로 모든 학생들이 과학고나 하나고에 진학할 수는 없다. 그러나 전국에는 이 두 종류의 학교만 있지는 않다. 좀 더 살펴보면 자신이 갈 수 있는 학교를 찾아볼 수 있을 것이다. 학교 홈페이지 방문이나 학교에서 주최하는 설명회 참석도 도움이 될 것이다. 그리고 어떤 학생들이 합격하는지 정보를 수집해보자. 그러면 어떤 과목을 어느 정도까지 학습해야 하는지 윤곽이 그려질 것이다. 나는 절대적으로 수학 선행을 많이 한 학생이 고교 진학에서 무조건 유리하다고 생각하지는 않는다. 심지어 과학고를 진학하는 학생들도 꼭 수학올림피아드KMO 수상을 해야만 진학에 유리한 것은 아니다. 이제 입시 체제가 바뀌었다. 학교에선 지원자가 가지고 있는 지식의 양보다는 그것을 활용할 수 있는 창의성을 더욱 더 중요시하고 있다. 단적으로 얘기하면 선행보단 심화가 더 중요하다.

마지막으로 위의 두 가지를 이행했으면 실제로 학생부 관리와 내신 관리는 학부모의 몫이다. 어떤 활동을 구체적으로 어떻게 해야 하는지 어머니들이 자세하고도 정확한 정보를 자녀들에게 제공해야 한다. 이제 어머니들이 자녀들보다 더 공부해야 하는 시대가 온 것이다. 'PD맘'은 자녀들에게 필요한 생활기록부 및 내신 관리를 위한 나름대로의 매뉴얼을 만들어야 하는 것이다. 자녀들은 봉사활동을 어디서 어떻게 해야 하는지 모른다. 그렇다고 학교에서 시키는 대로만 하면 다른 학생들보다 학생부가 풍부해질 수 없다. 국어, 영어, 수학 성적 향상을 위한 학원의 정보뿐만 아니라 전공 및 진로 관련 비교과활동을 찾아야 하는 것이다.

갈수록 입시는 오리무중이고 학부모의 역할은 중요해지고 있다. 이제 학부모들이 해야 할 일도 더욱더 늘어가고 있다. 한석봉의 어머니, 이율곡의 어머니는 하나같이 자식의 미래를 위해 길을 찾아준 현명한 여인들이었다. 그때도 자식교육은 쉽지 않았다. 지금도 마찬가지이다. 유능한 PD는 연기자들에게 무조건 작품에 매진하라는 압박을 가하는 대신 스스로 열정을 갖고 일할 수 있는 환경부터 먼저 조성을 한다. 이제 우리 학부모님들도 현명한 'PD맘'이 되어서 자녀들이 가야할 길을 열어주는 가이드, 조력자 역할을 해보자.

07 좋은 생기부란?

학생부종합전형이란 학생부를 기반으로 학생을 선발하는 전형을 말한다. 한양대의 경우 자소서, 추천서, 면접 없이 오로지 학생부로만 학생을 선발하는 오리지널 학생부종합전형을 실시하고 있다. 서울대의 경우에는 학생부종합전형의 비율이 거의 80%에 육박한다. 수능 선발 인원의 4배를 학종으로 선발하고 있는 것이다. 이렇듯 학종은 이제 대입에선 떼려야 뗄 수가 없는 존재가 되고 말았다. 이런 영향 때문에 특목고, 전국권 자사고에서도 학생부를 기본으로 면접을 병행하는 자기주도학습전형을 도입하여 학생을 선발하고 있다. 학종의 축소판이라고 부를 수 있겠다. 그러면 학생부에서는 무엇이 가장 중요한가? 먼저 2019학년도 학생부 기재 요령 중 변경된 사항을 알아보자.

1) 우선 '수상경력'의 경우 수상경력을 모두 기재하되, 상급학교에 제공하는 수상경력 개수는 학기당 1개로 제한을 둔다.

2) 자격증 및 인증 취득 상황도 대입 자료로 제공하지 않는다.

3) 자율 동아리활동도 학년 당 1개만 기재하고 동아리명, 동아리에 대한 간략한 설명을 30자 이내로만 기재할 수 있다.

4) 봉사활동은 특기사항 없이 실적만 기재할 수 있다.

5) 소논문(R&E)활동도 학생부 모든 항목에 기재할 수 없다. 다만 수학과제 탐구, 사회문제 탐구, 융합과학 탐구, 과학과제연구, 사회과제연구(이상 2015 개정교육과정 과목)와 과제 연구(사회, 과학교과군/2009 개정교육과정 과목) 등 정규교육과정 수업으로 편성된 경우에 한해 '세부능력 및 특기사항'에 수업 참여도 등은 기재 가능하지만 이 경우에도 소논문명은 기재할 수 없다.

6) 인적사항의 학부모 정보 및 특기사항은 삭제되고, 인적사항과 학적사항은 통합된다. 진로희망사항은 항목이 삭제되며, 학생의 '진로희망사항'은 '창의적 체험활동(창체)상황' 중 진로활동 특기사항에는 기재되나 상급 학교에는 제공되지 않아 대입전형 자료로는 쓰이지 않는다.

7) 청소년 단체활동에서도 학교 밖 청소년 단체는 기재할 수 없으며 학교 스포츠 클럽활동도 기재가 간소화되어 구체적 활동은 기재할 수 없고, 정규교육과정 내에서는 개인특성 중심으로, 정규교육과정 외에서는 클럽명(시간)만 기재할 수 있다. 방과 후 학교도 활동(수강) 내용을 기재할 수 없다.

개선사항은 대부분 2019학년도 고1부터 적용되지만 올해 고1, 2, 3학년 모두 적용되는 변경사항도 있다. '창의적 체험활동상황'의 특기사항 기재 분량이 3,000자에서 1,700자로 축소되었다. 창체 중 자율활동이 1,000자에서 500자로, 진로활동이 1,000자에서 700자로 줄고 봉사활동은 기재하지 않는다. '행동특성 및 종합의견(행특)'의 기재 분량도 1,000자에서 500자로 줄어들었다. 글자 수를 축소하는 이 내용은 고등학교 2, 3학년에도 즉시 적용된다. 학생부의 관리도 더욱 엄격해졌다. 교사가 학생으로부터 기재할 내용을 제출받아 기재하는 소위 셀프 학생부나 학부모가 교사에게 사교육 기관의 컨설팅 자료를 제공하며 학생부의 기재 및 수정을 요구하는 것 등은 위법 행위로 명시했다. 교사가 허위사실을 기재하는 것 또한 학생 성적 비위로 간주한다.

이러한 기재사항 축소로 방과 후 학교활동(수강) 내용을 기재할 수 없게 됨에 따라 이에 강점을 보이던 특목고, 자사고에는 다소 불리하게 작용할 수 있다. 또한 사교육을 유발시킬 수 있는 소논문활동이나 수상경력에 대한 과도한 경쟁과 남발 역시 줄어들 것으로 보인다. 그러나 수상경력의 경우, 학기당 1개만 상급학교에 제공되기 때문에 보다 높은 상을 받기 위한 경쟁은 더욱 치열해질 수 있으며, 더불어 나눠 먹기식 시상의 염려도 존재한다. 이러한 경우, 일반고에선 사실상 내신 성적 좋은 학생들이 경시대회 최우수상 수상도 많이 하는 등 내신과 수상실적의 상관계수가 동등하게 나타나는 경향이 있기 때문에 실제적으로 내신 성적이 안 좋은 학생의 수상실적은 볼 게 없어질 수도 있다. 그리고 기재사항은 축소되었지만 특색 있는 교과목 운영이나 전문 교과 등을 활용한 세부능력 및 특기사항 기재는 가능하기 때문에 학생부종합전형에서 특목고, 자사고는 여전히 학종에선 일반고보다 우위에선다고 볼 수 있다. 또한 비교과활동이 축소되고, 교과활동이 더욱 중요해졌기 때문에 고1 중간고사부터 내신 경쟁은 더욱 치열해질 것으로 보인다.

그러면 좋은 생기부란 어떤 생기부를 말하는 것인지 알아보자.

첫째, 좋은 생기부란 내신이 좋은 생기부를 말한다. 특히 일반고에선 내신이 모든 기재 항목의 중심이 된다. 내신이 좋기 때문에 학교에서도 생기부에 신경을 써주는 경향이 있다. 특목고, 자사고에서는 내신 이외에도 다양한 활동의 중요성을 얘기하지만 내신이 좋은 것은 어쨌든 좋은 생기부를 구성하는 중요한 요소로 작용한다. 특히 자신이 흥미를 가지는 전공 분야와 관계된 과목의 성적은 무엇보다 중요하다. 그리고 내신 성적은 1학년 1학기부터 우상향을 그릴수록 대입에는 유리하다. 똑같은 내신 2.0등급을 받은 두 명의 학생이 있는데, 한 명은 우상향이고 한 명은 우하향이면 우상향 학생이 좋은 평가를 받는다.

둘째, 세부능력 및 특기사항이 자세하게 기술되어 있는 생기부가 좋은 생기부이다. 세특은 필수적으로 모든 교과목에 대해서 다 기재를 해야 하는 것은 아니다. 기재를 하고 안 하고는 담당 교사의 판단이다. 특별히 기재할 만한 사항이 없으면 기재를 하지 않아도 된다. 그래서 세특을 보면 이 학생의 과목별 심화성과 우수성을 엿볼 수 있다. 진로선택 과목이 중요한 이유이다. 내가 다니는 학교가 일반고라서 진로 관련 과목이 적으면 거점학교에라도 가서 자신이 원하는 과목을 수강하는 것이 좋은 학생부를 만드는 팁이다. 여기 서울대에 합격한 특목고생의 세특에 기재된 내용을 하나 소개한다. 아래 글을 읽어보면 왜 생기부가 풍부해지는지 이유를 알 수 있을 것이다. 수강 과목명은 '빅데이터 시대에서의 인문사회과학의 역할'이다.

"인문사회과학자들은 통계학자들이 연구를 멈추는 지점에서 멈추지 말고 사회적 배경과 같이 심화된 내용도 연구해야 한다는 말이 가장 인상적이었다고 함. (중략) 특히 수치화를 할 수 없는 것을 수치화한 '잠재변수'에 대해 놀라움을 느낌. 구글북스, 오바마 대선 캠프 등 다양한 사례를 보며 빅데이터에 흥미를 느끼고, 사회적 이슈가 있을 때마다 논란이 되는 반사회적인 표현들을 어떻게 빅데이터를 이용하여 규제할 수 있을까 고민하면서 이에 대한 보고서를 작성함."

세특은 특정 과목의 내신 성적보다는 학생의 잠재성과 능력을 더 높이 평가하는 경우가 많다는 점을 명심하기 바란다.

셋째, 다음으로 주요 항목은 수상실적이다. 2019년 학생부 기재요령 개선책에 따라 학기당 1개밖에 수상실적이 올라갈 수 없으므로 이제 수상의 질과 전공과의 연계성 여부가 더욱더 중요해졌다. 예전에는 수십 개의 수상실적을 자랑하는 생기부가 좋은 생기부라 여겨졌으나 이제는 1년에 두 개의 교내 경시대회에서 우수한 성적을 거두는 것이 중요해졌다. 예를 들어 공학계열 지원자는 관련이 직접적으로 없는 경시대회보단 전공과 바로 관련이 있는 수학, 과학 경시대회에 집중해서 최우수상을 타는 게 중요한 것이다.

넷째, 담임 선생님의 종합 평가이다. 담임 선생님은 학생의 모든 것을 종합적으로 알고 계시는 분이다. 학생의 성격, 장래 희망, 내신 성적과 인성 등을 어떤 면에선 부모보다 더 잘 알고 계시기도 하다. 담임 선생님이 학생의 1년 활동을 종합해서 평가한 것이니만큼 대학이나 고교에서도 신뢰도가 높다. 고교에서는 생기부에서 볼 수 있는 부분이 많지 않은 관계로 특히 중요시하는 부분이다.

마지막으로 독서활동과 동아리활동이다. 순서상 마지막에 언급을 해서 중요도가 떨어지는 것처럼 보이지만 실제적으론 특목고, 자사고 학생들에겐 내신과 거의 같을 정도로 중요한 항목이다. 서울대는 자기소개서에 자신이 읽은 책에 대해 기술하라는 항목을 넣을 정도로 중요시하고 있는 영역이기도 하다. 여기서 독서의 양보다는 자신이 추구하는 진로에 대한 적극성과 열정, 지식의 확장성이 중요하다. 예를 들면 생명공학자가 되고 싶은 학생은 당연히 생명현상에 대한 초보적인 관심이 독서목록에 나타나야 하고 학년이 올라갈수록 영역에 대한 전문성과 깊이를 조금씩 더해가는 독서목록이 필요한 것이다. 서울대는 학종으로 거의 80%의 학생을 선발한다. 그러다 보니 학종의 기본인 학생부가 굉장히 중요한 역할을 한다. 박준민 서울대 입학사정관은 충북 청주시에서 학부모를 대상으로 서울대의 생기부에 대한 관점을 다음과 같이 표현하였다.

"학생의 우수성은 오로지 학교에서 수강한 과목과 내용에 있다. 그래서 어떤 수업을 들었고, 어떻게 공부했는지 열심히 들여다본다. 학교생활에 적극적인 학생을 선호한다고 해서 무조건 활동을 많이 하라는 의미가 아니다."

예를 들어 서울대 인문대는 독서 능력이 뛰어난 학생이 필요한데, 활동을 많이 한 것보다는 앉아서 책 많이 읽고 생각을 많이 한 학생이 더 적합하다고 본다는 것이다.

결론적으로 말하자면 좋은 생기부는 비교과활동보다는 학생의 학업적 우수성과 전공을 했을 때의 성취도에 대한 예측이 가능한 항목이 많이 기재되어 있어야 한다. 봉사활동, 동아리활동 등 비교과적인 요소를 많이 본다고 대학교 측에선 얘기하지만 실제로 얼마나 입학사정관들이 인성을 높은 비중으로 볼지는 의문이다. 먼저 학업과 전공과의 연계성 또는 예측성을 더 중요하게 보는 것이 현실이다. 그런 면에서 자신이 선택하는 전공과 관련된 내신이 더욱더 중요해질 것으로 보인다. 과목별 학습이 가장 중요한 이유이다.

마지막으로 예일대의 신입생 선발 원칙을 소개하겠다.

"도전적인 AP/IB 과목 개설은 학교 사정에 따라 다 다르다. 학생들이 얼마나 많은 수의 도전적인 과목을 이수했느냐가 아닌 학생들이 해당 학교의 커리큘럼을 얼마나 최대한 활용했는지에 초점을 맞춘다."

게임, SNS는 하루에 이 정도 해요!

복지부는 2016년 2월 정신건강종합대책을 발표하면서 게임을 알코올 · 마약 · 인터넷 · 도박 등과 함께 주요 중독 요인으로 규정하고 게임 중독에 대한 질병코드를 신설, 의료적으로 관리하겠다고 밝힌 바 있다. 교육부 산하 연구기관 한국연구재단 사회과학코리아 SSK는 청소년이 게임 중독에 빠지는 원인이 부모로부터 받는 학업 스트레스라는 연구결과를 발표했다. 장예빛 아주대 교수는 '자녀의 게임 몰입에 미치는 부모의 영향'이라는 주제로 초중고 세 집단으로 나누어 분석한 결과 초등학생 그룹에서는 애정이 높을수록, 고등학생 그룹에서는 부모, 자녀 간 개방적 의사소통이 활발할수록 게임 과몰입이 적어지는 것을 확인했다고 밝혔다. 반면 초등학생, 중학생 그룹의 경우 부모의 과잉 간섭이 많을수록 게임 과몰입이 많았고, 고등학생 그룹에서는 부모의 과잉 기대가 높을수록 게임 과몰입이 많아지는 것을 확인했다.

세계보건기구 WHO의 국제질병분류 11차(ICD-11) 개정판에 '게임 장애 gaming disorder'를 정신 질환으로 규정하고 질병 코드를 부여하기로 했다고 2018년 8월 18일 발표했다. WHO는 여러 연구 결과를 토대로 이와 같이 결정했고, 내년 5월 개최되는 총회에서 의결을 거쳐 최종 확정되면 2022년 1월부터 적용된다. WHO의 결정은 회원국을 포함하는 전 세계 국가 보건 정책에 중대한 기준이 된다. WHO가 게임 중독에 대한 중요 징후로 꼽은 것은 게임에 대한 통제 불능(빈도, 강도, 지속 시간 등), 게임을 일상생활보다 우선시하는 행위, 부정적인 결과가 발생하지만 게임을 지속하거나 확대하는 행위이다. 이와 같은 징후는 도박, 약물 중독에 대한 내용과 유사하다. 중독 장애는 약물과 같은 직접적인 의존성 물질의 사용뿐 아니라 반복적인 보상 행동으로 발생하는 것을 포함한다. 이와 같은 내용은 온라인, 오프라인 모두 포함된다고 설명하고 있다.

그러면 우리나라 초등학생, 중학생은 과연 하루에 얼마나 온라인 게임이나 SNS를 하고 있을까? 필자가 근무하고 있는 씨앤씨입시연구소 조사 결과를 보면 우리나라 학생들은 상당히 건전한 것으로 나타나고 있다. 그런데 필자의 조사 결과는 목동권 학생이 주이고 또 성적이 중상위권 이상의 학생이 대부분이라는 점을 먼저 감안하고 봐야 한다. 결론적으로 말씀드리자면 응답 학생의 64.2%는 하루에 게임과 SNS에 사용하는 시간이 30분~1시간 사이라고 대답하였다. 두 번째로 높은 응답률은 17.8%로 전혀 하지 않는다는 것이었다. 여기서 전혀 하지 않는다는 것은 평일에는 하지 않는다는 뜻이고 주말이나 휴일에는 하루에 1~2시간 하는 것을 의미하는 것이니 오해 없으시기 바란다. 그리고 세 번째는 10.7%를 기록한 1시간~2시간 사이였다. 이 조사 결과만 놓고 보면 최소한 목동지역에 살고 있는 중상위권 학생들은 게임이나 인터넷에 심각히 중독된 학생들은 없다는 것을 확인할 수 있다. 필자는 교육특구 이외의 지역에선 이런 게임에 사용하는 시간이 더 많을 것으로 예측한다. 그리고 게임에 시간을 적게 소비하는 학생일수록 성적이 좋은 학생이라는 점은 두말할 필요도 없다.

 사례 게임은 필수, 공부는 선택 ·

P군은 소위 교육특구인 목동지역 학생은 아니다. 그러나 집은 바로 목동 인접지역이기 때문에 학교는 아니라도 학원만큼은 목동의 학원에 다닌다. 부모님은 자녀를 목동지역 학원에 보낼 정도로 교육열이 높다. 중3이 되면 고등학교 입학 때문에 목동으로 이사를 해야 하지 않을까 고민도 할 정도로 자녀에 대한 기대치가 높다. 그래서 우리 P군은 조금 고민이 된다. 이런 부모님의 기대를 알고 있기 때문이다. 학교에서 성적도 상위권인데 유독 학원에 오면 자신보다 잘하는 목동지역 학생들 때문에 기를 펴지 못한다. 오고가는 셔틀버스 안에서 휴대폰으로 게임을 하면 이런저런 스트레스가 한 방에 팡 날아간다. 그러다 보니 하루에 2시간 이상 휴대폰 게임을 하는 날도 늘어만 간다. 주말이면 더욱더 게임에 집중한다. 집에선 이런 P군을 걱정은 하지만 학교 성적은 그런대로 잘 나오니 크게 야단은 치지 않고 그저 게임하는 시간을 좀 줄이라는 주문만 한다. 이 경우 효과적인 방법은 자신의 진로를 찾아서 탐색하는 과정을 가지는 것이다. 이 탐색의 과정이 학교 방문일 수도, 연구소 방문일 수도, TED 시청, 유튜브 시청일 수도, 독서일 수도 있고 이 모든 것의 조합일 수도 있다. 뭐든지 간에 빨리 실천해보길 권한다. 인터넷, 게임 중독의 기준은 하루 2시간이다. 이 기준을 넘어가지 않게 부모님들은 잘 관리를 해주시기 바란다.

PART

3

피할 수 없는
사교육,
좋은 학원
따로 있다

01 좋은 학원과 유명한 학원

　학부모들은 좋은 학원 찾기에 열심이다. 외부에서 학부모들을 만나면 좋은 학원 있으면 추천해달라고 성화다. 내가 특정 학원의 입시연구소 소장이라는 걸 알면서도 그런 질문을 한다. 내 입장에선 무조건 내가 소속되어 있는 학원만 추천할 수는 없는 입장이라 과목별로 유명한 학원을 얘기해주기 마련이다. 그러면 여기서 학부모가 말하는 좋은 학원이란 무엇인가? 유명한 학원은 다 좋은 학원인가? 여기서 우리는 좀 냉정해야 할 필요가 있다.

　엄밀히 말하면 좋은 학원이 유명한 학원일 수도 있고 아닐 수도 있다. 그 비밀을 알아보자.

　의아하게 들릴 수도 있겠지만 D학원이나 J학원처럼 전국적으로 유명한 프렌차이즈 학원이 반드시 좋은 학원일 확률은 50:50이다. 왜 그럴까? 필자가 있는 목동처럼 교육 열기가 뜨거운 지역일수록 유명한 학원이 좋은 학원이 아닐 가능성이 높다. 교육특구로 통하는 지역에 가보면 그 지역만의 특화된 학원이 반드시 있기 마련이다. 목동지역에는 씨앤씨학원이 대표적이다. 필자가 몸담고 있는 학원이라서가 아니라 이 학원은 지역밀착형으로 특화되어 있기 때문이다. 씨앤씨학원은 목동지역에서만 학원을 운영하고 있으며, 관의 수도 10여 개, 재원생 수는 9천 명이 넘는다. 전부 직영이며 프랜차이즈이나 외부인이 운영하는 관은 하나도 없다. 프랜차이즈 학원의 대명사격인 그어떤 학원도 목동지역에선 이 학원을 넘어서지 못한다. 왜냐하면 이 학원은 목동지역과 인근 지역의 학부모의 니즈에 정확히 부합하는 전략을 펼치기 때문이다. 이처럼 입시에 강한 지역에는 이런 학원이 꼭 있다. 그러므로 반드시 이름만 유명한 학원에 갈 필요는 없다. 씨앤씨학원처럼 지역에 특화된 학원이 학업에 훨씬 유리하다. 그러나 여러분이 살고 있는 지역이 교육특구가 아니라면 일반적으로 유명한 프랜차이즈 학원을 택하는 것이 강사의 질이나 수업의 질적인 면에서 유리한 경우가 많다. 이러한 지역에서는 유명한 학원이 곧 좋은 학원이다.

좋은 학원이 되기 위한 필수불가결한 요소 중 가장 중요한 것은 학원의 시스템과 강사이다. 시스템은 좋은 강사를 확보하기 위한 보조 장치일 뿐 궁극적으로는 학원의 핵심은 강사들이다. 좋은 강사를 보유하고 있어야 좋은 학원이 될 텐데, 뛰어난 강사가 한 명만 있으면 좋은 학원일 수는 있겠지만 유명한 학원이 되기는 힘들다. 한 명의 강사가 가르칠 수 있는 학생 수는 일반 중고생 대상 오프라인 전문 학원에선 50명을 넘어가기 힘들다. 결국은 뛰어난 강사가 한 명이 아니라 많이 있어야 되는 것이다.

모든 학원들은 자기네 강사가 가장 뛰어나다고 홍보한다. 그러면 우리는 어떻게 판별할 수 있을까? 결국은 실적에서 판가름 난다. 자신의 자녀가 목표하는 바가 특목고나 유명 대학 입학이면 그런 쪽의 입시실적을 봐야 하며, 내신 성적이 목표이면 내신 성적의 실적을 체크해야 한다. 자녀가 학교 공부를 게을리하는 스타일이면 학생 관리를 꼼꼼히 하는 학원이 최고이다. 출결석 시 문자를 보내주는지, 주나 월 단위로 학생의 학업성취도에 대한 리포트를 보내주는지, 우리 아이는 선행을 안 하고 갔는데 그럴 때 보충은 어떤 식으로 하는지를 잘 살펴보아야 한다.

좋은 강사는 주로 단과 전문 학원에 많다는 것을 명심해야 한다. 일반적으로 종합 학원이라는 곳은 월급제로 운영하는 경우가 많으며 단과 학원은 거의 비율제로 운영한다. 이 경우 종합 학원은 학교처럼 다양한 과목을 매주 4~5일 정도 가르치기 때문에 학원비 면에서 경제적이라는 장점은 있으나 강사들의 적극성은 부족한 경우가 많다. 반면에 단과 학원은 학생 수에 따라 학원과 일정 비율을 나누기 때문에 강사들이 강의에 매우 적극적이고 열정적이다. 그러나 이 강사들은 유명해지면 타 학원에서 유리한 조건으로 스카우트를 해가는 경우가 많은 편이라 이동이 잦다는 단점이 있다.

이렇게 좋은 강사만 갖춘다고 좋은 학원은 아니다. 앞에서 얘기한 바와 같이 학원 시스템이 이런 유능한 강사를 놓치지 않는 시스템이어야 비로소 좋은 학원이다. 한 가지 팁을 말하자면 좋은 학원이라도 유명해지고 대형화되면 어쩔 수 없이 강사들 간에도 실력 차가 날 수밖에 없다. 좋은 학원일수록 높은 레벨의 강사는 잘 바뀌지 않고 낮은 레벨일수록 교체가 잦다. 왜냐하면 좋은 학원은 실력 있는 강사가 떠나지 않도록 모든 혜택을 제공해서 잡아두려고 하기 때문이다. 그러나 낮은 레벨의 강사에게도 똑같은 대접을 하기는 어렵다. 따라서 좋은 학원, 유명한 학원에 자녀를 보내려면 무조건 높은 레벨의 반에 보내야 실패할 가능성이 줄어든다. 부익부 빈익빈 현상은 학원에서 가장 심하다는 사실을 명심해야 한다. 그리고 유명한 학원일수록 이런 현상을 최소화하기 위하여 레벨이 낮은 클래스를 담당하는 강사에겐 적절한 보상체계를 마련한다. 이런 시스템을 어떻게 잘 만들고 조직화해서 강사들에게 비전을 심어주느냐가 좋은 학원에서 유명 학원으로 성장하는 필수 요소이다.

02 학원 상담실을 보면 학원의 수준이 보인다

모든 학원에는 상담실이 있다. 규모가 작은 학원의 경우 상담과 수납 업무를 보통 겸임한다. 학원에서 상담의 중요성은 강사 다음이라고 할 것이다. 마치 보험이나 차를 판매하는 영업직 사원만큼이나 힘든 업무이기도 하다. 아무리 강사가 좋아도 상담실 직원의 말 한마디 때문에 등록을 하지 않는 학부모들이 생각보다 많다. 그래서 대부분의 학원에서는 능력 있는 상담 직원들을 채용하기 위해 갖은 노력을 다한다. 그러면 상담실의 직원들은 어떤 사람들인가? 그들을 보면 학원 수준을 알 수 있다는데 진짜 그런지 알아보자.

소형 학원

학생 수가 100명 미만이면 보통 소형 학원으로 취급한다. 이들 학원 규모에선 원장이 강의를 겸업하는 경우가 대부분이다. 대개는 강사를 하다가 창업하는 경우가 많다. 그래서 학부모들은 원장에게 상담을 요청하고 원장들은 적극적인 상담을 한다. 그리고 상담에 대한 만족도가 높은 경우가 많다. 왜냐하면 원장 자신이 유명 강사이므로 직접적인 학습에 대한 피드백과 실전 사례를 제시하기 때문이다. 이 단계가 중형 학원으로 가느냐를 가름하는 결정적 단계이다. 어느 순간 학부모들이 몰리면서 상담을 체계화하고 조직화하지 못한 학원에선 학부모들의 불만사항에 대해 잘 대응하지 못하고 우왕좌왕하게 된다. 학원 입장에선 이 단계에서 전담 상담실 직원을 채용해야 하는지 아니면 경비 절감을 위해서 강의와 상담을 겸해야 하는지 가장 고민이 되는 순간이다.

중형 학원

이제 학생 수가 100명을 넘으면서 본격적으로 상담실의 직원을 채용하게 된다. 학원 입장에선 두 가지 선택의 방법이 있다. 하나는 알음알음으로 지역의 학부모나 상담 경험이 있는 분을 주위에서 소개받아서 채용하는 방법이 있고 또 하나는 전문직 채용 사이트를 통해 정식으로 지원서를 접수해서 면접을 보고 채용하는 방식이다. 두 가지 다 공통적인 필요 사항은 학원에서 직원을 채용할 준비가 되어 있어야 한다는 점이다. 이 점이 학원이 대형 학원으로 발전하느냐를 가름한다. 정작 상담을 하는 직원이 자신이 몸담고 있는 학원의 구조나 장단점을 잘 모르고 있으면 상담하는 학부모에게 전달력이 미약해질 수밖에 없다. 그러다가 상담실 직원도 학원에 대한 믿음이 사라지면서 종국에는 퇴사를 하게 되고 이런 입사, 퇴사가 반복되면서 급기야는 학원에 대한 안 좋은 소문만 무성하게 된다. 이런 시행착오를 겪으면서 학원 입장에선 시스템에 대한 확실한 정립의 필요성을 깨닫게 되면서 상담에 대한 기본적인 매뉴얼의 필요성을 인지하게 된다. 그러나 적극적으로 이런 점에 대해 개선의 노력을 하지 않는 학원이 대부분이다. 학원의 자신 있는 부분을 발전시키고, 자신의 컬러를 정비하려고 애쓰고, 상담 시 매뉴얼을 잘 따르는 등 노력을 기울이는 학원은 대형 학원으로 발전하게 된다.

대형 학원

보통 대형 학원이라고 하면 500명 이상의 재원생이 있는 경우를 말하지만 지역적으로는 200명만 넘어가면 대형 학원으로 분류하기도 한다. 이들 학원에선 상담실이 체계적으로 움직이며 상담도 매뉴얼화되어 있는 경우가 대부분이다. 강남이나 목동에선 20~30대의 전문적인 커리어 우먼이나 대기업 직원의 풍모가 느껴지는 직원을 선호하는 학원이 있고, 지역에서 생활하는 소위 '돼지맘'을 선호하는 학원이 있다. 이 두 가지 중 어느 것이 낫다고 얘기하기는 힘들고 학원 원장의 가치관에 따라 선호하는 직원상이 다르다.

중학교 학부모들은 학원 브랜드가 주는 신뢰도에 많이 의지하는 경향이 있고, 고등학교 학부모들은 주로 학원 자체보다는 강사들의 명성에 따라 학원을 선택한다. 그래서 학원의 시스템이 더욱 빛을 발하는 것은 중학교 학부모들을 대상으로 하는 학원일 경우가 많다. 그러면 학부모들은 어떤 관점에서 학원을 선택해야 하는지 기준을 살펴보자.

첫째, 상담실 직원이 자신이 속해 있는 학원에 대해서 자부심을 느끼고 있는지 잘 살펴보자. 좋은 학원일수록 상담실 직원도 진심으로 자신의 학원 시스템에 대해서 자신감을 갖고 있으며, 자신의 자녀들도 등록시킨다. 농담 같지만 자신의 자녀는 자신이 근무하는 학원에서 절대로 수업을 받게 하지 않고 다른 학원에 등록시키는 상담 직원들도 있다. 혹시나 한 번 상담 받을 때 물어보시기 바란다. "실장님의 자제분은 어느 학원 다니세요?"라고 물었을 때 얼버무리고 선뜻 대답을 하지 못하면 등록은 잠깐 미루어 두자.

둘째, 상담실의 분위기를 파악해보자. 상담실 내의 인테리어가 학습 분위기가 느껴지는 각종 자료나 데이터 등으로 구성되어 있는지 잘 살펴보자. 만일 그런 것이 별로 없는 상담실이면 실제로 학원도 수강생의 성적보단 겉치레적인 것에 집중하는 학원일 가능성이 높다. 학원은 무엇보다도 성적 향상이 최우선 지향점이다.

셋째, 마지막으로 상담실 직원이 학원의 시스템과 강사의 수업이 무엇을 목표로 설계되어 있는지 명확하게 잘 표현하는지 평가해보자. 만일 어학원이라는 간판을 걸어놓은 학원에 들어가서 상담하면서 내신 관리가 어떻게 되냐고 추궁하면 안 된다. 어학원 간판을 내건 학원에서 저희 학원 오면 내신도 최상급이 된다고 하는 것이 더 이상한 것이다. 어학원에서 내신 관리까지 한다면 그것은 어학원이 아니다. 내신 관리를 원하면 어학원이 아니라 입시 전문 학원이나 일반 영어 학원이 더 유리하다.

학부모들도 자신이 요구하는 학원의 모습이 무엇인지를 명확하게 결정하고 학원에 상담을 가야 한다. 영재고 입시나 수학올림피아드를 전문으로 하는 수학 학원에 가서 내신 관리를 어떻게 해주냐고 꼬치꼬치 물으면 학원 측에서 오히려 그 학생의 등록을 기피할 가능성도 있다. 내가 학원 측에 무엇을 기대하고 있는지를 스스로 명확하게 하고 학원을 쇼핑하자.

사교육비는 최소화, 효과는 극대화

03

2018년 3월 교육부 교육통계과의 발표 자료에 의하면 2017년 사교육비 총액은 약 18조 6천억 원으로, 2016년 18조 1천억 원에 비해 5,620억 원(3.1%↑) 증가했다. 학교 급별로 보면 초등학생 8조 1천억 원(4.9%↑), 중학생 4조 8천억 원(0.2%↑), 고등학생 5조 7천억 원(3.2%↑)이었다. 교과 사교육비 총액은 13조 6천억 원으로 전년(13조 5천억 원) 대비 8백억 원(0.6%↑) 증가했고, 영어는 5조 4천억 원(2.2%↓), 수학은 5조 4천억 원(0.6%↑), 국어는 1조 3천억 원(11.1%↑) 증가했다. 1인당 월평균 명목 사교육비(이하 월평균 사교육비)는 27.1만 원으로 전년(25.6만 원) 대비 1.5만 원(5.9%↑) 증가했다. 학교 급별로 보면 초등학생 25.3만 원(1.2만 원, 4.8%↑), 중학생 29.1만 원(1.6만 원, 5.7%↑), 고등학생 28.4만 원(2.2만 원, 8.4%↑)이었다. 예체능 및 취미·교양은 전년(6.3만 원) 대비 8천 원(12.9%↑) 증가한 7.2만 원으로, 교과 사교육비 증가분보다 더 많이 증가했다. 주당 사교육 참여 시간은 6.1시간으로 전년(6.0시간) 대비 0.1시간 증가했다. 학교 급별 주당 사교육 참여 시간은 초등학생 6.7시간(0.2시간↓), 중학생 6.4시간(0.1시간↑), 고등학생 4.9시간(0.3시간↑)이었다. 교과는 3.9시간(전년 수준), 예체능 및 취미·교양은 2.1시간(전년 수준)이었다.

사교육비 총액이 늘어난 이유는 예술·체육에 대한 관심 증대로 인한 예체능 및 취미·교양 사교육비의 증가, 취미·교양·재능계발 및 보육 등 사교육 목적의 다양화 등으로 분석된다. 특히 중학생은 음악·미술, 고등학생은 체육 및 취미·교양의 1인당 월평균 사교육비가 크게 증가했다. 사교육 수강 목적을 보면, 교과의 경우 학교 수업 보충·심화(48.8%) > 선행학습(20.9%) > 진학 준비(17.0%) > 불안심리(5.2%) > 기타(3.0%) 순이었다. 예체능 및 취미·교양의 경우 취미·교양·재능계발(58.6%) > 진학 준비(9.8%) > 학교 수업, 보충·심화(9.4%) > 친구 사귀기(9.1%) 및 기타(2.1%) 순이었다.

월평균 소득 700만 원 이상 가구의 월평균 사교육비는 45.5만원, 200만 원 미만 가구는 9.3만 원으로 나타났다. 시도별 사교육 참여율은 서울(76.7%), 세종(74.0%), 대구(73.6%) 순으로 높았으며, 전남(56.2%)이 가장 낮았다. 시도별 월평균 사교육비는 서울(39.0만 원), 대구(30.0만 원), 경기(28.6만 원) 순으로 높았으며, 전남(15.7만 원)이 가장 낮았다. 일반계고 진학 희망자에 비해 자율고 및 과학고, 외고, 국제고 등 진학 희망자의 월평균 사교육비와 사교육 참여율이 높았다. 희망 고교 유형별 사교육비와 참여율을 보면 일반계고 27.0만 원(66.0%), 자율고 42.9만 원(76.3%), 과학고, 외고, 국제고 등 46.6만 원(79.4%)으로 특목고나 자사고를 지망하는 학생들의 사교육 참여율이 월등하게 높았다.

서울지역의 학부모들이 체감하는 중학생 기준 월 사교육비는 과목당 30만 원 정도로 짐작된다. 그러면 두 과목만 수강해도 벌써 60만 원이 되고 교재비를 포함하면 70만 원에 육박한다. 이렇게 비용이 많이 들지만 현 입시 체제에선 학원을 안 보낼 수도 없다. 그러면 이왕 학원을 보낼 바에야 가성비가 높은 곳에 보내자. 여기 몇 가지 팁을 소개한다.

첫째, 무엇보다 기본의 기본은 학원에 전적으로 의존하지 않는 것이다. 학원에 모든 것을 의존하기 시작하면 모든 과목을 다 수강해야 하며 나중에는 생기부 관리 프로그램, 면접 대비 프로그램 등 자신이 할 수 있는 일도 다 학원에 돈을 줘가면서 해야 한다. 학원은 나의 약점을 보충하는 곳이란 인식을 가지자. 특정 과목이나 단원에서 보충학습이 필요할 경우, 적극적으로 학원의 도움을 받도록 하자. 수학 과목을 공부할 땐 학원 강사에게 자신의 취약 단원을 콕 짚어 관련 문제를 찾아달라고 요청하자. 이렇게 하면 학원을 나 자신만의 개인교습소로 만들어 활용할 수 있고 성적도 잘 나오게 된다. 학원은 '모르는 문제를 질문하는 곳'이라는 인식을 가지자. 학원을 목적이 아닌 '수단'으로 인식하고 내 아이의 약점을 치유하는 병원으로 만들자.

둘째, 일단 학원에 등록하기 전 내 아이가 들어갈 반을 확인한다. 이때 중요한 것은 레벨보다도 함께 공부할 아이들의 성향이다. 선생님의 역량은 아이들이 이끌어내는 것이다. 게다가 내 아이의 나쁜 습관까지도 좋은 반 분위기가 감추어버린다. 학원에서 우리 아이가 배우는 것의 대부분은 선생님이 아니라 옆의 친구들로부터 배우는 것이다.

마지막 당부는 학원 담당 강사의 학력에 너무 예민하지 말라는 것이다. 어머니들은 강사의 학벌에 매우 민감한 경향이 있다. 그래서 강사가 서울대에서 전공학과를 나왔는지, 또는 카이스트나 연·고대에서 전공을 하였는지를 체크하고 이것에 의해 학원 등록 여부를 결정하는 성향이 강한 듯하다. 물론 학벌도 좋고 실력이 좋으면 금상첨화겠지만, '꿩 잡는 것이 매'이고 '돌아가도 서울만 가면 되는 것'이다. 학벌만 좋고 실력 없는 강사들보다는 학벌은 다소 약하지만 자신의 과목에는 최고인 강사가 훨씬 낫다. 학원 안을 들여다보면 좋은 학벌을 가진 강사보다 지방대 나온 강사들 중 열심히 자기 계발을 한 강사들이 나중에 1타가 되는 경우가 훨씬 많다. 학원세계도 일반사회나 똑같다. '노력'하는 강사를 따라잡을 강사는 없다.

과외가 좋을까, 학원이 좋을까?

04

자녀의 중학교 진학을 앞둔 모든 학부모들이 한 번쯤은 이 갈림길에서 망설이고 결정 장애를 일으킨 경험이 있을 것이다. 과연 어떤 선택지가 정답일까? 과외와 학원의 장단점을 상호비교해서 살펴보고 자녀들의 상태를 체크해보면 답이 나올 것이다.

과외의 장단점

과외는 대체로 1:1 개인과외에서 인원이 최대로 3~4명을 넘지 않는다. 개인과외의 최대 장점은 인원이 적은 관계로 학생 개개인에게 맞는 개별적 커리큘럼을 작성해서 맞춤식 학습이 가능하다는 점이다. 그리고 상당히 유명한 과외 강사가 아니면 그룹과외로 진행할 경우 수업료도 적게 든다는 점이 무엇보다도 매력적이다. 그리고 과외 선생님과는 친밀도가 높게 형성된다. 개인적으로 문자를 보내거나 옆에서 지켜보면서 지도를 하는 방식이기 때문에 단순히 학습을 위해 만나는 관계라기보다는 가족 같은 유대감을 느낄 수 있어서 집단적으로 하는 수업에 익숙하지 않거나 낯을 많이 가리는 학생에겐 유익한 학습 형태이다. 그리고 보충 수업도 시간에 구애받지 않고 가능하다는 것도 장점이다. 개인과외 선생님들은 학생 모집을 입소문을 통해서 주로 하기 때문에 웬만한 학생, 학부모의 요구는 수용해주려고 노력한다. 그래서 특히 학습이 많이 처진 학생들에겐 단기간에 실력 향상을 원한다면 효율적일 수 있다.

그러나 단점도 있다. 학원과 달리 과외 강사를 선택할 때는 철저히 소개에 의존하기 때문에 강사의 학벌이나 경력을 객관적으로 무조건 신뢰하긴 힘들다. 그래서 다분히 소개자의 신뢰도에 따라 강사에 대한 판단도 이루어진다. 또 강사가 학생에게 휘둘릴 가능성이 높다는 점이다. 과외 강사는 학생과 1대1 형태의 수업을 진행하기 때문에 학생 중심으로 수업을 할 수 있는 장점이 있지만 반대로 보면 학생이 힘들다고 자꾸 얘기하면 결국은 본래의 수업 목표보단 학생들의 성향에 맞추기 마련이다. 그러므로 본래 계획했던 학습 목표를 달성하기 힘들게 된다. 또한 개인과외일 경우 오히려 수업료가 학원보다 훨씬 비싼 경우가 많아서 학부모의 재정적 부담이 더욱 심하다.

학원의 장단점

학원의 가장 큰 장점은 뭐니 뭐니 해도 수업료가 과외에 비해 저렴하다는 점이다. 개인과외에서 수업료 책정은 강사의 실력과 학부모의 재정부담 능력에 의해서 결정되지만 학원은 아무리 유명 학원이라도 교육청에 신고한 금액 이상으로 받을 수 없다. 그래서 대부분의 경우에는 개인과외 비용보다 저렴하게 수업을 들을 수 있다.

둘째, 자신의 실력을 측정해볼 수 있는 장치들이 많다는 것이다. 대형 학원일수록 다양한 레벨의 클래스에서 수업이 이루어지며, 정기적으로 전 학원생들을 대상으로 모의고사를 실시하는 경우가 많다. 그래서 자신의 위치를 항상 확인하면서 목표달성을 위한 자극을 가질 수 있는 것이다.

셋째, 유명 강사들은 실력 면에서 개인과외를 위주로 하는 강사들보다 오히려 더 낫다는 것이다. 이들 유명 강사들은 주로 유명한 대형 학원에 재직하고 있는 경우가 많으므로 수강 신청을 빨리 하지 않으면 조기 마감이 되는 관계로 수강하기가 힘들다는 단점도 있다.

우리 아이는 어떤 유형을 선택해야 하나?

먼저 우리 아이의 성향 파악이 급선무다. 빡센 것을 싫어하고 자기 고집이 강한 학생은 과외학습이 맞을 가능성이 높다. 이런 성향의 학생이 학원에 가면 통제된 분위기와 규율에 적응을 못해 학습 효과가 반감될 가능성이 높다. 반면에 순응적이고 모범생 스타일의 학생은 학원학습이 훨씬 효과적일 가능성이 높다. 그리고 빠른 성적 상승을 원하는 학부모님이면 학원보단 맞춤식의 과외가 편할 것이다. 그러나 이런 것들은 결국은 학생의 결심이 바탕이 되어야 한다. 학원과 과외 선생님 앞에 끌어다 놓아봤자 마음이 딴 데 있으면 백약이 무효이다. 일단 학생의 마음에 학습 동기를 심어놓는 전초 작업이 가장 중요하고, 그 첫 번째 스텝은 자신이 어떤 일에 잘 맞는지, 무엇을 잘하는지를 알아보는 것이다.

학원에 가는 것은 부끄러운 일이 아니다

05

학생들이나 학부모가 가장 크게 착각하는 것 중 하나는 대학이나 고교에서 학원교육을 많이 받은 학생을 싫어할 거라는 막연한 생각이다. 결론부터 말하자면 전혀 그렇지 않다. 서울대 입학생 중 사교육을 받지 않고 입학한 학생은 거의 없을 것이다. 하다못해 수학이나 영어, 과학 중 한 과목 정도는 학원에서 수강한 적이 있을 것이다. 학원을 다닌 것이 창피한 것이 아니다. 학원 수강을 자기주도적으로 하지 않고 부모님의 성화에 못 이겨 마지못해 가서 시간만 때우고 나온 것이 창피한 것이다.

지식백과사전에 나와 있는 '자기주도학습'의 정의를 보면 '학습자 스스로가 학습의 참여 여부에서부터 목표 설정 및 교육 프로그램의 선정과 교육 평가에 이르기까지 교육의 전 과정을 자발적 의사에 따라 선택하고 결정하여 행하게 되는 학습 형태'라고 되어 있다. 즉 자기주도학습은 사교육의 여부가 아니라 학습 주체가 누구인지에 따라 결정되는 것이다.

대학교나 고교에서는 학생들이 자기가 배운 지식을 어느 정도 소화했는지를 알고 싶어 한다. 그러나 그 지식의 출처가 어디인지에는 관심이 없다. 학교에서 배웠든 학원에서 배웠든 아니면 스스로 인터넷을 검색해서 알아봤든 중요한 것은 지식의 출처가 아니라 자신이 그 지식을 얼마나 소화해서 자기 것으로 만들었는지의 여부다.

참고로 2019학년도 서울지역 외고와 전국권 자사고 면접에서 나왔던 질문을 살펴보면 이 사실을 잘 알 수 있다.

- 자신의 자기주도학습에서 가장 효율적이라고 생각했던 공부 방법을 자세히 말하시오.
- 《앵무새 죽이기》를 읽고 얻은 인문학적 지식이 무엇이며 이를 어떻게 다른 분야와 연관 지을 것인가?
- 본인은 영어 원서와 영시를 읽으며 인간 내면을 생각했다고 했는데, 인간 내면에 관련된 본인이 쓴 영시 2개를 말해보시오.
- 계란을 떨어뜨릴 때 빨대, 나무젓가락, 고무끈 10개, 종이 1장, 새우깡과 불지 않은 풍선 등을 이용해 떨어지지 않도록 하는 방법은?

위의 질문을 받은 학생은 당연히 학원에서 1~2과목 정도는 수강을 했던 학생일 것이다. 그러면 과연 학교에서 학원에서 수업받은 학생과 독학으로 공부한 학생을 구별하는 방법이 무엇이며 또 그러한 기준에 따라 학생을 선발하는지 궁금할 것이다.

자기주도학습의 근본적인 목표는 개인이 주도적으로 학습 목표를 설정함으로써 얻게 되는 지식의 확장성이다. 즉 타율적으로 학원에서 공부한 학생은 학원에서 가르쳐주는 범위에서 벗어나 창의적인 답을 찾으려는 노력은 하질 않으려 한다. 그러나 학원을 자신의 지식을 확대하고 깊게 공부하기 위한 도구로 사용하는 학생은 지식의 확대와 연계가 가능한 것이다. 대학교와 특목고에서 파악하고 싶은 사항은 바로 이것이다.

　먼저 자신이 원하는 전공이 무엇인지 알아야 적합한 고교와 대학이 나온다. 그 후에 원하는 고등학교, 원하는 대학의 학과에 진학하기 위해 무슨 공부를 어떻게 해야 할지가 결정된다. 이 단계에서 비로소 학원에 가야 할지 집에서 독학을 해야 효율적인지 선택의 문제에 부딪힌다. 이 단계에서 학부모님은 자기주도는 독학이 아니라는 것을 깨달아야 한다. EBS나 인강, 과외, 학원……. 이런 것들은 학습의 효율성을 올리기 위한 도구와 장치에 불과하다. 우리가 공장에서 생산성 향상을 위해 돈을 들여 첨단 기계와 장비를 설치한다고 험담하는 사람은 없을 것이다. 마찬가지로 우리 아이의 학습을 위해서 무슨 방법이든 효율적으로 이용하면 될 것이다.

　학원에서도 강사별, 반별로 고유의 커리큘럼을 가지고 있다. 자신에게 맞는 커리큘럼을 선택하는 것, 맞는 반을 선택하는 것, 자신의 유형에 맞는 강사를 선택하는 것만이라도 자기주도적으로 해보자. 결국 학생에게 최적화된 학원 선택이 자기주도학습의 지름길이다.

중등부 학원과 고등부 학원은 선택 기준이 다르다

중등부 학원은 브랜드 중심의 시스템으로 움직이는 성향이 짙다. 그러다 보니 강사에 대한 의존도가 고등부 중심 학원보다 낮다. 그래서 강사 급여도 상대적으로 고등부 학원보다 낮게 형성되어 있다. 반면에 고등부 학원에 근무하는 강사의 급여 구조는 비율에 의해 결정되므로 인기 강사의 경우 급여가 상당히 높으며, 학원 매출도 강사의 명성에 의해 좌우된다. 그러면 중등부 학원과 고등부 학원을 선정할 때 무엇을 기준으로 선택해야 하는지 알아보자.

중등부 학원 선택 기준

첫째, 목표를 뚜렷이 하자. 우리 아이에게 필요한 것이 무엇인지 정확히 파악하고 나서 학원을 선택하자. 예를 들어 영어 학원을 선택하더라도 어학원 스타일의 학원이 필요한지, 내신 위주의 학습이 필요한지 또는 외고, 국제 고 입시실적이 좋은 학원이 필요한지를 잘 판단해야 한다. 내신 성적이 필요 한 학생은 대체적으로 기초적인 문법 등에 어려움을 겪는 경우가 많다. 이런 학생이 어학원에 가면 제대로 된 문법 능력을 갖추기는 힘들 것이다. 그런데 기본이 탄탄해서 수준 높은 영어를 원하면 내신, 문법 위주의 학원보다는 어 학원 형태의 학원이 알맞을 것이다.

둘째, 중등부 학원 중에는 보충 수업을 많이 해준다는 학원이 의외로 많다. 그런데 보충 수업을 많이 하는 학원이 좋은 학원인지는 신중하게 생각을 해 봐야 한다. 가성비를 중요시하는 학부모들은 보충 수업의 많고 적음이 학원 선택의 기준이 되겠지만, 몇 개의 학원을 다니는 학생 입장에선 좋은 학원인 것만은 아니다. 오늘은 수학, 내일은 영어, 주말엔 과학. 이렇게 짜여 있는데 보충 수업을 오라고 하면 갈 수가 없는 것이다. 정규 수업을 열심히 해주는 학원이 보충을 열심히 해주는 학원보다 낫다고 볼 수 있다.

셋째, 특목고나 전국권 자사고를 희망하는 학생을 위한 입시 대비와 과목 별 학습을 병행해주는 학원도 요즘 많이 볼 수 있다. 특히 강남이나 목동 등 교육특구라고 불리는 지역에서 성행 중이다. 만일 자녀가 이런 학교 유형에 관심 있어 하거나 진학을 희망하는 경우엔 안성맞춤인 학원이다. 대개 이런 학원은 내신과 심화 위주의 교과학습을 병행하며, 학교별로 필요한 비교과 관리와 면접 대비까지 챙겨준다.

고등부 학원 선택 기준

첫째, 지역 학교별 내신 성적 위주의 학원을 들 수 있다. 이런 학원은 주로 지역의 강자로 있는 고교의 내신 대비에 주력하는 경향이 강하다. 보통 이런 고교일수록 내신이 어려워서 상위권 학생들이 주로 다니는 과목별 전문 학원의 유형을 띄고 있다.

둘째, 요즘 성행하는 컨설팅 전문 학원이다. 교과목과 컨설팅을 병행하기보다는 아예 입시 컨설팅 위주로 하며 타 지역보다 강남에서 특히 눈에 많이 띄는 학원 형태이다. 요즘 관심이 많은 학생부종합전형 대비를 전문으로 하는 컨설팅 학원도 많다. 1학년 때부터 3학년 때까지 월별로 학생별 관리를 하는 특징이 있다.

셋째, 우리가 제일 쉽게 접하는 수능 대비 전문 학원 유형이다. 일반고 학생이나 특목고 학생이나 결국은 수능이 가장 중요하다. 과목별 전문 학원보다는 교습소 형태나 개인과외 형태가 성행하고 있는 영역이다. 일부 지명도가 높은 강사일 경우 수강료는 일반 학원보다는 훨씬 높은 수준에서 결정되며 수강 등록하는 것도 아는 사람을 통해서 하는 경우가 많다.

앞에서 살펴본 바와 같이 중등부는 오프라인 학원이 아직까지는 대세이며, 일부 지역에선 과목별 학습과 컨설팅이 결합된 학원이 신흥강자로 부상하고 있다. 고등부 학원은 과목별 수능 및 내신 대비 전문 또는 입시 컨설팅 학원의 두 가지 유형이 대부분을 이루고 있다. 학부모들은 자녀에게 필요한 영역이 어떤 것인지를 잘 파악한 후 학원 선택을 해야 할 것이다.

학원에서 기피하는 진상 학부모는 되지 말자

07

학원가에 입문한 지 벌써 20년을 바라보고 있다. 강사, 부원장, 원장, 이제는 입시연구소장을 하고 있다. 참으로 많은 시간 학원가에서 다양한 직책을 경험하다 보니, 별난 학부모들을 종종 만나게 된다. 여기서는 학원가에서 말하는 기피 대상인 소위 '진상 학부모'의 유형을 언급하고자 한다. 이런 얘기를 하는 이유는 학원에서 진상 학부모로 지목되는 것은 강의를 받는 학생에게 절대적으로 손해가 되기 때문이다. 똑같은 돈을 내고 좋은 대우는 몰라도 차별을 받으면 안 되지 않겠는가. 그럼 어떤 부모를 학원가에선 진상 학부모라고 분류할까?

첫째, 학원 수업료에 극도로 민감한 학부모로서 수시로 보충 수업을 요구하는 학부모이다. 학원은 수업료를 내야만 수강이 가능하다. 학부모 입장에선 당연히 돈을 낸 만큼 수업에 대한 권리를 요구할 수 있다. 그러나 이것도 지나치면 곤란하다. 대개의 학원들은 갑이 아니라 을의 입장에서 학부모를 상대한다. 간혹 갑의 위치에 있는 학원이 있다고들 하지만 그것은 극소수의 학원에 불과하다. 특히 규모가 작은 학원은 절대적으로 '학부모가 왕'이다. 어떤 학부모는 학생의 사정으로 수업에 결석하는 경우에도 보충 수업을 요구한다. 한술 더 떠서 자신의 스케줄에 맞추어서 보충 수업을 요구하는 경우도 있다. 예를 들어 지난주 금요일 수업이 있었는데 가족여행을 가게 돼서 결석을 했으니 이번 주 토요일 3시부터 보충 수업을 해달라는 식이다. 학원의 사정으로 수업을 못하면 당연히 거기에 대한 보충 수업을 해줘야 하지만 학부모 사정으로 인한 것을, 게다가 자신이 원하는 일자에 맞추어서 보충을 해달라는 것은 심한 억지가 아닌가. 이렇게 부당한 요구를 하는 학부모는 학원 강사들과 학원 직원들 사이에서 기피 인물로 분류된다. 그러면 어떤 불이익을 받는가. 당장 눈에 띄는 불이익은 없다. 단지 그 클래스에 들어오려는 대기 인원이 넘치면 다음에는 온갖 이유로 등록 대상에서 배제될 수 있다.

둘째, 걸핏하면 학원 원장 나오라고 데스크에서 목청을 높이는 학부모이다. 차량이 좀 늦게 와도, 학생이 좀 집에 늦게 도착해도 바로 데스크에 전화를 해서 담당 직원에게 "넌 필요 없으니 학원장 바꿔라."고 큰소리치는 유형이다. 좀 규모가 큰 학원에선 기업체와 마찬가지로 각 업무별로 담당자가 있다. 학원장도 모든 일을 알 수는 없는 노릇이다. 이런 학부모를 만나면 담당자는 참으로 난감하다. 이런 일로 일일이 학원장을 다 연결해주면 원장 입장에선 도대체 담당자는 뭐하는 사람인지 어처구니없다고 생각할 것이다. '내가 돈을 내니 너는 일방적으로 내 불만을 수용하라.'는 식으로 접근하는 방식은 자녀에게 도움이 안 된다.

셋째, 매번 학기만 끝나면 학원을 옮겨 다니는 학부모이다. 이번 중간고사 성적이 잘 안 나와서 다니던 A학원에서 B학원으로 옮기고 이번 기말고사 성적이 안 나와서 B학원에서 C학원으로 옮기는 식이다. 결론적으로 이렇게 자주 학원을 바꾸면 결국 학생만 손해다. 그리고 이런 경력을 학원이나 강사가 알면 자연히 신경을 덜 쓴다. 왜냐하면 매번 성적이 향상될 수는 없고 한 번은 떨어질 텐데 그러면 이 학생은 다른 학원으로 또 옮길 가능성이 높기 때문이다. 필자의 오랜 경험에 의하면 학생의 성적을 올리려면 최소 6개월은 한 학원에서 계속 수업을 받는 것이 성적 향상에 도움이 된다. 최소 한 학기는 강사와 학생이 함께 겪어봐야 서로 성향 파악이 되어서 비로소 강의가 제대로 먹히기 때문이다. 이번 학교 성적이나 모의고사 성적이 설령 잘 안 나오더라도 3개월은 참아보자.

부모님을 사랑하지만 존경하진 않아요!

필자가 근무하고 있는 입시연구소에는 대입 수험생뿐만 아니라 특목고를 준비하는 많은 중학생도 학부모와 함께 상담을 받으러 온다. 내원하는 중학생을 대상으로 다양한 질문을 던져보고 질문 문항에 대한 집계표를 만들어보니 굉장히 흥미로운 결과가 많이 나왔다. 그중 가장 흥미로운 항목은 부모님에 대한 존경 정도였다. 요즘은 엄마뿐만 아니라 아빠도 자녀와 같이 상담을 오는 경향이 많아졌다. 아무래도 시대의 변화가 좀 더 아빠들이 자녀교육에 관심을 갖게 하는 것 같다. 요즘 청소년은 부모님을 얼마나 존경하는지 한번 알아보자.

아빠에 대해 가장 존경하는 면은 성실성과 지식적인 측면이라고 대답한 응답자가 64%로 가장 많았다. 학생들이 말하는 성실성은 무엇일까? 학생들은 학교, 학원을 다니는 것과 아버지의 회사 출근이 비슷하다고 느끼고 있었다. 즉 아버지가 몸이 고단하고 힘들고 심지어는 밤늦게 귀가해서 다시 다음 날 아침에 일찍 출근하는 모습을 보면서 '우리 아빠는 성실하다.'고 느끼는 것이다. 필자는 학생들의 이런 얘기를 들으면서 일에 치여서 살아가는 불쌍한 우리 또래 직장인들의 모습을 보는 것 같아서 마음이 뭉클했다. 그런데 이러한 대답이 많다는 것은 아이들이 아빠의 이런 모습을 보면서 자신의 부족한 면을 동시에 반영하고 있다는 것을 알 수 있다. 즉 자신들은 학교나 학원에 다니는 것을 힘들어하고 또 가끔 학원은 이런 저런 핑계로 빠지기도 하는데 우리 아빠는 그런 모습을 자신들에게 보여주지 않으니 존경스러울 수밖에 없는 것이다.

반면, 엄마에게 가장 존경심을 가지는 면은 "없다."라는 응답이 1위를 차지했다. 응답자 다수의 어머니들은 전업주부로서 자신들을 늘 챙겨주는 고마운 존재라는 것을 생각하면 이 응답은 무척 충격적으로 다가왔다. 학생들은 엄마가 집안일을 하는 것을 당연하다고 생각하는 경향이 지배적이라는 것을 이 결과가 보여주고 있다. 다른 면에선 목동지역 학생들은 엄마가 생각보다 집안일이나 자신에 대해서 신경을 쓰기 보다는 외부적인 일, 예를 들면 다른 동네 어머니들과 모임을 자주 가지고 여행을 다닌다든지 하는 행동에 부정적이라는 것을 보여주었다. 반면에 직장맘은 아빠와 같이 성실하다는 대답이 많았다. 아직도 우리 사회는 가부장적 사고방식에서 벗어나지 못했다는 것을 학생들의 응답 속에서 확인할 수 있어서 더욱 씁쓸한 마음이다.

학생들이 두 번째로 아빠에게 존경하는 면은 지식적인 면이었다. 대부분의 목동지역 학부모들은 지적으로 자녀들보다 우월한 경우가 많다. 학생들도 매스컴을 통해 번듯한 직장 들어가기가 얼마나 힘들고 명문대학 입학이 힘들다는 것을 다 알고 있다. 그런데 아빠는 좋은 직장에 다니고 돈을 잘 버는 사업을 하고 거기다가 좋은 대학까지 나왔으니 존경의 대상이 될 수밖에 없는 것이다. 엄마 쪽에서 두 번째로 높은 응답률을 나타낸 것은 성실함이었다. 이 부분의 성실함은 아침 일찍 일어나서 식사를 챙겨주고 옷가지를 챙겨주고 집안일을 하는 것을 평가한 것으로 이해된다. 아빠와 마찬가지로 의무적인 일이지만 묵묵히 자신의 일을 하는 어머니에게서 고마움을 느끼는 것이다.

아빠를 향한 존경심을 가질 만한 면을 묻는 질문에 대한 세 번째 반응은 "없다."였다. 왜 없냐고 물어봤더니 아빠 얼굴을 보기도 힘들고 평소에 대화도 잘 안 하다 보니 어떤 면이 존경스러운지 모르겠다는 것이었다. 우리는 이 대답이 "아빠가 실망스럽다."와는 다른 유형이라는 것을 주목해야 할 것이다. 무슨 말이냐 하면 실망스럽다는 것은 그래도 아빠의 평소 행동에 대해서 관찰할 만한 거리가 있었다는 것을 의미하지만, 여기서 없다는 것은 아예 아빠의 행동반경을 모른다는 대답이라고 이해해야 할 것이다. 필자가 보기엔 이 대답을 들은 대부분의 아버지들은 '내가 생활비를 버는 기계로 전락했구나.' 하고 허탈해할 것이다. 이게 현대의 학생들에게 비춰진 아빠의 모습이다.

그 밖의 응답으로는 아빠의 사업적 수완과 자상함 등을 들었고, 엄마가 자신에게 가이드 역할을 해주고, 헌신적이라서 존경스럽다는 대답 등이 있었다.

학생들이 부모를 존경하는 면에 대한 응답을 보고 부모의 역할이 무엇인가를 다시 한 번 생각해보는 시간을 가졌으면 한다. 청소년들은 자신에 대한 부모들의 행동에 대해 생각보다 날카로운 시각을 갖고 있으며, 부모의 행동이 자식들의 미래에 지대한 영향을 미친다는 것을 항상 기억해야 할 것이다.

부모님을 사랑하지만 존경하지 않는 K군 · · · · · · · · · · · · · ·

K군의 부모님은 전형적인 중산층이다. 아빠는 열심히 회사를 다니시고 어머니는 두 아이를 위해서 열심히 집안 살림을 하고 아이들 학교 공부 뒷바라지를 하신다. 아파트 대출비도 상환하고 학원비도 내느라 아빠의 월급이 빠듯하지만 그래도 아이들이 공부는 웬만큼 해주니 감사할 따름이다. 그런데 K군은 이런 엄마, 아빠를 존경할까? 답은 "아빠는 존경, 그러나 엄마는 모르겠어요."다.

아빠는 눈이 오나 비가 오나 항상 말없이 회사에 출근하신다. 어제도 늦게 들어오셨지만 아침에 새벽같이 출근하셨다. 그래도 항상 아이들을 보면 다그치지 않는다. 그냥 공부는 잘하는지 어려운 일이 없는지 물어보시지만 공부하라고 다그치진 않는다. 그래서 K군은 아빠를 존경한다. 반면에 엄마는 아침 일찍부터 잔소리로 시작한다. 어제 영어 학원의 담당 강사로부터 K군이 숙제를 안 했다는 문자가 왔으니 엄마 심기가 많이 불편하다. K군은 엄마의 레이저 눈총을 피해서 아침도 먹는 둥 마는 둥 하고 학교로 도망갔다. 오후에 집에 오니 또 학원 가기 전에 숙제는 했는지 물어보시더니 엄마의 잔소리가 시작된다. 아무 말 없이 학원으로 갔다. 학원에서도 듣는 둥 마는 둥하고 집에 와 책을 펴니 공부가 될 리가 없다. K군은 생각한다. 엄마는 도대체 집에서 뭘 하는지 모르겠다고. 늘 날 감시만 하고 도움이 되는 얘기나 코칭은 없으니 엄마에 대한 존경심은 저만치 사라져만 간다.

K군에게 언제 엄마에게 감사의 마음을 느끼는지 얘기해보라고 했더니 식사할 때란다. 그래서 식사는 모든 삶의 기본인데 기본을 챙겨주는 엄마에게 존경심을 가지라고 했다. 존경은 사랑이다. 사랑 없이는 존경심이 생겨나지 않는다. 조그만 순간에도 사랑을 느끼면 그 학생은 존경심을 가질 것이다. 필자는 이 세상 모든 엄마들은 자녀에게 존경을 받을 자격이 있다고 생각한다. 자녀들은 단지 그것을 언제 표현해야 될지를 모를 뿐이다. 지금 표현하지 않는다고 너무 서운해하지 말자. 자식이 군대에 가면 자동적으로 표현한다. 눈물을 글썽이면서 말이다. 그때까지 열심히 사랑하자.

PART
4

맞춤형
전략이 필요한
현재 입시 트렌드에
주목하라

이제 대학 입시는
필수가 아닌 선택이다

이게 무슨 말인가? 대학 입시를 이제 선택할 수 있다니. 그러면 이제 지겨운 내신과의 전쟁에서 해방된 것일까? 여기서 하는 말은 그것을 얘기하는 것이 아니다. 2018년 교육기본통계 조사 결과에 따르면 올해 유·초·중등교육 학생 수는 총 630만 9,723명으로 집계됐다. 이는 2017학년도 대비 15만 8,906명(2.5%)이나 감소한 수치다. 지난 2013년 당시 전체 학생 수가 718만 7,384명이었던 점을 고려하면, 고작 5년 새 거의 100만 명에 가까운 학생이 증발한 것이다. 2000년 당시 출생아 수는 63만여 명. 하지만 2001년 출생아 수는 55만여 명, 2002년 출생아 수는 49만여 명으로 계속해서 줄어든다. 이어지는 2004년, 2005년 출생아 수도 각각 47만여 명, 43만여 명으로 감소한다. 2018년 일반대학의 재적 학생 수는 203만 33명으로 전년(205만 619명) 대비 2만 586명이 감소해 2010년 이후 최저치를 기록했다. 일반대학의 입학생 수 역시 31만 1,125명으로, 2010년 이후 가장 낮은 수치를 기록했다. 아직까지 충원율에는 큰 변동이 없지만 결과적으로는 대학의 학생 수와 입학생 수가 모두 줄어들고 있는 셈이다. 교육부 교육통계과에선 "일반대학 신입생 충원율이 소폭 상승한 것은 대학들이 모집 정원을 축소했기 때문"이라면서 "학령인구 감소 폭이 매우 가파른 점을 고려하면 충원율이 앞으로도 계속 상승하리라고 낙관하긴 어렵다."고 말한다. 실제로 2018년 일반대학의 재적 학생 수는 203만 33명으로 전년(205만 619명) 대비 2만 586명이 감소해 2010년 이후 최저치를 기록했다. 일반대학의 입학생 수 역시 31만 1,125명으로, 2010년 이후 가장 낮은 수치를 기록했다. 아직까지 충원율에는 큰 변동이 없지만 결과적으로는 대학의 학생 수와 입학생 수는 모두 줄어들고 있는 셈이다.

학령인구 절벽시대를 앞두고 현재 중고교생은 "학령인구가 감소해서 정원 미달이 되는 대학이 많아지면, 그만큼 대입 경쟁은 덜 치열해지는 게 아닐까?"라는 기대를 품을지 모른다. 물론 전체 대학을 기준으로 놓고 보면 그렇다. 그러나 학생들의 선호도가 높은 주요 대학은 예외다. 언제나 정원 이상의 지원자가 몰리기 때문에 기존과 비슷한 수준의 경쟁률이 유지될 수밖에 없는 것. 중위권이라면 서울 소재 대학에 진학하기가 생각보다 더 까다로워질 수 있다. 최근 교육부의 '대학 기본 역량 진단'에 따르면 정원을 의무적으로 감축해야 하는 곳은 주로 지방 소재 대학. 이처럼 지방 소재 대학 중심으로 정원이 축소될 경우, 오히려 학생들이 서울 및 수도권 대학으로 집중될 수 있다. 결과적으로 보면 전국적으로 대입 경쟁률이 낮아지긴 하겠지만 상위 대학 진학 경쟁은 여전히 치열할 것이며 모든 학생들이 선호하는 상위 10개 대학에 대한 입시 열풍은 더욱더 심해질 가능성도 존재한다.

요즘 지방대로 진학한 학생들이 1학기 또는 1년만 지나면 재수한다고 하거나 편입시험을 준비하느라 휴학계를 제출해서 캠퍼스가 한산해진다. 이것은 청년 실업률이 높아짐으로써 대비책을 상위권 대학 졸업장으로 하려는 경향이 높아지고 있기 때문이다. 이러한 대학 입학을 포기한 대학생들은 임용고시, 공무원시험 등에 매달림으로써 결국 지방대에서 수업을 들어야 할 당위성이 자꾸만 사라지는 것이다. 필자가 보기엔 이제 몇 년만 지나면 대학 입시는 결국 의학계열, 이공계 특성화대학, 사관학교 등 특수학교, 서울대, 연대, 고대를 포함한 서울 시내 6개 대학만 존재할 가능성이 높다고 본다. 이들 학교의 정원을 다 합해야 3만 명이 안 된다. 2022년에는 수능 응시 인원이 40만 명 선으로 내려갈 거라고 예측하고 있다. 2019학년도 수능 응시 인원 59만 명과 비교하면 거의 30% 이상 감소한 수치다. 그러나 입시 대상 학교는 지금보다 절반 이상 축소됨으로써 실제 대입 경쟁은 지금보다 훨씬 치열해진다고 예측할 수 있다.

지금 여기서 이런 말을 하자니 한숨을 쉬는 학부모들이 떠오른다. 그러나 역으로 긍정적으로 생각해보자. 3만 명 안에 들어갈 자신이나 엄두가 나지 않으면 어떤 대학을 가도 괜찮다는 말이 된다. 즉 최상위권 대학 입시를 포기하면 진정으로 자신이 하고 싶은 일을 하는 것이 훨씬 현실적이라는 뜻이다. 대학을 보지 말고 자신의 적성과 맞는 학과를 선택해서 대학을 가자. 6개 대를 제외하곤 다 똑같다. 거기서 거기다. 너무 10개 대학, 15개 대학이라는 말에 연연하지 말자. 조금만 눈을 돌리면 좋은 학과가 많다. 서울대에는 조리학과가 없다. 연대, 고대에도 없다. 성대, 서강대에도 없다. 4년제가 아니면 어떤가. 전문대에 가서 좀 더 빨리 사회생활을 시작해 경험을 쌓으면 성공의 길은 더 가까워진다. 입시에 가슴 졸이는 학부모들이여, 자녀들이 공부 못한다고 너무 윽박지르지 말자. 그리고 우리 아이가 진짜 좋아하는 것이 뭔지 찾아보자. 먼저 찾는 사람이 성공한다.

전문대에 진학한 A양은 불행한가?

A양은 전형적인 중산층 가정의 학생이다. 아버지는 회사 다니시고 어머니도 자신의 일을 가지고 있다. 아무래도 어머니가 직장을 다니면 자녀들의 학습 관리에 소홀하기 쉽고, 학생들이 학습을 조금 느슨하게 하는 경향이 있기에 특목고나 자사고보다는 일반고를 가게 된다. 일반고를 준비하는 일부 중학생들의 특징은 자신의 적성과 미래를 생각하지 않는다는 것이다. 그냥 영어, 수학을 공부한다. 그러다 보니 학습 목표가 구체화되지 않기 때문에 집중도가 조금 떨어지는 경향이 있다. A양도 마찬가지로 막상 고등학교에 진학해보니 중학교 때보다 내신이 더 안 나온다. 주요 과목이 겨우 4~5등급 사이를 돌아다닌다. 더 큰 문제는 자신이 뭘 해야 할지 모르겠다는 것이다.

A양이 필자를 찾아온 것은 고2 때였다. 부모님이 걱정이 되어 자식 손을 잡고 온 것이다. 고2인 A양은 이과반에 재학 중이었다. 왜 이과를 선택했냐고 물어보니 이과가 대학, 취업에 유리할 것 같아서 선택했다고 했다. 틀린 말은 아니었는데 다중지능 검사 결과를 해보니 오히려 인문계열 성향에 가까운 게 문제였다. 그러나 본인이 이과 선택에 대한 목적이 확고하여 다시 문과로 되돌릴 수는 없었다. 그다음 해 고3이 돼서 수시원서 쓸 때 다시 만나게 되었다. 학생부를 보니 역시나 4~5등급이었다. 이래서는 정시로 4년제

대학의 학과는 수도권 내에선 힘들었다. 본인에게 무엇을 전공하고 싶으냐고 물었더니 취업 잘 되는 학과를 원한다고 하였다. 그래서 조심스럽게 의학 관련인 간호학과를 추천하였다. A양은 심성이 착해서 남들을 도와주면 행복을 느끼는 성향이므로 봉사를 전문으로 하는 간호학과가 맞을 것 같았다.

여러분들이 착각하는 것 중에 대표적인 것이 의학계열은 막연히 수학, 과학 적성이 상당히 높아야 한다고 생각하는 것이다. 물론 의학계열 학생들이 수학, 과학을 잘하는 것은 맞지만 좋아서 하는 학생이 있는 반면에, 자신의 현실적인 목표를 위하여 수학, 과학이 싫어도 억지로 자신을 맞추어서 공부하는 학생들도 있다.

A양은 참을성이 많고 봉사정신이 강한 편이었다. 이런 성품에 강한 취업 욕구를 더하면 간호학과가 좋을 것 같다는 판단이 섰다. 즉시 전국의 전문대에 있는 간호학과를 다 뒤졌다. 지방에 있는 간호학과 몇 개를 뽑아서 지원시켰다. 그랬더니 놀랍게도 2개 학교에서 합격 통지를 받았다. 그중에 기숙사 시설과 취업률이 상대적으로 좋은 학교를 선택해서 지금까지 만족스럽게 학창생활을 하고 있다.

다시 한 번 말하지만 중하위권 대학의 학과를 잘 선택하면 오히려 더 큰 행복을 느낄 수도 있다. 마음을 비우면 더 좋은 결과가 올 수도 있다는 뜻이다. 입시는 필수가 아닌 선택이다. 희망을 가지자.

아이의 미래, 내가 기획하고 아이가 결정하자

아직도 우리 아이의 미래는 내 손에 달려 있다고 믿는 학부모가 많은 것 같다. 필자도 학생의 장래는 학부모가 어떻게 하느냐에 달려 있다고 믿는 사람 중 하나다. 그러나 한 가지 기억해야 할 것은 자식의 미래를 부모가 제시는 할 수 있지만 결정은 할 수 없다는 것이다. 마치 말에게 물을 먹이기 위해서 시냇가로 끌고 갈 수는 있지만 억지로 물을 먹일 수는 없는 이치와 같다.

물론 요즘 학부모들 중 일부는 말에게 주사를 놓으면 된다는 우스갯소리도 하지만 그런 경우는 참 드물 것이다. 이런 사례의 대표적인 경우는 에이미 추아 예일대 교수이다. 그녀는 2011년 중국식의 엄격한 자녀 훈육 방식을 강조한 《호랑이 엄마의 군가》라는 책을 통해 엄격한 방식으로 자녀를 명문대에 보냈다고 강조했다. 추아는 두 딸에게 전 과목 A학점 취득을 명령하고 자녀들이 목표를 달성하도록 강요하는 교육법을 행했는데, 큰딸 소피아가

2011년 하버드대와 예일대에 동시 합격하면서 그녀의 교육법이 주목받기 시작했다. 그러나 이런 교육법이 과연 바람직한지에 대해선 논란의 여지가 있다. 이런 훈육법은 마치 아이 일생의 목표는 좋은 대학, 학과에 진학하는 것이고, 그 대학과 학과는 부모님에 의해서 미리 결정이 되어 있으며 자녀들은 마치 말처럼 끌려가는 것과 같다. 이런 환경에서 자란 자녀들에게 창의성을 기대한다는 것은 무리한 요구다. 그러면 어떻게 한단 말인가. 필자는 기획은 부모가 하되, 결정은 자연스럽게 자녀들이 하게끔 유도하자고 주장한다. 이것이 현 정부가 요구하는 중학교 자유학년제 도입의 취지라고 본다. 그러나 유감스럽게도 학교에선 자유학년의 취지를 살린 체험활동과 진로 컨설팅이 활발하게 이루어지지 않는 것 같다.

미국의 경우 다양한 방법으로 학생들이 자신의 진로를 체험하는 프로그램이 있다. 일례로 유아기부터 가족 봉사활동에 참여하며 중학생이 되면 봉사영역이 더욱 다양해져 클럽활동에 자원봉사가 필수로 동반되기도 한다. 캘리포니아의 경우 주니어 장학생 멤버 California Junior Scholarship Federation 가 되기 위해서는 우수한 학교 성적뿐 아니라 10시간 이상의 커뮤니티 봉사활동을 해야 한다. 봉사활동은 학교 내 행사 도우미와 같은 활동을 비롯해 도서관 숙제 도우미, 이벤트 보조, 행사 안내, 환경 이벤트 보조, 스포츠 리틀 코치, 수영대회 보조, 마라톤 행사 도우미, 베이비시터 등 다양한 분야에서 선택해 참여가 가능하다. 여러 분야에서 자원봉사를 하다 보면 학생 스스로도 아이들 숙제 도와주는 것보다 물건 파는 게 더 재미있었다거나 혼자 작업하는 것보다 남들과 함께하는 일이 맞더라는 등 자신의 성향을 파악하게 된다. 학교와 시에서 학생들에게 제공하는 자원봉사 기회는 커뮤니티 참여라는 주목적은 물론, 적성을 가늠해볼 수 있는 일석이조의 기회가 된다.

교육구와 시에서도 직업인이 직접 들려주는 이야기를 들으며 몰랐던 직업 세계에 한 발 가까워질 수 있는 기회를 제공한다. 캘리포니아의 한 중고등 교육구는 미 항공우주국인 NASA여성 과학자들과 만나 강연도 듣고 과학 체험도 하는 기회를 열어준 바 있다. 또 중학생을 위한 서머스쿨을 여는 교육구는 여름방학 동안 영화, 기타 연주, 방송, 영양, 과학, 로봇 등의 무료 클래스를 제공하기도 하는데 이는 학생들이 관심 분야를 체험하고 향상시킬 수 있는 기회가 된다.

직업과 직결된 것이 대학 전공인데, 자신에게 적합한 학과를 찾는 중고생들에게 지역 커뮤니티 대학에서 학과를 소개하는 커리어 전람회도 개최한다. 조리, 용접, 유아교육, 사진, 건축 등 학과에서 배우는 내용과 진출할 수 있는 직업 분야를 설명해주는 자리로, 실습하는 과정과 장비를 직접 체험해볼 수 있다. 이렇게 교육부가 항상 교육 모델로 제시하는 미국에선 청소년의 진로 탐색을 위해서 봉사, 체험, 고등교육 기관 전공 체험활동을 통해 길을 제시하고 있다. 우리나라에선 이러한 일을 정부에서 주도적으로 해나가려고 노력은 하지만, 여러 여건상 쉽지는 않아 보인다. 그래서 필자는 항상 선발 집단인 특목고나 전국권 자사고 진학을 생각해보라고 학부모들에게 당부한다. 이들 학교에 진학하기 위해선 생기부 관리와 자소서 작성이 필수이다. 생기부 관리를 위해 봉사활동을 열심히 하고 자신이 흥미 있는 분야의 책을 읽는 와중에 자신의 진로에 대하여 골똘히 생각하게 되면 이런 내용들을 자소서에 넣을 수 있다. 적성 찾기 작업을 교육부에서 주도적으로 해주면 좋겠지만 현실은 힘들다. 그렇다고 우리까지 손 놓고 있을 수는 없지 않은가. 특목고 입시를 부정적으로만 보지 말자. 이러한 적성 찾기가 곧 특목고 입시이다. 중3 때 내가 특목고에 가기 싫으면 지원하지 않으면 된다. 그러나 특목고를 가기 위해 활동하고 노력한 것은 평생을 거쳐 자녀들에게 좋은 영향을 미친다. 경험은 남 주는 게 아니다. 결국은 아이 자신에게 득이다.

영재고, 과학고도 조기에 준비하면 들어갈 수 있다 03

현재 사교육의 원흉은 바로 영재고 입시이다. 지금 강남, 목동 학부모들의 관심은 온통 영재고 입시에 집중되어 있다. 일단 영재고를 나오면 소위 SKY 대는 따놓은 당상이며 잘하면 의대도 진학할 수 있다는 믿음이 있다. 2019학년도 서울과학고 졸업생의 무려 23.8%가 의대에 진학한 것으로 나타났다. 그렇게 신입생 입학 설명회에서 의대 진학 시에는 추천서를 써주지 않고 장학금을 회수한다고 얘기한 결과가 23.8%였다. 만일 그런 조치마저 없었으면 반수 이상이 의대에 가지 않았을까 라는 추측도 할 수 있을 것이다. 이러니 입시에 민감한 강남 엄마들의 입장에서는 영재고만큼 좋은 학교가 없는 것이다.

이런 영재고에 진학을 하기 위해선 무엇보다 수학, 과학을 잘해야 한다. 그리고 수학, 과학의 우수성은 2차 필기시험 성적에 의해 좌우된다. 그러면 수학, 과학시험 준비는 어떻게 해야 하나? 보통 초3이나 초4부터 선행학습을 시작해서 중1이나 중2가 되면 대부분 수학올림피아드 문제, 과학올림피아드 문제를 푼다. 그런데 경쟁률은 보통 10:1을 훌쩍 넘긴다. 정원은 겨우 800여 명에 불과한데 말이다. 우리나라 중3 학생 수 49만 명의 0.16%에 불과하다. 예전 통계를 보면 한국과학영재고 신입생의 경우 70%가 넘는 학생들이 IQ가 130 이상인 것으로 나타났다. 필자가 놀란 것은 130 이상이 70%가 아니라 IQ 130이 안 되는 30%의 학생도 진학을 했다는 사실이다. 이 결과가 말해주는 것은 범재라도 노력하면 영재고가 가능하다는 메시지이다. 이것을 보면 누구라도 영재고에 도전해보고 싶은 의욕이 솟을 것이다.

영재고 입시는 기본적으로 수학과 과학시험이다. 그리고 수학은 창의수학이 주가 된다. 창의수학은 평소에 접하기 힘든 유형의 문제를 연습을 통해서가 아니라, 그 자리에서 풀어내야 되기 때문에 창의력이 필요하다고 해서 창의수학이라고 한다. 그러면 진짜 수학에 영재성이 없는 학생은 백년을 공부해도 못 풀어야 정상이다. 그러면 우리 주변의 그 많은 영재고 입시를 공부하는 학생들은 다 천재인가? 아니라는 생각이 들 것이다. 이게 바로 우리 영재고 입시의 문제이다. 초등학교 때 중학교 과정 선행학습을 다 끝내고, 중1 때는 경시 책들을 다 풀어본다. 그리고 KMO에 뛰어들어 갖가지 유형의 문제들을 반복해서 풀면서 문제 푸는 기계가 되어 간다. 영재고 대비 학원 수학 프로그램의 70% 이상은 KMO 이론 또는 다른 나라 경시 문제들로 구성되어 있다.

영재고시험 문제는 천재라도 못 푼다는 말이 있다. 이 말은 유형에 적응하는 연습이 필수라는 얘기이다. 영재를 규격화하는 것이 현행 영재고 입시이다. 유형화가 되고 규격화가 되면 대비가 가능해진다. 사교육은 이 허점을 놓치지 않는다. 보통 학생들도 영재고와 과학고에 갈 수 있다는 믿음을 심어 준다. 그러려면 조기에 선행학습을 시켜야 한다고 강조한다. 왜냐하면 진짜 영재가 아니기 때문이다. 학부모들도 이런 것을 알고는 있지만 그래도 영재고 졸업자에 대한 사회적 우대가 너무나 크기 때문에 조기교육에 뛰어들 수밖에 없는 것이다. 남들이 다 하니까 내가 안 하면 뒤처지는 것 같으니 급한 마음에 남들처럼 영재고 입시에 뛰어들게 된다.

그러면 이렇게 열심히 공부를 하면 다 합격하는가? 양천구의 중학교는 영재고, 과학고에 많이 보내는 편에 속하지만, 2018학년도 졸업자 중 겨우 1% 남짓한 학생만 진학에 성공했다. 그러면 떨어진 나머지 학생들은 일반고에 진학하면 다 수학, 과학은 1등급을 받는가? 아니다. 대부분 학교 내신에서 1등급을 받는 데 어려움을 느낀다. 그 원인은 KMO와 학교 내신 문제는 유형이 다르기 때문이다. 또 학교 내신 획득을 위해서는 학교별 내신 유형에 잘 대응시키는 학원에 열심히 다녀야 한다. 이게 현실이다.

영재고, 과학고가 우리나라 국가 발전에 핵심적인 요소라고 생각한다면 진짜 영재를 선발하는 제도가 있어야 하지만 현실은 다르다. 적당한 머리를 가지고 초4부터 죽어라고 공부하면 들어갈 수도 있는 지금의 입시 체제에선 사교육만 성행할 뿐이다. 진정한 영재를 선발할 수 있는 입학전형은 아닌 것이다. 조기에 출발할수록 먼저 목적지에 닿는 것이 현재 대한민국의 입시제도이다.

04 영재에겐 약이 되고 일반 학생에겐 독이 되는 영재고, 과학고 입시

요즘 학부모들은 영재고, 과학고 입시를 입시 전선에서 제일 먼저 맞닥뜨리게 된다. 그리고 어느 정도 자녀교육에 관심이 있으면 당연히 영재고는 몰라도 과학고 입시 준비는 해야 하는 것으로 생각한다. 그 논리의 기본 전제는 과학고는 못가도 그만큼 남는 게 있어서 일반고에 가더라도 이공계 대학 입시에 유리하다고 생각하는 것이다. 그래서 너도 나도 과학고를 목표로 공부시킨다. 그런데 과연 영재고, 과학고 공부를 시키면 남는 게 있고 그만큼 대입에서 유리해지는 걸까? 아니면 양날의 검처럼 잘못하면 학생들에게 독이 되는 걸까? 지금부터 철저히 분석해보자.

1) 수학, 과학 공부를 선행해 놓으면 영재고에 떨어지고 일반고에 가더라도 수학, 과학 내신에는 유리할까?

영재고, 과학고를 준비하는 학생들은 보통 초5나 늦어도 초6부터 본격적으로 수학, 과학 선행을 시작한다. 2년 선행은 기본이며, 심지어 초6이 고1 과정의 수학, 과학 공부를 하는 경우도 왕왕 볼 수 있다. 그러면 이렇게 선행과 심화를 많이 했으니 과학고는 몰라도 일반고에 가면 수학, 과학 내신에서 최상위 성적을 거둘 거라고 예측을 할 것이다. 그러나 실상은 학교 내신에서도 상위권을 차지하기가 쉽지 않은 경우가 많다. 왜 그럴까? 영재가 아닌 학생에게 영재고에 필요한 공부를 시켰으니 당연히 소화불량에 걸리는 것이다. 제대로 소화를 못하니 성적이 안 나오는 것은 당연한 결과이다. 이렇게 적성에 부합되지 않는 학생은 선행을 최소화하여 학습 범위를 좁혀주어야 하는데 반대로 대응한 것이다. 여기서 제일 중요한 것은 학생이 과연 과학고, 영재고에 갈 수 있는 적성을 갖고 있는지를 객관적으로 파악하는 것이다. 적성에 적합한 과목은 얼마든지 선행을 하고 심화를 해도 학생이 따라갈 수 있다. 그러나 그 반대의 경우는 힘만 들고 소득은 없다. 그리고 수학올림피아드와 수학경시대회 문제가 학교 내신에는 나오지 않는다. 그러면 KMO 같이 어렵고 수준 높은 문제를 많이 풀어봤으니, 내신 따는 데 문제가 없는가? 절대 그렇지 않다. 나의 머리는 나에게 맞지 않는 수준 높은 문제는 자동으로 삭제를 해왔다. 유감스럽게도 내가 고1이 되면 예전에 배웠던 고1 과정은 하나도 생각나지 않고 다시 공부해야 한다.

2) 고등학교에 진학하고 나서도 수학, 과학 내신은 중요하니 처음부터 다시 공부해야 한다. 이제 자존심의 영역이다. 그러나 공부를 열심히 하고 싶은 마음은 굴뚝같은데 몸은 잘 따라주지 않는다. 왜냐고? 예전에 한 번 했던

것이기 때문에 기억이 나기 때문이다. 그래서 열심히 하고 싶은 생각은 들지 않고 예전에 했던 것은 기억이 나니, 대충대충 설렁설렁 하려는 마음이 더 강하다. 그러다 보니 자연히 내신 성적도 잘 나오지 않는다.

　3) 이제 내신이 힘들면 모의고사 성적이라도 잘 나와야 하는데 이것마저 제대로 안 나온다. 여기서 학생들의 멘붕이 일어난다. 완전 'BURN-OUT'이 되는 것이다. 모의고사 최소 2등급은 나올 줄 알았는데 그것도 쉽지 않다. 일반고 출신 학생에겐 학종의 기본이 학교 내신이다. 학교 내신은 수학, 과학만 있는 것이 아니고 국어, 영어도 있다. 4개 영역의 내신이 1차적으로 좋아야 한다. 그다음 전공에 연계된 과목의 성적이 중요하다. 그런데 이과계열 학생에게 가장 중요한 영역인 수학, 과학에서 내신이 안 나오니 이젠 학종은 포기한다. 그리고 수능에 매진하게 된다. 그런데 수능영역은 국어, 영어도 시험을 봐야 한다. 과학고, 영재고 입시 준비 때문에 영어와 국어는 중학교 1학년 때부터 아예 던져놓았다. 그런데 이제 수능 때문에 이 2개 과목도 열심히 공부해야 하니 갈수록 태산이다.

　그러면 영재고, 과학고 입시가 어떤 학생에게 도움이 되는지 알아보자.

　첫째, 기본적인 영재에 도전할 수 있는 수준에는 도달해야 한다. 미국 국립영재연구센터 소장과 백악관 영재양성특별팀 자문 위원을 맡은 조셉 렌줄리(Joseph S. Renzulli) 미국 코네티컷대 교수가 말하는 영재의 기준은 다음과 같다. 그는 지능, 과제 집착력, 창의성, 이 세 가지 영역에서 상위 15% 안에 들고 이 가운데 한 가지 분야에서 상위 2% 안에 들어야 영재라고 말할 수 있다고 주장한다. 또한 영재는 성취적 영재와 창의·생산적 영재 두 부류로 나뉜다고 한다. 성취적 영재는 흔히 말해 지적능력이 뛰어난 영재다. 렌줄리 교수는 "과제 집착력과 창의성이 뛰어난 창의·생산적 영재는 반드시 똑똑한 것은 아니지만 세상을 바꾸는 힘이 있다. 역사적으로 탁월한 업적을 남긴 사람들은 대개 성취적 영재보다는 창의·생산적 영재였다."고 창의·생산적 영재의 중요성에 대해 설파하였다. 그러나 우리나라 영재고, 과학고는 수학, 과학을 잘하는 이공계 인력을 배출하는 게 목적이다. 그러니 차라리 렌줄리 교수보다는 다음 기준이 현실적이다. 즉 교과영역이 표준화된 학력시험에서 5% 이내이며 IQ는 130 이상인 학생이 영재고나 과학고에 적합한 학생일 가능성이 더 높다. 거기다가 높은 수준의 과제 집착력, 뛰어난 호기심, 집중력, 기억력과 창조적 사고를 겸비하고 있으면 더욱더 입학 기준에는 근접할 것이다.

둘째, 그럼 위의 조건을 가진 학생들은 무조건 영재고, 과학고 입시 대비를 하기에 적합하고 그런 입시 대비가 본인에게 약이 되는 걸까? 필자가 만나본 영재고, 과학고에 입학한 대부분의 학생은 위의 기준에 부합한 학생들이 많다. 거기에 더 중요한 한 가지가 있는데 그것은 자발성이다. 즉 스스로 영재고나 과학고의 수학, 과학에 집중된 심화 프로그램을 좋아하고 자신과 의사소통이 원활하고 비슷한 수준의 학생들이 많은 집단에서 공부하고 싶다는 열의가 강했다는 점이다. 다시 말하면 주위의 강요에 의해서 영재고, 과학고를 입학하긴 힘들고 입학해서도 별 흥미를 느끼긴 힘들 것이다.

마지막으로 필자가 항상 강조하는 얘기지만 의대 진학을 염두에 두고 있는 학생이라면 절대 영재고, 과학고에 가면 안 된다는 것이다. 영재고에는 공학계열 학생들을 위한 갖가지 좋은 학교 프로그램과 시설, 커리큘럼이 있지만 의대 진학자를 위한 프로그램은 없다. 그리고 영재고에선 수학과 과학의 비중이 절대적이지만 수학과 과학의 심화과정을 운영하는 의대는 없다. 즉 3년 공부한 것이 실제로 의대를 진학하고 나면 하나도 쓸데가 없는 것이다. 의대 진학을 원하면 전국권 자사고나 차라리 일반고에 진학하는 것이 더 입시에는 유리하다.

중학교 자유학년제, 왜 중요한가?

05

자유학년제는 중학교 과정 중 두 학기 동안 지식·경쟁 중심에서 벗어나 학생 참여형 수업을 실시하고 학생의 소질과 적성을 키울 수 있는 다양한 체험활동을 중심으로 교육과정을 운영하는 제도이다. 2019년부터 서울지역 중고등학교의 서술, 논술 평가와 수행평가 비율이 50% 이상으로 늘어난다. 중학교에서는 한 학기에 주요과목 중 한 과목 이상을 반드시 수행평가나 서술형, 논술형 시험으로 평가해야 한다. 중고교 정기고사에서 서술형, 논술형 문항 비율도 20% 이상 확대를 추진한다. 2020년까지 중학교 자유학년제를 서울 전체로 확대한다. 서울지역 초등학교 3학년 이상 학생들에게는 창의지성·감성 교육과정을 운영한다. 전문가로 구성된 '수업나눔 교사반'을 운영해 학교 교육과정 컨설팅도 진행한다. 교사들의 의견 교환을 위한 카페도 학교 내에 마련된다. 수업 방식도 바뀐다. 중학교 자유학년제를 확대 운영한다.

2019년에는 중학교 237곳에서 자유학년제를 운영하며 2020년에는 서울 소재 중학교 전체 387곳으로 대상을 넓힌다. 진로에 대해 고민하고 탐색하는 시간이 되게 하는 것이 서울시 교육청의 목적이다. 고교 학점제도 확대된다. 고교 학점제는 다양한 선택 과목을 개설해 학생들이 원하는 과목을 골라 듣는 과정이다. 본래 운영하던 고교 학점제 연구·선도학교를 비롯해 서울 소재 고등학교 230곳(일반고 190, 자율고 40)에서 개방형 선택 교육과정을 운영한다.

자유학년제의 취지는 좋으나 여차하면 학습적 부분을 도외시해서 장차 고교에 진학하면 내신 성적이나 수능 성적에는 안 좋은 영향을 미칠 수 있는 여지도 충분하다. 자유학년제는 노는 시간이 아니다. 수업 자체가 곧 평가다. 자유학년제는 이제 다가올 입시라는 전투를 대비하는 데 무엇보다 중요한 시기이다. 물론 전투에 필요한 총 쏘는 능력도 중요하지만 가장 중요한 것은 왜 이 전투를 왜 해야 하는지에 대한 근본적인 질문에 답을 찾는 것이다.

자유학년제가 적용되는 12~15세 시기에는 후두엽이 발달한다. 후두엽은 색깔, 크기나 모양, 동작, 밝고 어두움과 투명도 등을 보고 느끼고 해석해 사물을 인식하고 확인하는 시각 기능을 담당한다고 알려져 있다. 이때가 뇌의 발달 상태로 보면 시청각교육이 가장 효과적으로 작동하는 시기이다. 그래서 평면적인 교과서적인 학습보다는 멀티미디어를 활용한 수업이 효과적인 것이다. 그래서 학교에서도 시청각교육을 활용하려고 하지만 현실적으론 어려운 환경인 것도 사실이다. 학부모님들은 학교에서 미처 커버하지 못하는 이 부분을 채워주기 위해선 교과서 위주의 학습보다는 TED나 체험 교육 등을 집에서도 하는 것이 좋다. 이 시기가 아이들이 자신의 적성과 진로를 설정하는 계기가 될 수 있다. 이 시기에는 뇌가 발달하면서 드러난 자신의 적성을 인식하고 계발하려는 마음을 갖도록 돕는 것이 중요하다. 이렇게 자신의 적성을 발견하면 고교 진학 후 자신이 평생 가야할 길을 준비하는 데도 도움을 받을 수 있는 것이다.

우리의 뇌는 하고 싶은 일, 잘할 수 있는 일을 할 때 행복감을 느낀다. 부모가 부나 명예나 지위를 물려줄 것이 아니라 자신이 무엇을 하고 싶은지, 무엇을 잘하는지 발견하도록 도움을 줘야 한다. 이게 우리 아이들에겐 돈보다 훨씬 중요하다. 자유학년제를 보내면서 부모들은 그동안 아이들이 발견한 적성과 관련해 어떤 활동을 하고 있는지, 어떤 것을 배우고 얻고 있는지를 지속적으로 관찰할 필요가 있다. 이는 잘한다, 못한다를 평가해 줄을 세우려는 것이 아니다. 아이 스스로 장점과 단점을 알고 건강한 자존감을 가지고 있는지 확인하고, 열정을 북돋아주기 위함이다.

하종범 교수가 2014학년도 대학 신입생 150명을 대상으로 상담한 결과, 전공이나 적성과 관계없이 오직 취업이 잘 되기 때문에 부모와 담임 선생님의 권유로 입학한 학생들의 수가 훨씬 증가한 걸로 나타났다. 이들은 입학해도 취업에 대한 고민이 많은 한편, 진로에 대한 비전이나 열정이 없고 적성도 맞지 않아 대학생활이 힘들다.

시험의 압박에서 잠시나마 벗어날 수 있는 자유학년제를 활용해 쉼을 주고 다시 일어설 힘을 얻게 할 수 있다. 경쟁과 평가는 평생 따라다닐 것이다. 피할 수 없는 만큼 이 시간을 활용해 포기하지 않는 근력을 키울 기회로 삼을 수 있게 도와야 한다.

전통적 교육관은 학창시절의 행복을 미루어가면서 공부에 전념해야 한다고 가르쳤다. 그러나 앞으로의 교육관은 즐겁고 재미있게 공부하면서 행복한 미래를 이룰 수 있다는 긍정적인 심리를 갖게 하는 데 중점을 두어야 할 것이다.

심리치료사인 티에리 Thierry Janssen 는 행복이 유전적인 요인 50%, 외부적인 요인 10%, 본인의 노력 40%로 구성된다고 말했다. 청소년들은 지금 이 순간 행복하다고 생각하면 얼마든지 행복할 수 있으며 그 행복감은 노력으로 얼마든지 증진시킬 수 있다. 우리 학부모가 해야 할 역할이 바로 이 부분에 있는 것이다. 자녀들이 성취감을 가질 수 있도록 다양하게 자극하고 격려해주는 것이 바로 우리가 해야 할 역할이다.

우리나라는 스타트업도 학벌순

06

    SKY대의 2020학년도 모집정원은 11,224명이다. 2020학년도 고3 학생 수는 506,200명으로 추산된다. 고3 학생 수 대비 2.2%이다. 1등급이 4%까지니 1등급을 받아도 절반의 인원은 SKY대를 가지 못하는 것이다. 그런데 이렇게 어렵게 대학을 들어가도 문제다. 요즘은 청년실업의 문제가 심각하다. 2017년 대학별 취업률을 보면 서울대가 68.3%, 연세대 68.7%, 고려대는 68.2%였다. 3개 대학 평균 68.4%였다. 이들 3개 대학을 나와봤자 취업률이 70%를 넘지 못한다. 오히려 성균관대가 75.1%로 취업률에서 1위를 차지하였다. 대학 입학 성적이 취업성적 순위가 아닌 것이다. 중앙대도 65.4%로 연대나 고대에 비교해서 큰 차이가 없었다. 졸업할 때면 왜 고생스럽게 사교육비를 투자해서 SKY대에 들어왔나 하는 생각이 날 것이다. 한국 기업이 국내 명문대 학생을 선호하는 현상이 강한 것은 사실이다. 하지만 IMF 이후로 사회가 급변하기 시작했고 모든 패러다임이 빠르게 변화하기 시작했다. 직장은 나의 가치와 비전을 완성하는 곳이 아닌 나의 생활을 위한 수단으로 전락했고 사회 분위기가 그런 방향으로 흘러갔다. 회사에 대한 충성과 일에 대한 사명감은 과거에 비해 많이 사라져가고 있다. 요즘 대학 졸업생들이 가장 선호하는 것은 삼성, SK 등 대기업이나 교사, 공무원 등 안정된 직장이다. 그러나 성취감을 느끼고 행복감을 느끼는 것은 또 다른 얘기이다.

요즘 스타트업 회사가 인기이다. 너무 사랑해서, 좋아해서 시작된 '덕질'이 성공한 스타트업을 만들어낸다. 그러나 이런 덕후도 SKY대를 나오면 유리하다. 한국경제신문이 국내 주요 벤처캐피털 9곳(중소기업청의 스타트업 지원사업인 TIPS 참여 업체)이 2012년 이후 투자한 103개 스타트업 대표의 출신 대학을 조사한 결과를 보자. 스타트업 대표의 출신 대학을 보면 서울대가 21곳(20.3%)으로 가장 많고 이어 카이스트 12곳(11.6%), 연세대 9곳(8.7%), 고려대 7곳(6.8%)이었다. 명문대 출신의 창업이 많은 이유에 대해 전문가들은 '성공한 선배들의 영향'이라고 입을 모은다. 서울대, 카이스트, 연세대 등에 성공한 벤처 1세대가 많고 인적 네트워크가 풍부한 것이 주요 원인이라고 볼 수 있다. 우리나라의 투자자들은 창업자의 학벌을 상당히 중요하게 여긴다. 가방끈이 긴 것은 그리 중요하지 않다. 예를 들어 창업자가 비명문대의 박사 학위를 가지고 있는 것보다 명문대의 학사학위를 보유한 것이 투자유치에는 유리한 것으로 나타난다. 이와 같은 학벌 선호는 다른 나라들에 비해 더 높다.

그러면 미국의 경우는 우리나라와 비교하면 많이 다를까? 최근 미국 엔젤 투자사 '퍼스트 라운드'가 10년 간 스타트업에 투자한 결과를 담은 보고서를 발표했다. '여성 창업 멤버, 25세 이하 창업, 명문대, 대기업 출신.' 이 같은 공통점이 있는 스타트업의 성과가 더 뛰어나다는 조사 결과가 나왔다. 여성 창업 멤버가 포함된 스타트업의 성과가 남성만 있는 곳보다 63% 더 높게 나타났다. 상위 10개 기업 중 3곳 이상은 여성 창업 멤버가 적어도 1명 이상은 포함돼 있었다. 성공한 창업가의 또 다른 공통점은 25세 이하에 창업했다는 점이다. 25세 이하에 창업한 스타트업의 성과가 나이가 그 이상인 창업 팀보다 30% 이상 높은 것으로 조사됐다. 상위 10개 스타트업 창업가의 평균 나이는 31.9세, 전체 창업가 평균 나이는 34.5세였다. 명문대나 대기업 출신 창업 멤버가 포함된 스타트업은 다른 곳보다 성과가 배 이상 높은 것으로 나타났다. 미국 명문대인 스탠포드대, 매사추세츠공대 MIT, 캘리포니아공대 Caltech 등 아이비리그 졸업생 출신 창업 멤버가 속한 스타트업은 다른 곳보다 성과가 220% 더 좋았다. 퍼스트 라운드의 포트폴리오사 중 38%는 아이비리그 출신 창업 팀이었다.

아마존, 애플, 구글 등 대기업 출신 멤버가 속한 창업 팀의 성과도 다른 팀에 비해 160% 높았다. 또한 초기 투자사 기업가치도 다른 스타트업에 비해 50% 이상 높게 책정됐다. 네트워크, 기본 실력 등이 고려된 것이다.

미국의 억만장자 가운데 44.8%, 영향력 있는 여성의 55.9%, 다보스 포럼 참가자의 63.7%, 그리고 영향력 있는 남성의 85.2%가 엘리트 대학 출신이다. 그리고 다보스 포럼에 참가하는 저널리스트 중 55.6%가 엘리트 대학 출신이다. 인구 통계국 데이터와 미국 대학 입학데이터를 분석해보면 미국에서 대학을 다닌 사람 중에서 엘리트 대학을 다닌 사람의 비율은 고작 2~5%에 불과하다. 이런 사실에 비춰보면 미국 엘리트들의 명문대학 출신 비중이 일반 대중에 비해 압도적으로 높다는 것을 알 수 있다. 명문대 출신이 성공할 확률이 높은 것은 우리나라에만 국한된 현상이 아니고 다른 나라에서도 공통적인 현상이라는 점을 알 수 있다.

이제 문제는 청소년들이 좋은 직장에 취업을 하거나 창업에 성공하려면 좋은 대학을 나오는 것이 유리하다는 사실은 충분히 알게 되었는데, 청소년들에게 어떻게 공부를 하도록 인도하느냐이다. 대학 입학과 관련해서 부모들이 명문대학 입학에 목숨을 거는 것은 그 성공 확률을 조금이라도 높여주고 싶어 하는 측면에서 봤을 때 매우 합리적인 행동이다. 그러나 청소년들에게 공부는 가장 고통스러운 일 중 하나이다. 특히 싫어하는 공부를 억지로 하게 되면 막노동을 하는 것보다 더 힘든 일로 느껴질 것이다.

그러면 청소년들이 어떻게 하면 학습을 즐겁게 할 수 있을까? 적성이나 관심, 흥미, 성격에 맞는 일을 하면 즐거울 수 있다. 그러나 무엇보다 그 일을 하고자 하는 목표의식과 열정, 소명의식을 가지고 있으면 더할 나위 없을 것이다. 중학교 때부터 아이가 잘하는 부분을 찾아보자. 그리고 이 부분을 발전시킬 수 있도록 격려해주고 칭찬하자. 청소년들은 자신이 누군가에게 소중한 사람이기를 원하고, 진심에서 우러나오는 "네가 최고야!"라는 말을 듣고 싶어 한다. 수학을 못해도 역사를 좋아하고 생물을 좋아하면 칭찬해주자. 수학을 못한다고 꾸짖지 말자. 청소년들은 타 학생들과 학교 성적, 학업 능력을 비교해서 평가하는 것을 싫어한다. 자신만이 가지고 있는 장점을 알아봐주길 원한다. 지금 옆에 있는 자녀의 장점을 살펴보자. 그 장점이 커지면 나중에 우리나라를 대표하는 스타트업 회사로 성장하고, 자녀가 그 회사의 대표가 된 것을 볼 수 있을 것이다.

서울대보다 좋은 특성화학과 07

요즘 대학가의 화두는 '취업'이다. 자타가 인정하는 대한민국의 최고 대학인 서울대 졸업생마저도 자신이 원하는 직장에 입사하기가 힘들다고 얘기를 한다. 공무원시험, 교사 임용고시 대비 학원은 취업 재수생, 삼수생, N수생들로 초만원이다. 그러면 도대체 어떤 학과와 학교를 나와야 취업 걱정을 안할 수 있을까? 필자는 이에 대한 해답으로 특성화학과를 제시한다.

특성화학과란 무엇인가?

2000년대 초중반부터 대표학과를 육성하고 특정 산업에 필요한 우수인재 양성을 목적으로 대학마다 특색 있는 학과를 개설하기 시작했다. 경제, 경영, 생명과학, 첨단산업, 의학, 금융, 융합기술 등 각 분야의 기존 학과들을 통합·융합하여 학과 신설하거나 대학 내 전통 명문학과를 전환한 것이다. 이들 학과는 폭넓은 교육지원 및 차별화된 커리큘럼, 학비 지원, 기숙사 제공, 연수 프로그램 운영, 진학 및 취업 지원 등 다양한 혜택 제공을 받는다. 특히 이공계열의 학과는 대부분 입학과 동시에 취업까지 보장받을 수 있어 갈수록 입학 경쟁률이 치솟고 있다. 인문계열 특성화학과는 법학전문대학원 도입 후 취업에 유리한 경영, 경제학과의 선호도가 상승하고 있다. 금융·무역 등 유망직종에 글로벌 경쟁력을 확보하려는 움직임이다. 공무원시험에 대한 수요가 늘어나 관련학과도 차례로 신설되고 있다. 이공계열의 특성화학과는 취업을 직접적으로 보장하는 학과가 다수이다. 주로 대기업체들이 졸업 후 취업을 보장하는 계약학과가 많으며 대기업 인턴쉽, 공통 프로젝트 등을 제공하는 학과도 많다. 의·약학과 관련학과는 요즘 계속 신설되고 있다. 특성화학과 대표적인 주자로는 고려대 사이버국방, 서강대 아트&테크놀로지, 성균관대 글로벌경영학과, 한양대 다이아몬드7학과, 중앙대 BIG7학과 등이 있다. 최근에는 미래 산업수요에 대한 기대로 경희대 정보디스플레이학과, 서울여대 정보보호학과도 눈길을 끌고 있다. 프라임 사업에 선정돼 신설·개편한 건국대 KU융합과학기술원, 숙명여대 프라임공대, 한양대ERICA 레인보우학과도 주시해볼 만하다. 특성화학과는 대학들이 치열한 입시경쟁에서 우수한 인재를 선점하기 위해 심혈을 기울여 만든 학과들이다. 서울대에 특성화학과가 없는 이유는 우수인재가 저절로 모여들기 때문이다. 그래서 각 대학의 특성화학과는 서울대에 갈 만한 우수학생들 모집에 포커스를 맞추고 있다.

이렇게 장점이 많은 특성화학과의 공통적인 특징 몇 가지가 있다.

첫 번째 특징은 대부분 기업체나 국방부에서 후원하는 관계로 대상자에겐 4년 장학금을 지급하고 심지어는 연구비까지 지급한다는 점이다. 이러한 재정적 지원은 대기업이나 국방부의 이공계열 고급 인재에 대한 갈증에서 비롯한 것으로 당분간은 이러한 추세가 유지될 가능성이 높다. 이러한 추세의 대표적인 학과로는 고려대 사이버 국방학과와 성균관대의 반도체 시스템공학과 등을 들 수 있다. 특히 성균관대의 반도체 시스템공학과 학과생은 취업과 학비 걱정까지 한 번에 해결할 수 있다. 이 학과는 4년 등록금을 지원하고 인턴쉽 실습지원비 등 다양한 혜택을 제공한다. 평점 3.0(만점 4.5)을 넘으면 등록금을 전액 지원받을 수 있다. 실습지원비는 1, 2학년의 경우 평점 3.5를 넘는 학생에 한해 50여만 원, 3, 4학년은 삼성과 취업 계약을 맺은 학생을 대상으로 100여만 원이 지원된다. 학점 3.5점 이상을 받았다면 석사 과정까지 등록금을 지원받는다.

두 번째 특징은 이러한 특성화학과의 대부분은 문과·이과 융합적인 경향을 띤다는 점이다. 2015 교육과정개정의 가장 큰 특징은 계열에 관계없이 공통과목을 두고 있다는 점이다. 이것은 창의 융합형 인재를 배출하겠다는 목표를 나타내는 것으로 현재 특성화학과의 특징과도 일치하고 있다. 이러한 경향의 대표적인 학과는 이화여대 스크랜튼대학의 뇌인지과학전공이 있다. 이는 국내 최초로 여러 학문의 융합을 통해 뇌를 연구하고, 이해하고, 교육하기 위해 설립되었다. 체계화된 뇌인지과학전공 교육을 제공하여 21세기 사회에 적합한 융합형 인재를 양성하고자 한다. 21세기 인류 최후의 연구 분야인 뇌인지 분야 과학자 및 의학, 생명과학, 경제, 경영, 법정치 등 사회 각 분야에서의 전문가의 양성을 목적으로 한다. 졸업 후에는 국내 및 해외 대학원 진학. 의학전문대학원, 법학전문대학원, 치의학전문대학원 진학, 과학기술 관련 정부부처 진출, 다국적 제약회사를 비롯한 기업체 입사, 변리사 등 여러 전문 분야 진출을 목표로 하고 있다.

세 번째 특징은 지방이든 서울 소재 학교이든 특성화학과 입학은 상당히 힘들다는 점이다. 이 점은 특성화학과에서 제공하는 각종 혜택과 취업보장을 보면 수긍이 간다. 일례로 한서대 항공운항학과의 경우 국내 최초로 대학 자체 비행장을 보유하고 있으며 비행교육원 등 항공교육시설을 통해 항공 특성화 교육을 실시하고 있다. 또한 아시아나항공, 에어부산 등 항공사와 연계해서 입사할 수 있으며, 공군 ROTC, 공군 조종 장학생(의무복무 13년)으로도 나갈 수 있다. 이러한 점 때문에 전년도 합격자들의 경우 내신 평균 1, 2 등급을 기록할 정도로 우수한 학생들이 지원을 많이 한 것으로 나타났다.

이제 막연히 학벌이나 간판에 의존하는 시대는 지났다. 미래 유망 분야에 도전을 원하는 학생들은 이제 학벌보다는 내용에 집중해야 할 것이다. 특성화학과 진학을 원하는 학생은 무엇보다 자신의 적성을 먼저 파악하고 지원해야 4년간의 대학생활을 의미 있게 보낼 수 있을 것이다. 학생들은 자신의 진로와 적성을 탐색하는 시간을 충분히 가지고 각 대학이 제공하는 혜택을 꼼꼼히 살펴 자신에게 꼭 맞는 특성화학과에 지원해야 한다.

이런 친구가 부러워요!

요즘의 학생들은 어떤 친구를 가장 부러워하고 닮고 싶어 할까? 씨앤씨입시연구소에서 조사한 설문 자료를 보면 학생들이 가장 부러워하는 유형은 "없다."는 응답이 전체의 32%를 차지하였다. 왜 없는 걸까? 진짜 주위에 부러워할 만한 친구가 없는 걸까? 이 질문에 대답하기 위해선 우선 이 질문의 대상이 주로 성적이 중상위권 이상인 학생이라는 점을 기억해두자. 주위에 보면 자신이 닮고 싶어 할 정도의 탁월한 인성이나 성적을 가진 친구가 드물다는 것이다. 자신이 또래 집단에서 우월한 경우이다. 그러니 자연히 부러운 친구가 없을 수밖에 없다. 그다음 응답률을 기록한 대답은 25%의 학생이 꼽은 "공부 잘하는 친구"였다. 그런데 이 대답에 포함되어 있는 솔직한 속내는 그냥 공부 잘하는 친구가 부러운 것이 아니라는 점이다. 좀 더 캐물어 보니 대부분 겉에서 보면 공부를 안 하는 것 같은 데 성적이 잘 나오는 친구를 부러워하는 거였다. 어디서 많이 들어본 대답 아닌가? 바로 우리 자신들도 예전에 가장 부러워했던 친구상이다. 나는 공부를 열심히 하는 것 같은데도 성적은 잘 안 나오는데, 옆의 친구를 보면 별로 공부는 안하고 놀기만 하는 것 같은데도 성적이 잘 나온다. 얼마나 부러워하고 신기해했는지 생각이 날 것이다. 그런데 여기서 우리가 실제론 간과한 한 가지 사실은 그 공부 잘하는 친구는 대부분 집에서 남모르게 나름대로 열심히 공부를 한다는 점이다. 그러고는 남 앞에선 공부를 많이 하지 않은 듯 말하는 것뿐이다. 세 번째로 많은 응답은 "최선을 다하는 친구"였다. 이 말을 하면서 본인들은 최선을 다하지 않는다는 점을 알고 있고 또한 노력을 하지 않는 것에 내면적 갈등을 느끼는 학생들이 대부분이었다. 그 외 응답으론 "잘 노는 친구"가 있었다. 필자는 이 대답을 들었을 때 좀 당황스러웠다. 잘 논다는 것이 운동을 잘한다는 것인지, 우리가 일반적으로 생각하는 공부를 제외한 모든 활동에 적극적인 것인지 헷갈렸다. 이에 대한 학생들의 대답은 자기가 보기엔 공부도 그저 그런데 아무 고민 없이 잘 노는 친구가 부럽다는 것이다. 이 말은 자신이 만약 이렇게 놀면 틀림없이 집에서 야단을 맞을 텐데, 이 잘 노는 친구는 집에서 그런 제재가 없다는 것이다. 그러나 이렇게 대답하는 학생도 실제론 이런 유형의 학생이 부럽긴 하지만 그렇게 바람직하게 생각하지 않는 경우가 많았다. 그리고 기타 응답으로는 "배려를 잘하는 친구", "외모가 뛰어난 친구" 등이 있었다.

이 조사 결과를 통해 알 수 있었던 것은 사춘기의 학생들은 우리가 생각하는 대로 공부 잘하는 친구를 부러워하긴 하지만 그렇게 성적만이 부러움의 대상은 아니라는 점이었다. 부러운 친구가 없다는 학생들의 성적이 전부 다 상위권은 아니었다. 비록 중상위권 학생이라도 자신의 현재 환경에 만족하는 학생이 더 많다는 점은 요즘의 중고생들은 우리가 생각하는 것보다 더욱더 자신만의 개성에 집중하는 경향이 짙다는 것을 의미한다고 볼 수 있다. 요즘 청소년들은 확실히 '자기 개성 추구 세대'라는 것을 실감한 조사 결과였다.

PART

5

급변하는
입시 환경,
무엇을 어떻게
준비할까

01 입시의 스타트는 초등학교

엄마 마음은 중학교에 있다: 영재를 만드는 방법

이제 초3이다. 마음은 급하고 초조하다. 옆집 민수는 해외를 간다던데, 옆집 철수는 벌써 영재교육 학원을 가고 있다는데, 우리 아이는 어떻게 해야 하는지 정신이 없다. 급한 마음에 영재교육을 전문으로 한다는 학원에 상담을 신청해본다. 상담 당일 학원에 가서 간단한 영재성 검사를 마치고 드디어 상담을 받는다. 마음은 두근두근. 혹시나 안 좋은 얘기를 하면 어떡하나 걱정이 앞선다. 상담실장이 웃으면서 얘기한다. "어머님, 아기가 영재인 것 같아요." 비로소 얼굴에 화색이 돈다. 그러면 그렇지, 누구 아들인데. 마음이 뿌듯하다. 상담실장이 수학 등록을 권한다. 흐뭇한 마음으로 카드를 주고 결제를 하니 나도 비로소 입시 대열에 들어선 것을 실감한다. 소위 교육특구지역에

사는 학부모들이 초등학교 저학년 입시에 들어가는 입문 과정이다.

이 초등 입시의 중심은 영재교육원이다. 영재교육원은 크게 대학부설 영재교육원과 전국 지역별 교육청 영재교육원, 각 학교 운영 영재학급에서 이뤄진다. 이 가운데 정부 예산 지원이 없는 영재학급을 제외하면 교육청 영재교육원이 전체의 절반을 넘는 비율로 가장 활발하게 운영되고 있다. 얼마 전만 해도 영재교육원 입시에 모든 것을 올인하는 어머니들이 많았지만 요즘은 조금 시들하다. 한때 영재고와 과학고의 사전 코스로 알려졌던 영재교육원이 학부모 관심에서 멀어진 가장 큰 이유는 입시에 별 도움이 안 된다는 사실 때문이다. 특목고 입시에서 가점을 받을 수 없고 자기소개서에 영재교육원 출신이라는 사실조차 적을 수 없어 실제 도움이 안 된다는 얘기다. 게다가 방과 후나 주말을 이용해 수업을 받아야 하다 보니 사교육을 받는 학생보다 실익이 적다면서 포기하는 학부모들이 늘어가고 있다. 정부가 수시와 학생부종합전형 등 내신 위주의 입시 정책을 강화하는 추세여서 내신 관리에 집중하는 게 더 낫다는 판단도 작용했다. 그러나 아직도 대다수의 학부모들 사이에서 영재교육원 입학보다는 장래 과학고, 영재고, 전국권 자사고 진학을 위해서 수학, 과학, 영어의 선행 및 심화는 필수적이라는 신념이 뿌리 깊게 남아 있다. 그래서 창의사고력 수학, 영재 수학 학원과 토플 형태의 영어를 중심으로 하는 어학원 등이 성업 중이다. 그러나 이런 과목별 선행, 심화보다 더욱더 중요한 것은 영재성을 가지고 있는 자녀들을 효과적으로 집에서 교육하는 것이다. 그러므로 아래의 금기 사항들은 절대로 피하도록 하자.

첫째, 아이의 호기심을 싹둑 잘라버리는 행동을 절대로 삼가야 한다. 호기심은 영재성 계발의 출발점이다. 둘째, 저절로 알게 된다는 둥 아직 넌 어리니까 몰라도 된다는 말로 아이의 질문을 회피하지 말아야 한다. 질문은 영재성을 확장하는 열쇠이다. 그리고 아이의 자존감에 상처를 주지 않도록 해야 한다. 아이를 어린아이로 대하지 말고 성숙한 인격체로 대우하고 대화를 나누어야 한다. 그래야 아이가 더욱 성숙한 사고를 하게 된다. 집안에서 TV를 켜놓으면 아이는 산만해진다. 집안 정리가 안 된 환경에선 아이의 사고력과 집중력이 떨어지게 된다. 억압적이고 권위적인 태도나 말씨를 피하자. 개방적이고 유연하며 관용적인 분위기에서 아이는 창의성을 꽃피울 수 있다. 식탁에서도 자유롭게 얘기하고 토론하자. 초등학교 때는 아직 얘기할 여유가 있다. 식탁에서 밥만 먹지 말고 즐거운 대화의 장을 만들도록 해보자. 평일에 시간이 없으면 최소한 주말에는 같이 얼굴을 보면서 다양한 주제에 대해 부모님과 '토론'하는 것이 중요하다. 이럴 때는 부모가 전략과 방향성을 갖고 대화를 이끌어주는 것이 영재성 계발에 도움이 된다.

선행학습이 과연 효과가 있나?

정부 기관이나 학계에서는 선행학습을 '최소 1개월 이상 미리 공부하는 것'이라고 정의했지만, 학부모들은 다르다. 학부모들은 1년 선행은 선행이 아니라고 본다. 2년은 앞서야 선행이라 부른다. 영어는 원어민 수준으로 말하고 듣기를 목표로 초등학생에게 토플을 가르치는 어학원들이 많다. 수학은 선행학습의 정도가 영어보다 더 심하다. 2년 선행이 아니라 초5~6학년 아이들이 고등학교 수학을 하는 경우도 교육특구라고 불리는 지역에선 흔히 볼 수 있다. 수학 선행 전쟁의 큰 이유 중 하나는 특목고 입시 때문이다. 외고는 입학전형상으로는 영어, 국어, 사회만 잘해도 입학이 가능하지만 영어 잘하는 학생들이 차고 넘치기 때문에 영어만 잘해서는 입학 후 내신에서 좋은 성적을 얻기 힘들다. 과학고, 영재고의 경우는 이공계, 의학계 쏠림 현상으로 인해 더하다. 대부분의 과학고 지망생은 KMO는 아니더라도 고등학교 수학 과정을 마친 경우가 대부분이다. 한국교육개발원 자료에 따르면 특목고 희망자의 91.9%가 수학 선행학습을 한 것으로 나타났다.

그러면 이들 과목별 선행심화를 하는 게 실제 고교 입시나 대학 입시에 도움이 되는 걸까? 학교 선생님뿐만 아니라 학원 강사들도 이 문제에 대해선 할 말이 많다. 중학교 선생님들은 대체적으로 부정적인 입장을 보인다. 선행을 많이 한 학생이나 적게 한 학생이나 학교 성적에 별 영향이 없다는 것이다. 학년 초에는 차이가 나지만 1년 후에는 거의 자신의 적성대로 성적이 나온다는 것이다. 학원 강사들은 얘기가 다르다. 외고, 과학고, 전국권 자사고에 들어가서 뒤지지 않기 위해선 최소 2년 정도의 선행은 필요하다는 얘기를 공통적으로 한다. 그러면 고등학교 선생님들은 어떻게 평가할까? 대부분의 고교 선생님들은 1년 정도만 지나면 선행을 많이 하고 온 학생이나 1년 정도 한 학생이나 큰 차이를 보이지 않는다고 말한다.

그러면 선행을 하지 말아야 하나? 고등학교 1년의 성적을 포기할 수 있을까? 절대 그럴 수는 없는 일이다. 1학기도 아니고 1년이라니 절대 안 될 말이다. 이런 이유에서 지금도 많은 학부모들이 선행을 전문으로 하는 수학, 과학, 영어 학원을 기웃거린다. 필자도 이런 부모님들의 입장에 동조하는 편이다. 어떻게 현실을 도외시하고 현행만 하자고 얘기할 수 있을까? 특히나 수학 과목은 나선형 구조의 커리큘럼이라 선행이 효율적일 수밖에 없다. 근본적으로 대학교의 서열화를 깨뜨리지 않고서는 선행학습 경쟁을 도무지 막을 길이 없어 보인다.

그러면 어느 정도의 선행을 하되 즐겁게 하고, 꼭 필요한 학생만 하도록 하는 방안을 찾아보는 게 더 현명할 것이다. 선행학습은 특정 분야에 관심이 많고 과목별 적성이 맞으면 효과적일 수 있는 반면에 그렇지 않은 학생에겐 별 효과가 없다. 예를 들어 수학, 과학을 싫어하는 학생에게 선행을 2년 이상 하면 거의 효과가 없다. 선행을 많이 할수록 오히려 현행 학습 내용을 잊어버려서 중학교나 고등학교 내신이 안 나오는 학생들을 많이 보았다. 이런 학생들에겐 1년 정도의 선행이 최적이라고 할 수 있다. 선행을 하더라도 자신이 감당할 수 있는 영역까지 하는 게 정답인 것이다. 자신의 능력을 넘어선 과다한 선행학습은 오히려 독이다.

불붙는 영재고, 과학고 입시, 다시 보는 일반고

02

입시전쟁 불붙인 2022년 대입개편

2018년 8월 17일 드디어 교육부가 2022학년도 대입정책(현 고1)의 개편안을 발표했다.

첫째, 수능 위주 정시 비율을 30% 이상으로 확대하기로 했다. 2019년도 대입 정시 비율은 23.8%다. 그리고 수능 국어와 수학에 공통+선택형 구조를 도입한다. 수학I과 수학II를 공통으로 하고 확률과 통계, 미적분, 기하 3개 과목 중 하나를 선택하도록 했다. 탐구영역은 문과와 이과 구분을 폐지하고 학생들이 사회 9과목 과학 8과목 등 17개 과목 중 2과목까지 선택할 수 있도록 하였다. 수능 평가 방법은 국어, 수학탐구는 상대평가, 영어와 한국사는 절대평가의 현행 방식을 유지하되 제2외국어와 한문도 절대평가를 적용하기로 했다. 수능과 EBS 연계율은 70%에서 50%로 낮추고 과목 특성에 따라 간접연계로 전환한다. 수능 30% 확대로 서울 상위 15개 대학의 정시 비중은 이미 2020학년도 전형 기준으로 27.5%에 달한다. 비중이 30%에 못 미치는 학교 중 가장 중요한 학교는 서울대이다. 서울대는 모든 대학이 입학전형을 짤 때 기준으로 삼는 학교인데, 올해 발표한 2022년 입학전형에서 드디어 수능 전형을 30%로 확대하였다. 그리고 지역균형선발 비중은 2021학년도 23.8%에서 20.5%로 축소했으며, 일반전형도 2021학년도 53.0%에서 49.2%로 정시 비중이 늘어난 만큼 조금씩 축소하였다. 모든 학교가 서울대를 따라 하기에 나서지는 않겠지만 암묵적으로 정시 비중 30%는 유지한다는 교육부의 정책이 먹혀들기는 한 것으로 보인다.

둘째, 학생부 기재도 개선한다. 창의적 체험활동 특기사항과 행동특성 및 종합의견을 합쳐 4,000자에서 2,200자로 줄어든다. 자율, 동아리, 봉사 , 진로 등 3,000자를 입력할 수 있는 창체는 봉사활동을 없애고 자율(500자), 동아리(500자), 진로(700자) 등 3개 영역 1,700자로 제한한다. 행특 종합 의견은 1,000자에서 500자로 줄어든다. 수상경력과 자율 동아리는 기재를 유지하는 대신 입력 개수를 각 6개, 3개로 제한한다. 소논문(R&E)은 학생부 모든 항목에서 기재할 수 없도록 한다. 자소서는 분량을 5,000자에서 3,100자로 축소한다. 재학 기간 중 '학업 경험'과 '교내활동'을 기술하는 대교협 공통항 1, 2번은 하나로 통합하고, 교사 추천서는 폐지할 방침이다. 대학의 학생부종합전형은 평가 기준과 선발 결과를 공개하고 블라인드 면접 도입을 추진하기로 했다. 지금도 학생부 항목 기재를 삭제하고 줄이는 바람에 학종으로 학생들을 보내려는 학교나 교사들 사이엔 불만이 많다. 그런데 여기에 더해 추천서도 빼고, 수상실적, 동아리까지 규제하면 학생부에선 내신과 학교 프로필밖에 남지 않는다는 말이 허투루 들리지 않는다. 과연 교육부는 학종을 어떻게 하려는지 궁금하다.

셋째, 고교 학점제를 올해부터 연구·선도학교에서 운영하고 2022년에 부분 도입하여 2025년부터 학점제를 본격 시행한다는 계획이다. 절대평가 방식의 성취평가제를 2025년부터 대입에 반영하기로 했다. 현 정부의 대입개편안의 골자는 현상유지이고, 수능전형 확대라고 볼 수 있다. 필자는 장기적으로 우리가 추구해야 할 목표인 학교 간 격차 줄이기를 위해 거점학교를 운영하면서 고교 학점제를 도입해야 한다고 생각한다. 그러면 특목고, 자사고에 비해 커리큘럼이 부족한 일반고가 어느 정도 맞설 수 있을 것이다. 여기서 기본 전제는 일반고가 특목고, 자사고에 뒤지지 않는 교사의 질과 시설 등을 구비해야 한다는 것이다. 이러한 것은 재원이 마련되어야 하므로 쉽지는 않겠지만 그래도 이렇게 해야 말 많은 고교 입시가 개선될 것이다.

어설픈 교육정책 개편으로 영재고, 과학고, 전국권 자사고의 위상만 더 높였다

2017년 8월에 결정해야 했던 사항을 1년 넘게 끌면서 공론화 과정을 거쳐 대입개편특위라는 조직에 공을 넘기고 면피 작전을 펴더니 결국은 오히려 입시에 불을 붙인 꼴이 되어버렸다. 특목고, 자사고 입시의 일정 동시 진행으로 조금 숨죽이던 입시 시장이 수능 30% 확대가 발표되자 일제히 특목고, 전국권 자사고 입시로 눈을 돌린 것이다. 그동안 특목고와 전국권 자사고는 학종으로 인해 조금은 위축되어 있었던 것이 사실이다. 그런데 이제 그 굴레가 없어지고 다시 예전의 우수 학생들이 모여서 공부하는 훌륭한 학습 환경을 가진 학교로 재인식된 것이다. 그럼 여기서 특목고가 어떤 학교인지를 알아보자.

특목고란 특수 분야의 전문적인 교육을 위하여 초중등교육법 시행령(2011. 6. 7 대통령령 제22955호)에 의해 설립된 고등학교의 한 형태이다. 과학 인재 양성을 위한 과학계열의 고등학교, 외국어에 능숙한 인재 양성을 위한 외국어계열의 고등학교와 국제 전문 인재 양성을 위한 국제계열의 고등학교, 예술인 양성을 위한 예술계열의 고등학교와 체육인 양성을 위한 체육계열의 고등학교, 산업계의 수요에 직접 연계된 맞춤형 교육과정을 운영하는 고등학교(마이스터고) 중에서 교육감이 지정하여 고시하는 학교를 말한다. 단 마이스터고 중 국립고등학교는 교육과학기술부 장관이 지정·고시한다. 고등학교 신입생 선발은 전기와 후기로 나뉘어 실시되는데, 특수목적고등학교 중 마이스터고와 과학고 신입생은 전기에 선발되고 외국어고는 올해부터 일반고와 입시 일정이 동일하게 진행된다. 특수목적고등학교에 응시하는 학생 중 예술고·체육고, 마이스터고 응시자는 재학한 중학교가 소재하는 학구의 제한을 받지 않지만, 과학고와 외국어고, 국제고 응시자는 광역 단위로 지원할 수 있다. 한마디로 말하면 외국어고, 과학고, 영재고, 마이스터고를 총칭해서 특목고라고 부르는 것이다. 이 중에서 단연 인기는 영재고와 과학고이다. 올해부터 입시 동시 진행으로 광역권 과학고의 경우는 영재고를 지원해서 불합격해도 지원이 가능하고, 과학고에서 불합격해도 자사고 지원이 가능해서 작년보다 올해 경쟁률이 더욱 높아질 정도로 인기가 올라갔다.

올해 8월 교육부가 향후 대입에서 학교 추천서를 폐지하겠다고 발표함에 따라 더욱더 과학고, 영재고의 인기가 높아질 전망이다. 과학고, 영재고 출신 학생들의 의대 진학에 있어서 최대 걸림돌은 수능 최저와 학교 추천서인데, 교육부에선 수능 최저 폐지를 대학교에 권고하고 추천서는 폐지하겠다고 발표했으니 이제 어떻게 과학고 졸업생들의 의대 진학 열풍을 잠재울 수 있을지 걱정이 된다.

전국 단위로 선발하는 자율형 사립고 중에서는 서울대와 의대 진학실적이 좋은 하나고, 민사고, 상산고와 용인외대부고 등이 특히 학부모와 학생들 사이에서 인기가 높다. 정부에서는 이런 인기가 사교육을 유발해서 문제가 된다고 보고 있다. 그래서 지역의 교육감들은 2019년 자사고 재지정을 기회로 자사고를 일반고로 전환시킨다는 목표를 공공연히 얘기해왔다. 그러다가 결국은 2019년에 제1세대 자율형 사립고인 전주 상산고가 재지정에서 탈락하였다. 그리고 서울지역에선 평가 대상 13곳 가운데 경희고, 배재고, 세화고, 숭문고, 신일고, 중앙고와 이대부고, 한대부고가 자사고 재지정에서 탈락하였고, 동성고와 이화여고, 중동고, 하나고, 한가람고 다섯 학교는 교육청 평가를 통과하였다. 상산고는 이런 교육청의 결정에 불복하고 가처분 신청 및 행정 소송을 진행하겠다고 밝혔다. 실제 행정 소송의 결과는 최소 몇 년 후에 나올 것으로 보이기 때문에 상산고 측의 가처분 신청이 받아들여지면 당분간 학생 선발은 예전과 같이 할 수 있을 것으로 보인다. 그리고 서울지역 탈락 자사고들도 법적 소송을 진행한다고 밝혔다. 2020년 입시를 준비하는 학부모 입장에선 도대체 어떻게 해야 할지 혼란스럽다. 필자의 개인적인 견해로는 정부에서 지역의 자사고는 죽이고 전국 선발 자사고는 살려줄 가능성이 높다. 따라서 올해 상산고 지원자는 경쟁률이 최저로 떨어질 가능성이 높으므로 그 어느 해보다 합격의 가능성이 높을 것이다. 전국 선발 자사고는 다양한 프로그램과 학교의 열정, 우수한 학생들 때문에 일반고보단 확실히 대학 진학에서 우위에 있는 학교가 분명하다. 특히 의대 진학을 꿈꾸는 학생들에게는 서울의 일반고보단 지역의 전국 선발 자사고 진학을 적극 권한다.

그러면 외고는 가야 하나, 말아야 하나? 요즘 학부모들 사이에선 외고는 질이 떨어져서 절대 가지 말아야 한다는 믿음이 있는 것 같다. 이런 믿음은 이공계로 진학했던 시절의 진학률을 지금 1%도 이공계로 가지 않는 순수 인문계열 지향의 진학률과 동일 선상에 놓아서 생긴 착각이다. 이공계 적성이며 대학에서 이공계열이나 의학계열 지망을 원하는 학생들은 절대로 외고에 가지 말아야 한다. 외고는 인문학이나 사회과학에 유리한 학교이지 일반고처럼 모든 과목을 동등하게 다루지 않는다. 그러니 당연히 인문계열 성향이 강한 학생들은 외고를 가면 유리한 것이다. 수능 영어 절대평가나 외고, 자사고 폐지 논란, 일반고와 비교하여 내신에서의 불리한 점 등은 외고 지원을 망설이게 만드는 요소이다. 그러나 인문사회계열 학생들의 경우 수시를 목표로 한다면 아직까지는 외고나 국제고가 단연 최고의 선택지다. 외국어와 관련한 교과 및 비교과의 우수한 시스템뿐만 아니라 각종 교내 경시, 동아리 등 종합적인 수시 대비 시스템을 외고만큼 잘 갖춘 전국권 자사고나 일반고가 없기 때문이다. 요즘 강남, 목동 등 교육특구라 불리는 지역의 일반고조차도 이과계열 재학생 수가 많아지면서 인문계열 학생들을 위한 학교 시스템은 미흡한 측면이 있다. 그래서 외고의 강세는 당분간 지속될 것으로 예상된다. 그러면 외고를 가고 싶어 하는 학생들은 외고의 총 이수단위 중 35%

이상이 외국어교과로 구성된다는 점을 명심해야 한다. 즉 외국어에 관심이 많고 잘할 수 있는 학생들이 진학해야 만족도가 높다는 점이다. 상위권대 진학률만 보고선 자신의 성향을 감안하지 않고 지원하면 3년 내내 학교생활이 불만족스러울 수도 있다는 점을 동시에 고려해야 한다.

혁신학교는 왜 우리나라에서 실패할 수밖에 없나

가락동에선 왜 연일 데모를 할까? "제 자녀는 외고 졸업시켜놓고 왜 우리더러 혁신학교 강요하냐." 한 학부모의 입에서 나온 말이다. 2018년 12월 17일 오후 7시 서울시교육청 앞, 서울 송파구 헬리오시티 학부모 50여 명이 모여 촛불을 들었다. 두꺼운 점퍼를 껴입은 엄마들, 옆구리에 서류 가방을 끼고 퇴근길에 곧장 왔다는 아빠들이었다. 이들은 일방적인 서울시교육청의 혁신학교 지정에 반발하고 있다. 도대체 혁신학교가 무엇이기에 이렇게 학부모들은 기를 쓰고 반대하는 것일까? 혁신학교는 김상곤 경기도교육감 등 진보 성향 교육감들이 2006년부터 '전인교육'을 표방하며 만든 자율학교이다. 교육청에서 최대 1억 4,000만 원까지 추가 예산을 배정하고, 교사에게 자율권을 주고 토론·체험 위주 수업을 강조한다. 혁신학교 확대는 문재인 정부 100대 국정과제 가운데 하나다. 그러면 이렇게 좋은 혁신학교를 왜 학부모들은 반대할까? 그 이유는 학력저하에 대한 우려이다.

지난 2018년 10월 조선일보가 '혁신학교 학업성취 수준'을 분석한 결과, 2016년 '국가 수준 학업성취도 평가'에서 혁신학교 고교생의 기초 학력 미달률은 11.9%로, 전국 평균인 4.5%의 3배에 가깝다. 혁신학교 중학생의 기초 학력 미달 비율도 5%로 전국 평균(3.6%)보다 높았다. 서울의 14개 혁신고등학교 졸업생 중 2018학년도에 서울대에 진학한 학생 수는 8명에 불과하다. 한 명도 진학하지 못한 학교가 9개 교로 절반을 훌쩍 넘어간다. 이러니 어느 학부모가 혁신학교에 자신의 자녀들을 보내려고 하겠는가? 그러면 교육부나 교육청 고위공무원들은 혁신학교에 자제들을 보낼까? 국회 교육문화체육관광위 곽상도 의원이 서울과 경기·인천교육청으로부터 제출받은 자료에 따르면, 혁신학교 시행 이후 교육청별 4급 이상 고위 공무원 32명 가운데 자녀를 혁신학교에 보낸 사람은 단 1명으로 나타났다. 이는 전체의 3%에 불과한 수치다. 서울·경기교육청 고위직 중에서는 자녀를 혁신학교에 보낸 사람이 한 명도 없었다. 서울교육청은 교육감 공약으로 2011년 3월부터 혁신학교를 시행하고 있다. 그런데 현재 서울시교육청의 고위공무원 자녀 14명은 모두 일반고에 재학하거나 졸업한 것으로 나타났다. 조희연 서울교육감은 특목고 폐지를 주장하면서도 본인의 두 자녀는 외고에 진학한 이유에 대해 "용기가 없어 내 아들들은 주류로 키웠다."면서도 "이제는 지식 탐구의 방법론이 달라져야 한다."고 말했다. 혁신학교의 발원지인 경기교육청 교육고위직도 마찬가지다. 혁신학교에 자녀를 보낸 고위직은 단 한 명도 없는 것으로 조사됐다. 한 고위직의 경우, 자녀가 졸업한 일반고가 이후에 혁신학교로 지정됐다. 이재정 경기교육감의 자녀도 외고에 진학했다가 자퇴했다. 이 교육감 자녀는 이후 캐나다, 영국 등지에서 유학한 뒤 미국에서 취업했다. 이런 상황이다 보니 '내로남불'이라고 학부모들이 열받아서 항의를 하는 것이다.

정부에선 왜 학부모들의 마음을 이렇게도 모르는 것일까? 취업도 힘들고 대학교는 서열화되어 있고, 기업체에선 명문대학 출신이 아니면 서류에서 탈락시킨다. 그런데 정부는 학부모들에게 아무 대학이나 보내도 괜찮다고 얘기한다. 그러면서 학생이나 학부모가 사교육을 통해서 열심히 공부를 하면 마치 적폐의 주범처럼 몰아붙인다. 보통의 평범한 학부모들이 자녀들을 학원에 보내는 것을 입시 열풍이라고 조기 차단해야 한다고 하지 말고 경제나 향상시키면 좋겠다. 우리나라 경제가 부흥해서 독일이나 일본처럼 모든 대학 졸업생들이 취업 걱정을 하지 않고, 대기업과 중소기업의 임금 차이가 20~30% 이내라면 누가 사교육에 돈을 쏟아 붓고 명문대에 가려고 기를 쓸까? 하라고 해도 안 할 것이다.

지금의 우리 경제는 소수에 의해 움직이는 구조이다. 소수의 엘리트라도 제대로 키워야 한다. 차라리 명문고와 과학고를 지금보다 더 특화해야 한다. 과학고와 외고, 명문고, 명문대를 들어가고 싶어 하는 학생들은 필기시험과 면접을 봐야 한다. 왜 생기부를 들먹여서 더 학생들을 골탕을 먹이는가. 영재고는 왜 필기시험을 허용하나? 광역권 과학고처럼 그냥 면접만 보면 되지 않는가. 서울대나 기타 명문대에서 본고사를 보면 뭐가 잘못되나. 지금의 수능시험 대비에 들이는 돈이나 똑같이 들 텐데 말이다.

우리 자녀가 좋은 고등학교, 대학교에 들어가게 하기 위해서 우리가 들이는 노력은 절대 헛된 게 아니다. 그것이 자녀들의 미래를 개척하는 힘이고 밑천이다. 지금의 사회 현실에선 이것이 최선일 수밖에 없다.

정부가 원하는 명문고, 학부모가 기대하는 명문고

역대 미국 대통령의 44%는 5개 대학을 나왔다. 하버드대 8명, 예일대 5명, 윌리엄 앤 메리대 3명, 프린스턴대 2명, 육군사관학교(육사) 2명이다. 윌리엄 앤 메리대는 공대가 없는 인문학에 특화된 학교이며, 2018 '미국 대학 랭킹 32위를 기록하였다. 영국은 어떤가. 역대 수상들의 대부분은 옥스퍼드대나 케임브리지대 출신이다. 우리나라를 보자. 초대 대통령 이승만은 미국 조지 워싱턴대 출신이며, 윤보선 대통령은 영국 에든버러대를 졸업하였다. 박정희, 전두환, 노태우 대통령은 육사 출신이다. 육사는 지금도 그렇지만 예전에도 진학하기가 어렵기로는 서울대와 비슷하였다. 김영삼 대통령은 서울대를 졸업하였다. 현 문재인 대통령은 경희대 출신이다. 그러나 사법고시를 패스한 변호사 출신이다. 서울대 출신보다 더 높게 칠 수 있는 대목이다. 유일하게 김대중 대통령과 노무현 대통령만이 고졸이지만 노무현 대통령은 사법고시를 합격한 판사 출신이다. 김대중 대통령이 집필한 경제학 관련 책은 하버드대 MBA과정 필수 교재로 쓰일 정도이니 보통 사람이 아니라고 보는 게 맞겠다.

미국은 현재도 고교 랭킹 50위 학교들을 발표한다. 예전에는 민족사관고와 대원외고도 톱50위 학교에 들어갔었다. 필립스 아카데미, 엔도버 스쿨, 세인트폴 스쿨 등이 최상위권의 고교들이다. 최상위권 고교의 기준은 아이비리그 합격률이다. 물론 다른 지표로 잴 수도 있겠지만 이 지표를 활용하는 근거는 이들 고교 졸업생들이 모두가 선망하는 대학에 들어가는 비율이 높고 이들 학교 출신들이 미국을 이끌어가는 집단을 형성하기 때문이다. 그래서 미국에서는 어느 대학원을 나왔는지는 별로 중요하지 않고 하버드대 또는 세인트폴 고교 등을 나왔는지가 그 사람의 평가 기준이 되곤 한다. 보통 이들 명문고의 아이비리그 합격률은 10~30%에 달한다. 이것을 그대로 우리나라에 적용하면 10% 이상을 서울대에 진학시키는 고등학교가 명문고인 것이다. 우리나라에서 서울대에 10% 이상을 진학시키는 학교들을 분석해보면 특목고와 전국권 자사고, 교육특구에 있는 일반고가 제일 많은 것을 볼 수 있다.

여기서 정부와 학부모가 보는 시각이 확 갈린다. 정부에선 이들 학교들 중과학고, 영재고는 특별하다고 본다. 왜냐하면 이들 학교의 이공계 기술 인력이야말로 우리나라의 미래를 책임지는 핵심 인력이기 때문이다. 그러니 학부모들이 사교육비를 얼마나 들여서 입학시키든 간에 존속해야 할 학교인것이다. 반면에 타 학교군, 즉 자사고와 외고는 불필요한 존재이다. 이들 학교의 졸업자는 핵심 인력이 펼쳐놓은 신기술 산업의 수혜자에 불과한 것이다. 즉 일반고 출신 학생들과의 차이점은 미비한데 단지 우리가 말하는 명문대학 진학률만 좋아서 학부모들이 거액의 학원비를 들여서 보내고 싶어 하는 적폐의 대상인 것이다.

반면에 학부모들은 과학고, 영재고도 조기에 고액의 사교육비를 투자하면 갈 수 있는 학교라 믿고, 믿고 싶어 한다. 그러나 현실적으론 정 안 되면 전국권 자사고라도 진학해서 연·고대 또는 서성한을 갔으면 한다. 그러면 그래도 취업이라는 장벽과 우리 사회에 보이지 않는 학벌의 장벽을 넘을 수 있다고 기대하기 때문이다.

현 정부의 시각으로 보면 개인 간의 차별성, 학교 간의 차별성을 논의하는 것은 무의미한 일이다. 단지 이공계 기술 인력만이 차별적인 존재이며 다른 지식은 별 의미가 없고, 추첨으로 해도 되는 직업군이라 생각하는 경향이 있다. 요즘 정부는 일요일 학원 휴무제를 도입하려는 움직임이다. 정부 관료들 눈에는 학생들이 어렵게 공부해서 명문대를 가야 한다는 발상 자체가 너무 어이없게 보일 것이다. 그냥 적당히 공부해서 적당한 대학에 가면 되는데 웬 난리인가 싶을 것이다. 만일 기업체나 정부 기관에서 필요 인력을 추첨으로 선발한다면 고교 서열화, 대학 서열화 등의 논쟁은 사라지고 평화롭게 살 수 있을 것이다. 그러면 컴퓨터 추첨은 어떻게 해야 할까? 현재 로또 방송을 중계하는 것처럼 현장에서 생중계를 해야 할 것이다. 그렇지 않으면 아무도 그 과정의 정당성을 인정하지 않을 것이기 때문이다. 상상이 되는가? 토요일 저녁마다 대한민국의 전 인구가 TV 앞에 앉아 숨죽이면서 자신의 자녀들과 자신이 어느 직장에 배치되는지 결과를 보고 있는 광경이……. 이것이 현 정부가 바라는 신세계의 모습이다. 상산고를 비롯한 모든 자사고를 폐지하는 것이 정부의 정책 어젠더라고 한다. 모든 대학, 고교 입시를 앞의 경우처럼 하고 싶은 것이다. 일단 고등학교부터 모든 서울지역 학부모들이 서울대 입학률이 높다는 특정 지역의 일반고등학교에 지원서를 넣고 추첨 결과를 숨죽여 기다리고 있게 될 것이다. 참 근거리 배정이 제1원칙이니 일단은 강남, 목동 지역으로 이사부터 가야겠지만.

이판사판
대학 입시
03

이제 대학 입시는 상위권 대학만 있다

2018년 교육기본통계 조사 결과에 따르면 올해 유·초·중등교육 학생 수는 총 630만 9,723명으로 집계됐다. 이는 2017학년도 대비 15만 8,906명(2.5%)이나 감소한 수치다. 지난 2013년 당시 전체 학생 수가 718만 7,384명이었던 점을 고려하면, 고작 5년 새 거의 100만 명에 가까운 학생이 증발한 것이다. 2018년 고등학교 학생 수는 153만 8,576명으로 지난해보다 13만 1,123명(7.9%) 줄어들었다. 유치원 학생 수 및 중학교 학생 수가 지난해보다 각각 2.7%, 3.4%씩 감소한 것과 비교했을 때 감소 폭이 훨씬 큰 것이다. 학령인구에서 대학 진학이 가능한 만 18세 인구를 뜻하는 입학자원은 2017년 약 53만 명에서 2020년 48만 명, 2021년 43만 명으로 줄고 2023년 40만 명 선이 붕

괴될 것으로 교육부는 추산하고 있다. 대학 입학 정원이 고교 졸업자 수보다 10만 명 이상 많아진다. 입맛대로 학생을 골라 선발하던 대학이 학생에게 선택받아야만 생존할 수 있게 된다는 뜻이다. 이 때문에 정부 주도 대학 통폐합에서 벗어나 자발적인 대학 간 통합·연합 논의가 확산 중이다.

무늬만 대학 나오면 취업이 안 된다

2015년 8월 및 2016년 2월에 국내 대학을 졸업한 학생들의 취업률을 분석한 결과, 졸업생 수가 3,000명 이상인 대형 대학 42곳 가운데 성균관대의 취업률이 76.4%로 가장 높았고, 고려대(73.8%), 한양대(72.7%), 서울대(70.6%), 연세대(70.1%) 순이었다. 반면 가장 취업률이 낮은 대학은 경상대(52.3%)였다. 전북대(53.1%), 경북대(56.3%), 부산대(56.7%) 등 다른 지방대들도 약세를 보였다. 결국 일부 서울 소재 명문대를 제외하곤 취업이 힘들다는 얘기다. 신규 대졸자 실업률이 38.3%에 이른다는 한국노동연구원의 조사 결과도 나왔다. 한국 경제가 저성장시대로 진입하면서 기업들이 대졸 신입사원 채용을 줄이고 있기 때문이다. 이에 따라 장기간 직장을 구하지 못하고 있는 취업준비생인 이른바 '장수생'도 늘고 있다. 기업체와 정부에선 공정한 취업을 부르짖고 있으나 현실은 아직 대학 졸업장이 위력을 발휘하고 있는 것이다. 취업을 하고 싶으면 이공계열학과나 서울 소재 명문대를 나와야 하는 상황에선 아무리 입시 열풍을 잠재우려고 해봤자 계란으로 바위 치기에 불과한 것이다.

서연고와 서성한 입시의 차이점

우리 모두는 자녀들이 소위 말하는 명문대에 진학하기를 바란다. 그러면 명문대라고 불리는 최상위권대는 어디를 말하나? 우리가 말하는 최상위권 대는 서울대, 연대, 고대이며, 그다음으론 서강대, 성대, 한양대 등이 뒤따른 다. 그다음 대학 군으로는 중앙대, 경희대, 외국어대, 서울시립대를 지칭하 는 수가 많다. 물론 서울대 위에는 의대가 있으며, 서울대와 연·고대 사이에 는 카이스트, 포스텍 등 이공계 특성화 대학이 있다. 이들 대학의 입학전형 이 타 대학과 구분되는 점은 의대를 제외하곤 전부 학생부종합전형의 비중 이 크다는 점이다. 그중에서도 대표적인 서울대를 보면 무려 78.5%에 달한 다. 고려대의 경우도 51.4%가 학생부종합전형으로 학생을 선발한다. 성대의 경우도 50.6%가 학생부종합전형으로 구성되어 있다.

학생부종합전형이 이들 상위 3개 대학, 그리고 6개 대학의 입학전형에서 핵심으로 자리 잡고 있는 것을 발견하게 된다. 그러면 이들 두 그룹의 학생 선발에서의 차이점은 무엇일까?

첫째, 최상위 3개 대학 중 서울대 지역균형 선발과 고대 학교장추천전형, 일반전형에선 수능 최저 기준을 요구한다는 점이다. 학교 내신 성적만 좋고 실제 학력은 미달하는 일부 학생을 거르겠다는 것이 목표일 것이다.

둘째, 서성한 그룹은 학종에서 수능 최저와 자소서, 추천서를 요구하지 않 는다는 점이다. 이들 학교는 오로지 학생부만 집중해서 보는 스타일이다. 그 리고 대체적으로 전국권 자사고나 외고 출신자들에게는 최상위 3개 대학보 단 진학하기에 유리하다. 왜냐하면 특목고나 전국권 자사고는 학교 프로그램에서 우월한 관계로 학생부만 중심으로 보면 내신 빼곤 다 일반고보다 절대적으로 유리하기 때문이다.

셋째, 최상위 3개 대학은 학종에서 전부 면접을 실시하고 서성한 그룹은 면접을 실시하지 않는다는 점이 가장 큰 특징이다. 최상위 3개 대학은 최우수 학생을 선발하기 위해서 제시문 면접이나 인성 면접을 깐깐하게 볼 수밖에 없을 것이며, 서성한은 어차피 최상위 3개 대학에 합격한 학생은 자기들 대학에 오지 않고 불합격해야 올 것이라는 판단 하에 중복되는 면접을 볼 필요가 없는 것이다.

위의 상황들을 종합해보면 아직 우리나라 대학 입시는 철저히 약육강식의 세계이며, 서열화되어 있다는 것을 확인할 수 있다. 정부에서 아무리 부정한들 이 엄연한 사실은 어찌할 수 없는 것이다.

대학은 취업 준비를 위한 출발점 04

인문, 사회, 상경 등 문과계열 대학생들이 공과대학을 복수전공, 부전공하는 사례가 급증하고 있다. 수년 전부터 '인구론(인문계 90%는 논다)', '문송합니다(문과라서 죄송합니다)'라는 신조어가 나올 정도로 인문계열 학생들이 취업난에 시달리자 그나마 사정이 나은 공대 전공으로 눈을 돌리고 있다.

4차 산업혁명에 대비하자며 인문학적 소양을 강조하는 사회 풍토와는 달리 교육 현장에선 이공계열을 선호하는 경향이 여전하다. 그리고 아직까지 기술적인 부분을 더 중요하게 생각하는 취업 시장의 성향 탓이 크다. 문과생들이 본래 전공과 맞물려 이공계, 경상계열로 다전공, 복수전공에 나서는 것도 같은 맥락으로 볼 수 있다. 이공계 졸업자들도 자신이 원하는 대기업에 들어가기 위해선 많은 것을 준비해야 한다. 공인영어 성적, 학점, 인턴경력, 해외연수경험, 취업 관련 분야 수상실적 등 준비해야 할 일이 한두 가지가 아니다. 그래서 요즘 학부모들 사이에선 자녀들이 취업할 때까지 퇴직을 최대한 미루어야 한다는 자조적인 얘기가 나온다. 심지어 취업을 위한 자소서 작성이나 면접을 준비해주는 학원들도 성업 중이라는 얘기가 거짓이 아닌 것이다. 예전에는 초등학교 선생님이 교대 졸업만 하고 임용고시에 합격하면 안정적인 고용이 보장된다고 많은 우수 학생들이 몰리는 바람에 경쟁률이 끝없이 치솟았다. 그러나 이것도 임용이 잘 되지 않으면서 2019년 대입에서 교대의 수시 경쟁률은 2018년보다 훨씬 낮아졌다. 이제 대학 입학과 동시에 취업을 걱정하는 시대가 된 것이다.

2017년 대학 졸업자(2017년 2월 졸업자, 2016년 8월 포함, 195개교)에 대한 취업률 상세 분석 결과, '가'그룹 졸업자(3천 명 이상, 41개교) 대학 가운데 취업률 상위 학교는 성균관대가 75.1%(2016년 76.4%)로 가장 높았다. 이어 한양대 69.6%, 연세대 68.7%, 서울대 68.3%, 고려대 68.2% 순이다. '가'그룹 중 취업률 65% 이상인 대학은 모두 11개교이고, 전년(2016년) 대비 취업률은 모두 하락했다. '나'그룹 졸업자(2천 명 이상 3천 명 미만, 25개교) 대학에서는 우송대가 70.7%(2016년 72.0%)로 가장 높았다. 이어 호서대 69.5%, 선문대 69.5% 순이다. '나'그룹 가운데 취업률 65% 이상 대학은 모두 9개교로, 경남대가 55.6%(2016년 60.8%)로 가장 낮았고, 전주대 56.2%, 창원대 56.3% 등이 그 뒤를 따랐다. '다'그룹 졸업자(1천 명 이상 2천 명 미만, 50개교) 대학에서는 인재대가 78.9%(2016년 80.7%)로 가장 높았고, 다음으로 경동대 78.8%, 건양대 78.1% 순이다. '다'그룹 취업률 65% 이상인 대학은 모두 18개교이다. '라'그룹 졸업자(졸업자 1천 명 미만, 78개교) 대학 가운데, 졸업자 5백 명 이상 기준(30개교)으로는 목포해양대가 82.3%(2016년 84.1%)로 가장 높았다. 이어 한국기술교대 80.2%, 초당대 77.8% 순이었다. '라'그룹(졸업자 5백 명 이상 1천 명 미만) 취업률 65% 이상인 대학은 모두 19개교로 집계됐다.

'가'그룹이 우리가 일반적으로 4년제 대학이라고 보는 학교들이다. 그런데 제일 취업률이 높은 성대를 제외하면 그다음 학교 취업률은 60% 후반 대에 있다. 인문계만 보면 취업률은 더 떨어질 것이다. 이런 상태가 되고 보니 우리 학부모들이나 학생들이 더욱 명문대 진학에 목을 맬 수밖에 없는 것이다.

반면 이웃나라 일본은 아베노믹스 효과로 경기가 장기 호황을 이어가면서 대졸 취업률이 90%에 육박하는 완전고용 상태이며, 현재 일본의 기업들은 인력 부족으로 파격적인 조건을 내세우며 우수 인재를 유혹하고 있다. 일본만 그러한 게 아니라 미국, 독일도 인력 부족에 시달려서 대졸 실업자라는 말을 들어보기 힘들다. 그러다 보니 우리나라의 대학 졸업자들 중 상당수가 해외 기업에 취업하려는 움직임을 보이고 있다. 필자가 보기엔 우리나라가 북한과의 극적인 관계 개선을 이룩해서 경제협력 시대가 개막되지 않으면 이런 상태는 쉽게 개선될 것 같지가 않다. 대학에 입학하는 모든 학생들은 우리나라 기준이 아니라 글로벌 스탠더드에 맞는 실력을 길러서 해외 기업에도 취업하겠다는 마음을 먹는 게 보다 현실적일 것이다. 해외 취업을 생각하는 학생들은 해외 대학 평가 기관에서 발표하는 대학교 순위를 대입에 고려해야 할 것이다.

올해 THE에서 발표한 아시아 대학 순위를 살펴보자. 서울대가 국내 대학 중 1위를 차지했다. 성균관대는 아시아 10위로 국내대학 2위의 성적이다. 카이스트는 13위로 국내 대학 3위이며 포스텍은 16위로 국내 대학 4위의 성적이다. 고려대는 19위를 기록했다. 국내 톱5까지 모두 아시아 톱20 내에 위치했다. 톱100에 든 대학은 연세대(21위), 유니스트(22위), 경희대(31위), 한양대(33위), GIST(46위), 중앙대(70위), 울산대(96위) 순이다. 톱200에 든 국내 대학은 총 23개교다. 이화여대(101위), 세종대(102위), 건국대(106위), 부산대(123위), 서강대(158위), 경북대(172위), 영남대(175위), 인하대(179위), 아주대(180위), 전남대(188위), 서울시립대(200위) 순이다. THE에서 발표한 대학 순위 중 우리가 일반적으로 생각하는 대학 서열과 다른 점이 있다면 성대의 순위가 생각보다 굉장히 높게 자라 잡고 있다는 점이며, 다른 대학들은 우리의 통념과 크게 다르지 않다. 어쨌든 우리나라 대학 입시 경쟁률은 낮아질 수가 없는 환경이다.

실력이 정년을 보장한다

05

모든 샐러리맨들은 임원을 꿈꾼다. 그러나 임원은 말 그대로 하늘의 별따기이며 대부분은 중도에 퇴직하게 된다. 운이 좋으면 다른 회사로 전직하여 정년까지 일을 하지만 그건 일부의 이야기이다. 샐러리맨 가운데 정년퇴직자는 열에 하나 정도라는 게 정부 통계다. 조기퇴직자(조퇴자)들이 정년퇴직자(정퇴자)보다 더 많다는 얘기다. 게다가 노후 준비도 정퇴자에 비해 뒤져서 퇴직 후 더 힘든 시간을 보내는 것으로 조사됐다. 미래에셋은퇴연구소에 따르면 '730명 중산층 퇴직자 조사'에서 466명의 조기퇴직자(퇴직 당시 평균 52세) 10명 가운데 4명(40.8%)이 "퇴직 후 계층이 하락한 것 같다."고 답했다. 264명의 정년퇴직자가 계층이 하락했다고 답한 비율(28.4%)보다 크게 높다. 조기퇴직자들이 퇴직 당시 생활 수준을 유지하기가 더 어렵다는 얘기다. 조퇴자들은 처음에는 재취업할 자리를 알아보지만 소득이 없다는 불안감에 쫓

겨, 선불리 창업이나 투자에 나섰다가 돈을 날리는 일이 많다.

　설문조사에 따르면 조퇴자의 32.4%는 퇴직 후 창업을 했고, 이 중 74.2%는 실패했다. 정퇴자의 경우, 퇴직 후 창업률과 창업 실패율이 각각 13.3%, 48.6%로 조퇴자보다 사정이 훨씬 낫다. 창업에 실패한 조퇴자들의 평균 손실액은 약 6,500만 원으로 이들의 67%는 창업 실패로 인해 "생활비를 4분의 1 이상 줄여야 했다."고 답했다. "생활비를 절반 이상 줄여야 했다."고 답한 비율도 38.4%에 달한다.

　이런 노후생활보다 풍족한 생활을 원하면 젊었을 때 자산을 늘여야 하는데 그게 쉽지 않다. 결혼 자금, 자식들의 교육비(학원비 등 사교육비 포함), 주택 구입비 등에 지출을 하다 보면 이런 여유 자산이 생기기가 쉽지 않기 때문이다. 우리 세대는 젊어선 자식교육에 모든 것을 바치고 은퇴 후엔 우리 자신의 생활비를 벌어야 하는 참으로 딱한 환경에 처해 있는 것이다.

　그러나 너무 비관하지는 말자. 잘 키운 자식들이 훌륭히 성장해가는 걸 보면서 나름대로의 가치가 있었다고 생각하자. 우리의 후손들이 우리보다 더 좋은 환경에서 살아갈 수 있도록 노력한 것이 훈장이다. 지금 이 책을 읽고 있는 독자들의 연령대가 아직 직장에서 한창인 40대라면 지금부터라도 자식에 대한 투자는 '고기를 잡아주기보단 고기 잡는 법을 가르쳐주는 쪽'을 택하자. 그리고 나머지는 자기 자신에게 투자하자.

　부모가 행복해야 자식들도 행복하다. 요즘 세대는 부모가 자신의 장래에 올인하는 것을 원하지 않는다. 부모도 자신의 행복을 찾기를 바라고 있다. 너무 자녀들의 장래에만 나의 인생을 걸지 말자. 우리도 우리의 행복을 찾을 권리가 있다. 자녀들이 원하는 꿈은 우리가 도식적으로 생각하는 의사, 판사, 검사 등의 직업군과는 좀 다를 수도 있다. 이들 직업만이 성공의 척도라고 생각하지는 말자. 자신이 행복한 직업을 가지면 성공인 것이다.

06 4차 산업혁명 시대에 각광받을 미래의 직업과 전공 선택

요즘 산업계든 교육계든 4차 산업혁명에 대비해야 한다고 한목소리다. 4차 산업혁명이란 무엇인가? 4차 산업혁명은 올해 1월 20일 스위스 다보스에서 열린 세계경제포럼에서 처음 언급된 개념이다. 세계경제포럼은 전 세계 기업인, 정치인, 경제학자 등 전문가 2천여 명이 모여 세계가 당면한 과제의 해법을 논의하는 자리이다. '과학기술' 분야가 주요 의제로 선택된 것은 포럼 창립 이래 최초였다. 세계경제포럼은 제4차 산업혁명을 '3차 산업혁명을 기반으로 한 디지털과 바이오산업, 물리학 등의 경계를 융합하는 기술혁명'이라고 설명한다. 즉 4차 산업혁명은 3차 산업혁명의 연장선으로서 AI 등 최첨단 기술의 융합을 말한다. 통상 2010년 이후를 말하며, 실제와 가상의 통합으로 사물들을 자동, 지능적으로 제어하는 가상물리 Cyber Physical 시스템이 구축되는 것을 말한다. 4차 산업혁명의 핵심 요소는 개별적으로 발달한 각종 기술의 '융합'이라고 할 수 있다. 디지털, 바이오, 오프라인 기술들이 다양하고 새로운 형태로 융합되어 새로운 부가가치를 창출해내는 것이다. 또 다른 주요한 특징은 '속도'라고 할 수 있다. 새로운 물건이나 기술이 발명되거나 발견되면 이것이 파급되는 속도가 과거와는 비교할 수 없을 정도로 빠르게 진행되는 것이다.

이러한 4차 산업혁명은 단순히 기술적 발전에 그치는 것이 아니라 정치, 경제, 사회 등 모든 분야에 큰 파장을 초래할 수 있다는 것에 주목할 필요가 있다. 4차 산업혁명의 대표적인 기술들은 향후 물건을 만들 때 생산성을 비약적으로 높여주고 운반 비용은 대폭 줄여줄 것이다. 이에 소수의 생산자들이 시장을 독점할 가능성이 있으며, 또 다른 새로운 기술이 등장하면 이전 기술을 밀어내고 또다시 독점의 형태로 시장을 잠식할 우려가 있다. 노동과 자본시장에서는 단순 노동과 자본보다 재능과 기술이 대표적인 생산 요소가 될 것이다. 새로운 기술과 아이디어만 있으면 많은 사람으로부터 빠른 시간 안에 사업 자금을 모을 수 있다. 최근 주목받고 있는 텀블벅 등의 크라우드 펀딩이 이와 연결되어 있는 시장일 것이다. 이제 투자금을 모으는 방식도 이전과는 확연히 달라지고 있다. 어떠한 사회적 가치를 실현하려는 사람은 같은 가치를 실현하기를 원하는 사람들에게 투자를 받는 대신 그들의 사회적인 욕구를 만족시켜주는 것이다. 이러한 시스템은 이익만을 추구하던 자본시장과는 다르게 사회적 가치를 우선으로 두는 새로운 시장이다.

마지막으로 수요와 공급을 연결하는 플랫폼이 핵심 사업으로 등장할 것으로 보인다. 최근 떠오르며 대성을 거두고 있는 '공유 경제' 시스템을 예로 들 수 있겠다. 에어비앤비, 우버 등의 회사 같은 기존에 없던 모바일 기반 비즈니스가 계속 나오고 있다. 중국의 IT기업 또한 미국의 서비스 산업을 빠르게 벤치마킹하고 있으며, 개인정보 사용에 대한 규제도 약하므로 넓은 시장에 쌓이는 데이터도 엄청나다. 이러한 혁명적인 변화를 가져오는 4차 산업혁명 시대에 각광받을 직업이 무엇인지 알면 우리가 어떤 것을 준비해야 하는지 쉽게 알 수 있을 것이다.

첫째는 보안 분야다. 보안 프로그램 개발자, 악성코드 분석가, 디지털 수사관, 사이버 포렌식 전문가, 사물인터넷 보안 전문가 등이 이에 속한다. 인공지능, 사물인터넷 등 기술의 진보로 상징되는 4차 산업혁명에서 사이버보안과 사생활 침해는 뜨거운 감자로 떠오르고 있으며, 이를 해결하기 위한 정보보안 산업의 성장성 또한 높게 평가받고 있다. 가장 핫한 학과는 사이버보안학과이며 가장 유명한 곳은 고대 사이버국방학과이다.

둘째는 사물인터넷 분야이며, 관련 직업군은 사물인터넷 제품 기획자, 스마트 의류 개발자, 스마트팜 설계사, 사물인터넷 보안 전문가이다. 관련학과는 컴퓨터공학계열이다.

셋째는 인공지능 분야이다. 인공지능은 인간의 학습 능력과 추론 능력, 지각 능력, 자연언어의 이해 능력 등을 컴퓨터 프로그램으로 실현한 기술이다. 그리고 이러한 인공지능은 자율주행 자동차, 인공신경망 번역, 인공지능 의사 왓슨 등 이미 다양한 분야에서 활용되고 있다. 관련 직종으론 인공지능 로봇 트레이너, 인공지능 인터페이스 개발자, 예측 수리 엔지니어, 공감 로봇 기술자 등을 들 수 있다. 관련학과는 소프트웨어학과, 컴퓨터공학과 등이다.

마지막으론 빅데이터 분야이다. 빅데이터란 디지털 환경에서 생성되는 데이터로 수치데이터뿐 아니라 문자와 영상데이터를 포함하는 대규모 데이터를 말한다. 디지털 환경이 날로 확산되면서 생성되는 빅데이터의 양은 기하급수적으로 증가하고 있다. 관련 직업군으로는 데이터 과학자, 데이터 시각화 전문가, 빅데이터 엔지니어, 빅데이터 운영 관리자, 빅데이터 기반 사기 방지 기술자, 빅데이터 큐레이팅 전문가 등을 들 수 있겠다. 관련학과는 인문계열로는 통계학과를 꼽을 수 있으며, 이공계열로는 소프트웨어학과, 컴퓨터공학과가 있다.

이러한 직업군의 특징은 하나같이 전부 다 이공계열이라는 것이다. 그러면 인문사회계열은 이제 필요 없게 되는 것일까? 그것은 아니다. 아무리 미래의 핵심은 기술 발전이지만 결국은 사람의 필요에 의해서 작동하게 되는 것이다. 콘텐츠의 활용과 관리 역시 사람의 손길과 두뇌가 필요하다는 점에서 인문사회계열 출신자들의 도움이 필요하다. 그러나 인문사회계열 출신자들에게도 어느 정도의 기술에 대한 개념 정립과 활용 지식은 필요할 것이다. 이렇게 보면 이제 모든 분야에서 융합이 필수적이라 할 것이다.

SKY 캐슬은
어디까지가 진짜인가?

2019년 상반기 장안의 화제는 〈SKY 캐슬〉이라는 드라마다. 이 드라마는 우리나라의 상류층이라고 할 수 있는 의사, 교수들이 자신의 자녀를 서울대 의대에 합격시키기 위해 입시 코디 채용은 물론 모든 상상 가능한 사교육을 동원하는 빗나간 사회 트렌드를 꼬집는 줄거리로 구성되어 있다. 〈SKY 캐슬〉은 대한민국 상위 0.1%가 모여 사는 SKY 캐슬이라는 고급 주택단지를 배경으로 한다. 특정 대학 교수들만 모여 사는 곳이기 때문에 자녀들도 부(富)와 명예를 누리도록 '그들만의 교육법'으로 강하게 조련한다. 이 중에서 관심을 받고 있는 몇몇 사항에 대해 팩트 체크를 해보면서 우리 교육의 현 주소를 알아보자.

비용이 수십억 원이라는데, 입시 코디가 실제 있나?

드라마에선 입시 코디네이터라는 사교육 전문가가 등장한다. 이 전문가는 학생부종합전형 대비를 위한 입시 컨설팅을 하고 과목별 유능한 강사를 학생에게 배정하여 내신 성적 전교 1등을 만들기 위해 모든 노력을 기울인다. 그리고 그 대가로 어마어마한 돈을 받는다. 이 비용은 적게는 수억, 많게는 수십억에 이르는 것으로 묘사되고 있다. 그러면 실제로 이런 입시 코디가 존재하는지 궁금할 것이다. 결론부터 말씀드리자면 있기는 하나 실제보다 비용은 과장되었다. 입시 코디와 입시 컨설턴트는 같은 의미이지만 입시 컨설팅은 수시지원 가능 학교 선정 또는 정시지원 가능 학교 선정처럼 특정 영역 주제에 초점을 맞추는 단기 목표에 대한 상담을 말하며, 이런 일을 해주는 전문가를 교육 컨설턴트라 부른다. 반면에 입시 코디는 대학 입학에 초점을 맞추어 짧게는 1년, 길게는 2~3년에 걸쳐서 진학 관련 모든 분야에 관해 정기적으로 관리를 해주는 전문가를 이르는 통칭이다. 이 입시 코디는 학교시험 대비 방법부터 교외활동, 수상기록까지 진학을 원하는 대학에 맞춰서 관리를 해주는 대가로 최소 월 수십만 원부터 수백만 원 이상 받기도 한다. 최근에는 소논문도 대리 작성해주면서 수백만 원씩 받는다는 얘기도 들린다.

그러나 이 드라마에서 나오는 것처럼 연간 수십억 원씩 비용을 지불하면서까지 코디를 고용하는 학부모도 없고, 그런 비용을 청구하는 코디네이터도 없다. 재력가 집안에서 이런 비용을 지불하면서까지 대학에 진학하려는 노력을 하진 않는다. 우리가 말하는 재벌가에선 해외 대학에 유학을 보내고 가업을 잇게 하지, 전문직인 의사나 판검사 등에 연연하지 않는다. 드라마에 나오는 것처럼 자식을 의사로 만들려는 계층은 주로 의사 집안인 경우가 많다. 그러나 현실적으로는 이런 의사 집안에서도 그 정도까지 돈을 쓰면서 서울대 의대를 학종으로 보내기보다는 수능 공부를 과목별 유명 강사에게 맡겨서 지방의 의대라도 진학시키려고 노력한다. 군이 서울대 의대만을 고집하지 않는 것이다.

입시 코디를 받으면 100% 최상위권 대학을 갈 수 있나?

참으로 난처한 질문이다. 일단 입시 컨설턴트는 수시, 정시 양다리를 다 걸쳐놓으려고 한다. 내신 성적이 나쁘면 학종은 물론 수능, 논술도 좋은 성적이 나오기 힘든 것이 현실이다. 그러므로 일단 좋은 내신을 딴다는 전제로 보면 이 말은 약간은 과장되어 있으나 가능하다고 얘기할 수 있다. 그러므로 모든 입시 컨설턴트는 내신에 총력을 기울인다. 필요하면 학생에게 좋은 강사나 학원을 소개해주며 스터디 플래너를 작성해주기도 한다. 그리고 학생의 적성에 맞는 또는 학부모와 학생이 원하는 대학 및 학과를 선정한다. 그러면 어떤 교과·비교과활동이 필요한지가 나온다. 수상실적이 필요한 분야가 나오고 독서활동, 동아리활동, 봉사활동이 따라온다. 이 모든 과정을 학생이 착실히 따라오면 실제로 최상위권 대학에 가는 것도 어려운 일은 아니다. 그러나 이 결과를 얻으려면 학생의 노력이 필요하다. 그래서 드라마의 입시 코디가 학생에게 동기부여를 하기 위해 상식적으로는 이해가 되지 않는, 합격 후 부모에게 복수하는 일 따위를 부추기는 것이다.

내신 성적을 따기 위한 무차별적인 노력

드라마에는 학교 내신을 올리기 위해 과목별 내신 전문 강사를 동원하는 상황이 그려져 있다. 어디까지가 사실일까? 먼저 같은 레벨 학생의 학부모들이 서로 이합집산해서 좋은 학원 및 강사에 대한 정보전이 치열하게 전개된다. 여기에서 드라마에 나오는 것처럼 전교 1등의 어머니가 모든 면에서 갑이고 다른 어머니들은 이 갑의 행동 하나하나에 주목한다. 심지어는 전교 1등 학생이 무엇을 먹는지도 궁금해하는 어머니들이 많다. 그래서 전교 1등이 다닌다는 학원이 있으면 그 학원에 관심이 집중된다. 그러나 전교권 학생에게 맞는 학원이 있고 중상위권 전문인 학원이 있어서 모든 학생들이 전교 1등의 학원에 다니려고 하지는 않는다. 그리고 최상위권 학생끼리 뭉쳐서 고액과외를 받는 일은 비교적 흔하게 볼 수 있다. 그러나 이 경우에도 서로 잘 아는 그룹의 어머니들끼리만 하지 외부인은 끼워주지 않는다. 그러다 보니 숙명여고처럼 전혀 의외의 인물이 1등을 하면 이상하게 생각하고 집요하게 뒤를 캐기 마련이다. 이런 현상이 과열되다 보니 광주나 서울처럼 학교시험지를 몰래 빼돌리는 사건이 발생한다.

과목별 내신 전문 강사가 있는가?

당연히 있다. 각 지역별로 학원이 없는 곳이 없다. 지역별로 중심 되는 고등학교가 있으면 그 고등학교를 타깃으로 하는 과목별 학원이 있기 마련이다. 그리고 강남이나 목동 등 교육열기가 강한 지역은 이들 학교의 내신을 전문적으로 분석하는 개인과외나 고액과외 강사도 존재한다. 그 비용은 강사별로 유명도나 인지도에 따라 천차만별이다. 과목당 수백만 원을 넘게 부르는 강사도 있다.

그래도 아직 다행인 점

이런 고가의 입시 코디가 일반적으로 성행하진 않는다는 점은 그래도 다행이다. 왜냐하면 이런 입시 컨설팅을 바라는 계층은 최상위권 대학이나 의대 등 특정 대학을 지망하는 계층에 국한되기 때문이다. 일반적인 중산층들이 학종에 대비해서 월에 수백만 원씩 들이면서 컨설팅을 받지는 않는다. 물론 속으로 저런 것 한번 받아봤으면 하는 마음은 굴뚝같겠지만 과목별 학원비도 만만치 않은데 거기다가 입시 컨설팅까지 생각하면 머리만 지끈거린다. 만일 이런 도움 없이도 공부를 잘하는 자녀를 둔 부모님들은 아이와 근사한 곳에 가서 맛있는 식사라도 같이 하시기 바란다. 월 수백만 원씩 벌어다주는 자랑스러운 자녀이니 말이다.

잠 좀 실컷 잤으면 좋겠어요!

2016년 서울시교육청의 '서울교육종단연구' 학술대회 자료집에 실린 '수면 시간별 자기 통제력과 자아탄력성이 학교폭력 가해 행동에 미치는 영향'(경북대 조민규 등 3인 공저)을 보면 수면 시간에 따라 학교폭력 가해 행동에 미치는 영향이 다르게 나타날 수 있어 적절한 수면 시간이 중요한 것으로 분석됐다. 이 논문은 수면 시간에 따라 자기 통제력이 학교폭력 가해 경험에 미치는 영향을 검증했다. 연구진이 중학교 3학년 학생 3,628명을 대상으로 주중 수면 시간을 조사한 결과 하루 평균 5시간 이하부터 12시간 이상으로 분류하였다. 연구진은 미국 수면재단이 제안한 최소 수면 시간 8시간을 기준으로 학생들을 다섯 집단으로 나눴다. 그 결과 6시간 이상~7시간 미만이 33.7%(1,222명)로 가장 많았고, 7시간 이상~8시간 미만이 32.4%(1,176명)로 뒤를 이었다. 이어 5시간 이상~6시간 미만이 16.3%(592명), 8시간 이상이 13.8%(499명), 5시간 미만이 3.8%(139명)로 조사됐다.

그러면 우리나라 목동지역 중학생들의 실제 상황은 어떨까? 씨앤씨입시연구소에서 중학생들을 대상으로 조사를 하였다. 결과를 보면 수면 시간 7~8시간 이내가 47.5%로 가장 많았으며, 그다음으론 6~7시간인 학생이 전체의 37.5%를 점하였다. 8시간 이상 잔다는 학생과 6시간 이내의 수면 시간이라는 학생은 총 12.5%에 불과하였다. 즉 대부분의 학생은 6~8시간 이내의 수면을 취하고 있었다.

그러면 수면 시간과 학업의 상관관계는 과연 존재하는 것일까? 씨앤씨입시연구소의 대상 학생은 대부분 목동지역과 근처 거주 학생이며 대다수는 학업 성적도 중상위권 이상인 학생이다. 이 결과만 보면 앞의 연구 결과와 거의 일치하는 것을 알 수 있다. 즉 어느 정도 학업과 수면 시간의 상관관계는 존재하는 것이다. 그러나 조사를 진행하면서 재미있는 현상은 7~8시간 이내로 잔다고 대답한 학생 대부분이 실제론 수면부족을 호소한다는 것이다. 이런 현상이 발생하는 이유는 성적에 대한 강박관념으로 인해 숙면을 취하는 학생이 드물다는 것을 의미한다고 해석할 수 있다. 즉 물리적 시간 개념으론 잠이 부족하지 않지만 숙면을 취하긴 힘들어서 스스로는 수면 시간이 부족하다고 느끼는 것이다. 참으로 우리 학생들은 힘든 세대를 살고 있다는 것을 다시 한 번 느낀 조사 결과이다. 과연 수면 부족을 호소하는 학생들을 어떻게 해야 할까? 필자가 제안할 수 있는 것은 1주일에 한 번은 8시간 이상의 수면을 보장해주는 것이다. 그것이 토요일이든 일요일이든 상관없다. 최소한 일주일에 한 번 정도는 학생들도 학업 성적의 강박에서 벗어나 잘 수 있는 권리가 있지 않을까?

PART

6

지피지기면
백전백승,
학부모가 알아야 할
입시 정보

01 좋은 고등학교의 선택 기준은 무엇인가?

첫째, 우리나라에서 고등학교 선택의 기준은 뭐니 뭐니 해도 진학실적이다. 아무리 학교가 전통이 있고 교육 이념이 좋고 학교 전경이 좋아도 진학실적이 나쁘면 나쁜 학교가 된다. 그러면 좋은 실적이란 무엇인가? 바로 서울대 진학실적이다. 요즘은 의학계열 진학자 수로도 기준을 삼긴 하지만 의학계열은 재수생도 많고 서울대와 중복되는 숫자가 많아서 객관적인 기준을 정하기가 힘들다. 서울대 합격자는 대부분 연대나 고대, 성대, 서강대, 한양대 등에 중복 합격하기 때문에(수시 6회 지원 가능) 서울대 진학자 수를 기준으로 해야 객관적인 학교실적을 점검할 수 있다. 또 서울대 합격자들도 수시냐 정시냐에 따라 진학하는 숫자가 학교별로 다르게 나타난다. 이런 면이 각 학교의 성향을 파악할 수 있는 자료가 된다. 수시 비율이 높은 학교는 대부분 특목고와 전국권 자사고인 경우가 많으며, 일반고는 주로 정시 비율이 높다. 그래서 자녀가 수능형 입시에 강한 타입이면 일반고가 유리하고, 학교활동 위주의 유형에 적합하면 특목고나 전국권 자사고에 진학하는 것이 유리하다. 그러나 전국권 자사고 중에서도 의학계열 진학률이 높은 학교는 정시에도 강한 경향이 있으므로 참고하기 바란다. 이런 학교의 대표적인 케이스는 전주 상산고와 현대청운고가 있다.

둘째, 아무리 학교의 서울대 진학실적이 좋아도 내가 잘 적응하지 못하는 학교라면 소용이 없다. 내 적성과 장점이 어떤 부분에 있는지를 파악해야 좋은 고등학교의 기준이 생긴다. 예를 들어 내가 전체 과목을 골고루 잘할 수 있다면 굳이 친한 친구들과 집을 멀리 떠나 기숙사 생활을 하는 전국권 자사고나 영재고는 나에게 있어서는 좋은 학교가 아닌 것이다. 차라리 집 근처의 일반고가 나에게 적합한 고등학교인 것이다. 반대로 내신 경쟁이 치열하더라도 나하고 의사소통이 잘되는 학생들이 많고 다양한 선택 과목과 활동이 있는 것을 중요시한다면 당연히 특목고나 전국권 자사고를 선택하는 것이 정답이다. 이와 같이 일률적으로 좋은 학교란 이런 학교라고 단정을 짓는 것은 매우 위험한 일이며 상대적이라는 것을 감안해야 한다.

세 번째로 학교 분위기를 따져보는 것도 매우 중요하다. 교육특구지역의 일반고를 보면 입시실적이 좋아도 학생들이 가기를 꺼려하는 학교가 있는 반면 입시실적은 그저 그렇지만 많은 학생들이 가고 싶어 하는 학교도 있다. 이 원인은 바로 학교 분위기이다. 전자의 경우에는 우수한 학생들이 많이 지원해서 좋은 대학교에 진학을 많이 하지만 학교에선 학생들을 단지 성적으로만 분류해서 관리하는 소위 '소수 관리형 학교'에 속하기 때문에 대부분의 학생들은 지원하기를 꺼려한다. 반면에 후자의 경우에는 진학실적은 그저 그렇지만 성적에 의해서 학생들을 분류하기보다는 인격적 대우를 우선시하는 학풍을 가지고 있기 때문에 대부분의 학생들은 입학을 원하며 진학실적 때문에 학교를 우습게 보지 않고 존중한다. 선택 기준은 내가 어떤 점을 더 중시하는지에 따라 결정하는 것이 맞다. 그게 나에겐 좋은 학교이다.

자기주도학습과 학원주도학습 02

    일반적으로 자기주도학습을 한다고 하면 학원에 다니지 않고 혼자 자습하는 것을 말하는 것으로 생각하는 사람들이 많은데 실제로는 약간 다른 개념이다. 자기주도학습이란 공부 자체는 학생 스스로 하는 것이지만, 그 이전에 학습 목표를 세우는 단계에서 부모가 자녀의 특성을 잘 파악한 후 최상의 학습 프로그램을 구성하는 것을 의미한다.

    학생 스스로 공부를 하려면 기본 지식이 있어야 가능하다. 학원에 가면 한 반에 5~10명의 학생들이 같은 강사에게 같은 내용을 배운다. 학교처럼 조는 학생도 드물다. 근데 왜 학교 성적은 다 다를까? 그게 자기주도학습이 되어 있는 학생과 아닌 학생의 차이이다. 학원을 효율적으로 이용하려면 먼저 자녀의 수준을 객관적으로 평가, 분석하고 이에 맞는 학습 방법을 찾아야 한다. 다른 학생에게 맞는다고 내 아이에게도 맞는 것은 아니다.

내 아이를 가장 잘 파악할 수 있는 사람은 부모이다. 가장 많은 시간 동안 자녀를 관찰하여 습관을 알고 장단점을 안다. 이러한 자료들을 자신의 주관적 감정을 배제하고 객관화하는 작업이 필수적으로 선행되어야 한다. 그리고 아이가 스스로는 알기가 힘든 자신만의 무의식적인 학습 방법, 학습의 양, 지속적으로 공부하는 시간 등을 체크해봐야 한다. 이를 토대로 자녀에게 알맞은 학원을 선택해야 비로소 학교 성적이 나오기 시작하는 것이다. 사람마다 각자의 특징과 성향이 있듯 아이들 역시 제 나름의 특성이 있다. 능동적인 아이, 수동적인 아이, 머리가 좋은 아이, 평범하지만 노력을 하는 성향인 아이, 경쟁을 싫어하는 아이, 시키는 것만 하려는 아이 등 자녀의 특성을 먼저 파악해야 한다. 이러한 성향을 파악하지 않은 채 그저 주위에서 좋다는 학원을 보내면 아이는 학원에 잘 적응하지 못하고 다른 학생들은 100점을 받아도 자신은 80점대에 머무르는 결과가 나오는 것이다.

요즘 인기가 높은 영재고, 과학고, 전국권 자사고는 전부 기숙사생활을 하는 것을 전제로 하고 있다. 즉 돌봐주는 엄마의 존재가 없는 환경인 것이다. 혼자 모든 것을 결정하고 학습하고 실행하여야 한다. 그래서 필자는 중학생 자녀를 둔 학부모에겐 자녀를 기숙사 학교에 보내는 것을 목표로 하여야 한다고 얘기한다. 즉 중학생 자녀를 둔 학부모는 자녀에게 자기주도학습을 스스로 하도록 습관을 형성하는 것이 목표가 되어야 한다는 것이다. 그냥 일반고에 진학시킨다고 생각하면 자기주도학습에 대한 동기부여가 어렵다. 자녀가 1~2년 후에는 혼자 지방에서 생활해야 하고 학원에 가지 않고 스스로 학습을 해야 하는 환경에 놓이게 된다는 미래를 생각해야 자기주도학습에 대한 목표의식이 형성될 수 있는 것이다.

수능 상위 0.1%에 속하는 100명의 학생들을 대상으로 '공부에서 가장 중요한 것은 무엇인가'라는 설문조사를 한 결과 동기부여 36%, 시간 관리 28%, 학습 방법 19%, 시험 실전 17%라는 응답이 나왔다. 아이들 스스로도 동기부여가 중요하다는 것을 인식하고 있는 것이다. 요즘 서울대 진학실적에서 전국 톱을 다투는 하나고의 자기소개서 3번 항목은 '고등학교 입학 후 자기주도적으로 본인의 꿈과 끼를 살리기 위한 활동 계획 및 고등학교 졸업 후 진로 계획' 작성이다. 자기 스스로 목표를 세우고 활동에 대한 구체적인 계획을 세울 수 있는 학생이라야 하나고에 적응하기가 쉽고, 또한 이를 바탕으로 서울대에 학생부종합전형으로 진학하기가 비교적 쉬운 것이다.

　자신이 가고 싶은 대학이나 자신의 미래 모습을 꾸준히 상기시키면서 왜 공부를 해야 하는지 마음에 새기고 공부를 해야 한다. 목표와 동기가 확실한 사람은 헛되이 시간을 보내지 않고 자신의 꿈을 위해 시간을 쓸 것이다. 또한 자기주도학습에 있어서 목표와 동기뿐만 아니라 호기심도 필요하다. 자신의 꿈을 위해 열심히 공부한다 하더라도 지적 호기심이 있는 사람이 없는 사람보다 훨씬 학습에 있어서 유리하다. 예를 들어 교과서를 보다가 궁금한 점이 생겨 자신이 직접 다른 책을 찾아보거나 인터넷을 이용해 관련 정보를 찾아보는 사람은 단순히 교과서와 문제집만 보고 학습하는 데에 그친 사람보다 훨씬 학습 결과가 좋다. 지적 호기심으로 인한 학습은 정말 자기가 알고 싶어서 학습을 하는 것이기 때문에 학습 동기가 확실하다. 이런 측면에서 모든 대학이나 특목고에서 학생을 선발할 때 독서기록을 중요하게 보는 것이다.

　현실로 돌아가서 그러면 어떻게 자녀들이 목표를 수립하도록 유도할 수 있을까? 필자는 일반고에 진학하든 특목고에 진학하든 상관없이 중학교 1학년 때부터 자기소개서 작성을 준비하도록 권한다. 1, 2학년 때부터 천천히 조금씩 자소서 작성을 준비해 나가야 한다. 자신만의 자기소개서 노트를 만들어 하나씩 메모해 나가는 것이다. 예를 들어, 학교생활을 하면서 교내 경시대회나 토론대회, 봉사활동, 학생회활동 등 다양한 활동을 하게 된다. 이러한 활동을 할 때마다 자기소개서 노트에 활동에 대한 간략한 글과 소감을 적어두면 나중에 자기소개서를 작성할 때 아주 유용하게 쓰일 수 있다. 3학년이 되기 전 방학을 이용하여 미리 자기소개서의 초안을 작성해보는 것도 매우 좋다. 그리고 1, 2학년 때에는 자기소개서에 써넣을 만한 활동에 가급적 많이 참가해야 한다. 막상 3학년이 되어서 자기소개서를 쓰려고 하면 이제껏 자기가 해온 활동이 턱없이 부족하다는 것을 깨닫는 경우가 많다. 이렇게 자기소개서는 꾸준히 메모하는 습관을 가지거나 많은 활동을 하여 쓸거리가 많은 학생들에게 크게 유리하다. 이런 일련의 과정을 거치다 보면 자신의 장래 목표에 대한 생각을 하게 되어, 고교에 입학해서도 대학 진학에 유리하게 작용할 것이다.

특목고, 전국권 자사고 진학 대비는 대입 학종과 같다

요즘 대학 입시의 대세는 학생부종합전형이다. 수능전형을 늘려야 한다는 여론이 일고 있긴 하지만 사교육비 지출의 원흉은 수능이기 때문에 선뜻 정부에서도 무조건 수능 비중을 확대하라고 대학에 압력을 넣기는 힘들 것이다. 하지만 이런 학종을 고등학교 1학년이나 2학년 때부터 하려고 보면 우왕좌왕 무엇을 어떻게 해야 할지 몰라서 당황하고, 급기야는 학종을 포기하고 수능으로 달려가는 학생들을 많이 봐왔다. 중학교 때부터 학종을 대비하면 이런 일은 없어지고 상위권 대학에 진학할 가능성도 높아지게 된다.

학종 대비 연습을 하기에는 특목고나 전국권 자사고만큼 좋은 연습상대가 없다. 필자는 나중에 일반고를 가더라도 일단은 특목고나 전국권 자사고 진학생들처럼 똑같이 대비를 하길 권한다. 요즘 외고나 전국권 자사고는 크게 보면 2단계 입학전형을 실시하고 있다. 1단계는 내신이며 2단계는 서류(생기부, 자소서, 추천서)와 면접이다. 눈치 빠른 분은 느꼈겠지만 이 전형은 대학에서 실시하고 있는 학생부종합전형의 축소판인 것이다. 물론 대학의 학종에선 1단계 전형에서 서류(학생부, 추천서, 자소서)를 보고 2단계에서 면접을 진행한다는 점에서 조금 다르긴 하지만 윤곽은 같은 것이다.

그러면 학종 연습을 어떻게 하면 될까? 학년별로 구체적으로 알아보자.

1학년

이제 모든 학교가 중1은 내신이 없어지고 자유학년제를 실시하게 된다. 자유학년제의 목표는 적성을 파악하고 진로를 설계하는 것이다. 열심히 체험학습을 하자. 학교 프로그램도 참가하고 부족하면 개인적으로 체험활동을 하자. 동아리활동 등 이왕이면 자신이 하고 싶은 일에 관련되는 활동을 하는 것이 도움이 된다. 독서도 다양한 분야에 걸쳐 편식하지 말고 하자. 봉사활동은 내용에 상관없이 열심히 하는 것이 나중에 자소서 작성할 때 도움이 되니 이왕이면 월에 한 번씩 주기적으로 하자. 이때 잊지 말아야 할 것이 수학과 영어의 기초를 잡는 것이다. 1학년 때 기초 잡기를 소홀히 하면 2학년 때 내신 성적에서 어려움을 겪으니 미리 준비를 하도록 하자. 학교 내신이 없는 1학년은 자신의 진로를 찾아볼 수 있는 소중한 기회이다. 적극적으로 활용을 해야 한다. 이 시기의 부모의 역할 중 가장 중요한 것은 '격려와 칭찬'이다. "철수야, 너는 게임만 잘하는 게 아니라 컴퓨터 박사야."라는 한마디가 우리 자녀를 올바른 길로 나가게 할 수 있다. 1학년 때 자신의 진로를 찾으면 100% 성공한다. 그 진로가 나중에 변경되어도 상관없다. 자신의 진로가 있다는 생각 자체가 자녀를 긍정적으로 변화시킨다.

2학년

이제 본격적인 내신 성적 관리에 신경을 쓰자. 대부분의 특목고, 전국권 자사고가 2학년 1학기부터 5개 과목 내외의 학교 성적을 반영한다. 전 과목 A를 목표로 하자. 상대평가가 아니라 90점 이상이 되면 무조건 A를 받을 수 있다. 그리고 과목별로는 조금씩 다르지만 30% 전후의 학생이 A를 받으니 어렵지만은 않다. 이왕이면 딱 90점이 아니라 높은 점수를 받도록 노력하자. 이 내신 성적은 세특이나 행특의 기본 자료가 된다. 겨우 90점 받고 과목 선생님이나 담임 선생님에게 높은 평가를 기대하긴 힘들다. 만일 외고나 과학고를 목표로 한다면 관련 과목인 영어, 수학은 어느 정도의 선행학습 및 심화학습은 필수이다. 그리고 이제 본격적으로 진로를 구체화하는 독서와 동아리활동을 하여야 한다.

3학년

이제 학교를 결정하자. 학교별로 내신 성적 반영 과목이 조금씩 다르니 확인을 해보자. 그리고 여름방학이 되면 본격적으로 자소서 작성을 시작해야 한다. 적성과 학교를 선택하게 된 지원 동기, 학습 계획 등을 잘 연계시켜 자소서를 작성해보자. 그러고 나면 이제 모의 면접이다. 수시로 자소서를 기반으로 모의 면접을 해보자. 가급적 많이 연습해봐야 실제 면접장에 가서 떨지 않고 자신의 생각을 조리 있게 이야기할 수 있다. 모의 면접은 실제 면접일 기준 최소 2달 전부터 시작해야 효과가 있다. 자소서는 그 전에 작성을 끝내야 하니 참고하기 바란다.

이런 과정으로 특목고, 전국권 자사고 입시를 대비하고 나면 일반고 가서도 학종 대비를 쉽게 할 수 있다. 자신의 적성과 진로를 확실히 알고 있으므로 자신의 진학 희망학과와 대학을 결정하고 거기에 필요한 교과·비교과활동을 중2때 한 것처럼 하면 된다. 중학교와 다른 점은 비교과양이 많고 세부화 된다는 점뿐이다. 특목고, 전국권 자사고 입시 대비는 대입과 연계가 된다. 꼭 해보도록 하자.

일반고에서 학종으로 최상위권 대학 가는 법 04

요즘 2020학년도 15개 대학 입학전형 중 제일 비중이 높은 것은 수시전형으로, 69.5%를 차지한다. 수시전형 중 가장 비중이 높은 것은 단연 학생부종합전형이다. 이 흐름은 당분간 지속될 전망이다. 특목고나 전국권 자사고가 학종에 우세를 보이는 것은 사실이지만 일반고 출신이라고 학종을 무시하기엔 비중이 너무 크다. 특히 올해는 광역권 자사고가 대거 재지정에서 탈락하였다. 이제 일반고도 다시 봐야 하는 시대가 왔다. 그래서 여기에선 일반고 재학생이 학종을 대비하는 방법을 구체적으로 알아보기로 한다.

첫째, 제일 중요한 것은 내신이다. 그리고 이 내신 성적은 학기가 지날수록 향상되는 우상향 곡선이 바람직하다. 그렇다고 내신 준비를 2학년부터 하라는 얘기는 아니다. 당연히 일찍 내신을 준비할수록 내신 전체 평균이 좋아지기 때문에 1학년 때부터 내신 관리를 해야 한다. 학종에선 학교 내신뿐만 아니라 진로와 연계된 비교과활동도 비중 있게 보지만 일반고 교육 프로그램이 상대적으로 특목고나 전국권 자사고보다 약한 것이 현실이므로 내신 비중이 더 높아질 수밖에 없다. 그래서 일반고 출신은 무조건 일단 내신을 잘받아야 학종에도 유리하다. 대학에서는 일반고 학생에 비해서 특목고나 자사고 학생이 내신에 불리하다는 점을 잘 알고 있다. 그래서 학종에서도 내신이 불리한 학생들이 불합격되지 않도록 적절히 항목별 비중을 조절한다. 일반고 학생에게 유리한 내신마저 특목고, 자사고 학생들에게 뒤지면 타 항목에서 만회하기가 쉽지 않다.

둘째, 특목고 학생과 전국권 자사고 학생이 경쟁자라는 것을 명심해야 한다. 학종 지원을 많이 하고 합격률이 높은 학교는 특목고와 전국권 자사고이다. 이 학생들과 경쟁한다는 점을 명심하고 비교과활동에서 무엇을 해야 할지 세부적인 계획을 1학년부터 세워 실천해야 한다. 특목고와 전국권 자사고 재학생들의 강점은 고교 입시 과정에서 자신의 진로에 연계된 계획을 세워본 경험이 있기 때문에 비교적 학종에 쉽게 접근할 수 있다는 점이다. 그리고 대부분 1학년부터 학종을 대비한다. 반면에 일반고 학생은 자신의 적성파악도 잘 안 되어 있기 때문에 2학년이 되어서야 비로소 학종을 시작하는 비율이 높다. 이러다 보니 일반고 학생의 학생부가 질적이나 양적인 면에서 특목고와 자사고 학생에 비해 부실한 것이다.

셋째, 자신의 적성을 나타낼 수 있는 연계 과목을 활용해야 한다. 일반고에서도 심화 과목을 운영하며 다양한 교과목을 선택할 수 있도록 하고 있다. 우리나라보다 역사가 훨씬 깊은 입학사정관제도를 운영하고 있는 미국의 경우를 보면 이 연계 과목의 중요성은 더 두드러진다. 미국대학은 난이도가 높은 심화 과목을 이수했으면 높게 평가한다. 만일 학교에 이런 심화 과목이 충분하지 않으면 화학2, 물리2 등의 과목을 이수하도록 노력해야 하며, 자율 동아리활동을 통해서 이런 자신의 노력을 나타낼 수도 있으니 참고하기 바란다.

미국도 입시 준비로 고등학생들이 잠이 부족할 정도다. 공부도 열심히 하고 SATII 과목 등 어려운 수업을 골라 듣기도 한다. 전공자가 아닌데도 악기 대회에 나가고 봉사활동을 하며 테니스 강습까지 엄청 바쁘다. 우리는 학종 준비로 바쁜 것을 부정적으로 보는데 미국에선 꼭 그렇지 않다. 왜 우리나라에선 수능 준비를 한다고 각 학원에 가는 것은 긍정적으로 평가하고 비교과 활동의 기록을 위해서 열심히 학생들이 노력하는 것은 색안경을 끼고 보는지 답답할 따름이다. 일반고등학교에서도 과목별 심화 학업능력을 평가받는 기회를 부여해야 한다. 일반고가 학업 수준에서 뒤처지지 않도록 교사의 평가권과 교육과정 편성권을 더 늘리고 재정적으로 교육부가 지원해야 한다. 그래서 일반고 학생들도 특목고, 자사고 학생들과 동등한 기회를 누릴 수 있어야 한다. 한국에선 가만히 앉아 짜인 시간표대로 공부만 하면 되지만 미국에선 성적이 잘 나오는 수업을 택할지, 대학 진학에 유리한 수업을 들을지 고민한다. 난이도 높은 프레젠테이션을 준비하고 10페이지 분량의 작문을 하며 학기 중간 중간에 퀴즈도 준비해야 한다. 다만 중간, 기말 두 번의 시험으로 성적이 결정되는 우리와 달리 과제, 퀴즈 등의 점수로 평가해 지필시험에 대한 부담은 적지만 학업 성적 향상에 대한 부담은 우리나라보다 오히려 많다. 우리나라도 이제 수행평가 비율이 올라가고 지필로만 평가하는 제도는 없어졌지만 실제 내용을 보면 일반고는 여전히 지필 중심으로 운영되고 있다. 이런 정량적인 내신 평가방법을 바꿔줘야 학생들이 학생부종합전형에 제대로 대비를 할 수 있을 것이다.

학종이 사교육비가 적게 든다

05

요즘 언론 기사를 보면 모든 교육 문제의 시발점이 학종인 것처럼 보도되고 있다. 부모의 경제력에 따라 좋은 학생부가 만들어지고, 좋은 내신을 받기 위해 시험지를 빼돌리고, 교사에게 뇌물을 주고, 각종 부조리의 종합선물세트인 것 같은 착각이 들게 한다. 그래서 공정성을 살리기 위해 교육부에서는 대학에 수능전형을 늘리라고 권유했고 실제로 대학에선 2020학년도부터 수능전형을 확대하기로 하였다. 그러면 학종은 언제, 왜 도입을 한 것일까? 대입제도의 변천을 시대별로 간단히 정리해보자.

1980년 이전까지 대학 입시의 축은 '대학별 본고사+대입 예비고사'였다. 1969년부터 1980년까지는 대학은 대학별로 본고사를 실시하고, 정부는 고교 교육 정상화를 위해 고교 교과목 중심으로 대입 예비고사제도를 실시했다. 대체로 이들을 '본고사 세대' 또는 '예비고사 세대'로 부른다. 이 당시 본고사는 국영수 중심의 어려운 서술형 문제가 많아 변별력은 높았지만 결과적으로 사교육 수요를 유발하면서 1970년대 고액과외가 성행하게 된다. 《수학의 정석》과 《성문 종합영어》가 이때 나와 베스트셀러가 됐다. 본고사는 1980년 전두환 군사정권이 민심을 달래기 위해 '과외 전면 금지'를 내건 '교육정상화 및 과열과외 해소 방안'을 발표하면서 폐지됐다.

1982년부터 1993년까지는 대학입학학력고사를 치렀다. '학력고사+내신'으로 선발하는 방식인데 사실상 학력고사 성적이 당락에 결정적이었다. 이 제도도 암기 위주의 경쟁 교육을 유발하고 대학을 점수대로 서열화한다는 비판 여론 때문에 1994학년도 입시부터 '대학수학능력시험'으로 전환됐다. 미국 SAT를 본뜬 이 제도는 본래 학생의 잠재력을 평가하려던 시험이었다. 마치 입사 때 보는 직무적성 검사처럼 공부할 수 없는 시험 말이다. 하지만 정치적 이유로 변질되어 학력고사의 변형으로 바뀌었다. 지금은 수능을 공부할 수 없는 잠재력 테스트로 보는 사람은 없다. 도입 첫해 8월과 11월 두 차례 시험을 치렀으나 난이도 조절에 실패하면서 바로 다음해부터 1회로 축소됐다.

세부적으로 보면 1994년부터 1996년까지는 수능과 고교 내신, 대학별 고사 방식이었는데 대학별로 대입전형 요소 반영 비율과 방법을 자율적으로 결정했다. 1997년부터 2001년까지는 수능과 학교생활기록부(학생부), 대학별고사로 학생부의 중요성이 부각되었다. 2002년부터 2007년까지는 수능과 학생부, 대학별고사의 체제는 유지되면서 선택형 수능 도입과 직업탐구 영역이 신설되었다. 2008년 대입은 주로 학생부 신뢰도 제고에 초점이 맞춰졌다. 내신 부풀리기 방지를 위해 '원점수+평균+표준편차+9등급제 제공'이 이

뤄졌다. 수능은 성적 9등급만 제공(표준점수, 백분위 미제공)하는 방식으로 바뀌었다 2009학년도 수능부터 다시 표준점수, 백분위 등을 제공했다. 대입 전형에 입학사정관전형 도입, 사회배려자전형 활성화 등을 실시했다. 2013년에는 대입전형 간소화 방안이 나왔다. 수시는 학생부종합, 학생부교과, 논술, 실기 위주 4개 전형으로, 정시는 수능, 실기 위주 2개 전형으로 개편했다. 입학사정관전형을 개편한 학생부종합전형을 도입했다. 2015년도부터는 공인 어학 성적과 교외 수상 등 학교 외부실적은 평가에서 배제하고, 학생부 중심의 평가로 전환했다. 수준별 수능을 폐지하고 2017학년도부터 한국사는 필수가 됐다. 학생부 기재는 진로선택 동기 기재, 비교과활동도 학생부 기재, 수상실적 실제 참가 인원 병기 등을 개선했다. 대입정책을 3년 3개월 전에 발표하기로 하고, 대학별 입시계획 발표 법제화 하는 등 사전 예고제가 실시됐다. 문재인 정부 들어서는 학생부종합전형의 공정성이 도마에 오르면서 수시와 정시 비율 조절, 학생부 개선 등이 이뤄지고 있다. 교육 당국은 '2022학년도 대입'에서 정시전형 비율을 30% 이상으로 확대할 것을 대학에 권고했다. 학생부 개선은 부모의 지원 정도나 학교의 의지 여부에 따라 학생 간 스펙 격차가 벌어지는 문제를 최소화하는 데 초점을 맞췄다. 수상경력 기재 개수를 제한하고, 부모의 영향을 받는 소논문활동 기록을 학생부에서 퇴출하는 것을 골자로 한 개선 방안이 나왔다. 그러면 학생부에서 무엇을 보고 학생을 선발하라는 것일까?

진보 정권 10년간 교육부는 수시를 지속적으로 키웠다. 사교육을 막기 위해서라는 이유에서였다. 이명박 정권도 이를 계승하여 수시를 강조했다. 또 미국식 입시제도인 '입학사정관제'와 수시를 결합시켰다. 입학사정관제가 사교육을 조장한다는 비판이 일자 뒤를 이은 박근혜 정권은 대입전형 간소화 공약을 통해 학생부종합전형을 만들었다. 한국의 교육제도를 이끄는 두 흐름인 '미국제도 흡수'와 '사교육 죽이기'가 학종이라는 괴물을 만든 것이다. 교육제도를 만드는 두 정치세력인 진보, 보수세력이 야합해서 만든 전형이 학종이다. 누가 누구에게 돌을 던질 수 있단 말인가?

이제 학종은 돌이킬 수 없는 대세로 자리 잡았다. 물론 학종의 병폐는 많다. 사교육비도 예전처럼 들어가고 대비는 어렵고, 일부 특목고와 전국권 자사고 출신 학생들의 독차지가 됐다. 그리고 결정적으로 전형 자체의 불투명성이 문제다. A라는 학생이 합격한 것에 대한 명쾌한 설명, B학생이 불합격한 것에 대한 명쾌한 설명이 없다. 우리 사회가 가장 싫어하는 사항이다. 그래서 학생부 간소화라는 대안이 나왔다. 학생부 기재에 제한을 하면 할수록 입학사정관들은 "볼 게 없다."라는 말을 하게 된다. '빈대 잡으려고 초가삼간 태운다.'는 속담이 떠오른다. 교내 비교과활동마저 줄인다면 학생의 지적 호기심, 창의성, 끈기, 리더십 같은 맥락적 요소는 어떻게 평가할 것인가. 결국은 독서기록, 봉사실적, 반장·부반장 같은 스펙에 초점을 맞추게 되고 과정이 아닌 결과 중심의 평가를 하게 된다. 이런 상황에서 절대평가가 시행된다면 일반고의 내신은 불신하게 될 것이다. 일반고 내신 인플레 현상이 일어날 수 있고 일반고 내신에 대한 대학의 불신은 걷잡을 수 없이 커질 것이다. 그럼 특목고와 자사고가 대입에 유리해진다면서 특목고와 자사고 폐지를 울부짖는 악순환이 계속될 것이다. 특목고와 자사고가 폐지될 경우 고교의 다양성은 없어지고, 학생들의 수준별 수업도 어려워지며 우열반에 대한 논의가 또 고개를 들 것이다. 비교육적인 행태가 반복될 뿐이다.

우리는 평등성 실현에 집착한다. 평등이 민주주의의 기반이라 굳게 믿고 있다. 그러면 다시 수능세대로 가야 하는가? 수능의 가장 큰 장점은 투명성과 공정성이다. 그러나 수능세대였던 우리는 공부하면서 행복했던가? 우리가 왜 공정한 사시를 폐지하고 로스쿨 체제로 바꾸었는지 이유를 생각해보면 대입을 어떻게 운영해야 하는지 답이 나온다. 로스쿨을 나와도 변호사가 너무 많은 지금, 변호사의 인기는 시들해지고 판사, 검사, 유명 로스쿨에 대한 선호도만 더 높아졌다. 로스쿨 중에서도 소위 인기 명문대의 로스쿨에만 다들 입학하려고 아우성이다.

　학종의 원류인 미국을 보면 우리 현실이 보인다. 미국은 학위가 예전보다 훨씬 중요해졌다. 경제적 불확실성 때문에 명문대에 대한 열망이 더 높아졌다. 요즘이 20년 전보다 경제적으로 풍족해지기 어려우며, 평생을 살면서 직업을 여러 번 바꿀 수 있기 때문에 명문대 학위가 살아가는 데 자산이 될 거라고 믿는다. 지원자가 몰리면서 아이비리그는 더욱 좁은 문이 됐다. 2015년 합격률이 콜롬비아대 6.1%, 브라운대 8.49%, 하버드대 5.33%, 예일대 6.49% 등으로 매우 낮다. 우리나라는 미국보다 학벌 의존도가 더욱 높다. 이런 현실 아래에선 학종이든 수능이든 사교육이 파고드는 것을 피할 수 없다. 장점만 있는 제도는 없다. 문제는 선택이다. 불투명한 학종을 개선하고 안고 가든지, 아니면 재정적 투자가 가능한 환경에 있는 강남을 비롯한 교육특구지역의 학교가 상위권 학교를 휩쓸 위험을 안고서라도 투명한 수능을 확대해야 하는지 이제 결단할 시간이 다가오고 있는 것이다. 외고, 자사고를 폐지하면 공정성과 평등성이 실현될 수 있다고 생각하는 일부 진보교육 정치학자들이 있다. 학종을 우리나라에 도입한 그들이다. 그들이 이번에는 수능 확대를 얘기하고, 자사고, 외고 폐지를 거론하고 있다. 과연 그것이 우리나라의 미래를 책임질 인재들을 어떻게 양성해야 하는지 깊은 성찰 끝에 나온 생각인지 의심스럽다.

수능은 필연적으로 현재의 대학 서열이 유지되는 한 사교육을 유발한다. 그러나 학종은 돈 들이기가 애매한 영역이다. 예전처럼 소논문도 생기부에 기재될 수 없다. 오로지 학교활동만 기재될 뿐이다. 전국권 자사고나 특목고에 진학한 학생들이 사교육을 덜 받는다. 한 달에 한 번 집에 오는 시스템에선 학원을 이용하기가 힘들다. 그리고 대부분의 특목고, 전국권 자사고에선 대부분 수시전형으로 대학에 진학한다. 굳이 사교육비를 들일 필요가 없는 것이다. 그러나 이들 학교에 들어가기 위해선 어느 정도 사교육비 지출이 필요하다는 점은 인정한다. 그러나 고등학교 때 들이는 사교육비보다 부담이 적다. 차라리 중학교 때 좀 더 지출해서 전국권 자사고나 특목고를 목표로 하는 것이 현재의 상태에선 현명한 결정이라 할 것이다.

인문계열도 필요하다
06

 요즘 인문계열 학생들은 죄인이다. 집에서도 죄인이고 밖에 나가면 사회에서도 죄인이다. 집에선 취업이 제대로 안 되니 죄인이고, 사회적으론 별로 생산성도 높지 않고 국가 경제에 기여하는 바도 크지 않다고 죄인 취급이다. 그러면 근본적으로 원인을 짚어보자. 누군들 취업 잘 되고 돈도 잘 버는 의학계열이나 이공계에 가고 싶지 않겠는가? 문제는 나의 적성이다. 아무리 노력해도 수학, 과학에 도무지 정이 붙지 않는데 그런 정떨어지는 학문을 대학 4년 내내 배우고 그것도 부족해서 평생을 그것과 함께 생활해야 한다면 참으로 까마득하지 않은가.

 여기서 나는 스티브 잡스의 '브랜드와 마케팅'에 관한 강의 내용을 인용하고자 한다. 과연 우리는 이 강의 내용에서 무엇을 느낄 수 있는가.

 "애플은 꽤 괜찮은 브랜드예요. 나이키, 디즈니, 코카콜라, 소니 등과 어깨를 나란히 하는 세계적인 브랜드입니다. 나이키는 역대 최고의 마케팅 업적을 이룩하고 있습니다. 나이키 하면 단순히 신발회사가 아닌 무언가가 생각납니다. 그들은 광고에서 위대한 운동선수들에게 경의를 표하고 위대한 스포츠 역사를 기립니다. 그것이 그들의 정체성이고 존재하는 이유입니다. 우리 스스로에게 물었던 질문은 '애플은 누구인가?', '우리가 상징하는 것은 무엇인가?' 우리는 이 세상 어디에 속해 있는가?'입니다. 우리 존재의 본질은 사람들의 업무수행을 돕는 컴퓨터를 만들기 위해서가 아닙니다. 물론 그 일을 누구보다도 더 잘하지만 말이에요. 애플은 그것 이상의 무언가를 위해 존재합니다. 애플의 핵심, 우리의 핵심 가치는 세상을 보다 나은 곳으로 바꾸는 것이 열정을 가진 사람들에게는 가능하다는 것입니다. 저는 자신이 세상을 바꿀 수 있다고 믿을 만큼 미친 자들이 실제로 세상을 바꾸는 사람들이라는 사실을 믿습니다. 우리가 새로운 광고를 통해 추구하는 목표는 바로 그 핵심 가치입니다. 그래서 이번 광고의 주제는 'Think Different'입니다. 남들과 다르게 생각하여 이 세상을 진보시킨 사람들에게 경의를 표하는 것, 바로 그것이 우리의 본질이고 이 회사의 영적 정체성입니다."

애플이든 나이키든 신발 회사든 전자기기 회사든 중요한 것은 나만의 특질을 가지고 있다는 것이다. 다시 말하면 삼성전자가 메모리칩으로 돈을 벌든, 방탄소년단이 공연이나 앨범 수익으로 돈을 벌든 형태가 중요한 게 아니라는 얘기다. 내가 잘하는 것을 발전시켜서 그것으로 경제생활을 영위하면 되는 것이다. 왜 우리는 꼭 이공계열로 경제활동을 하면 모범이고 그 이외의 활동은 마치 이단아처럼 취급하는 것일까. 이것이야말로 우리가 아직 구시대적으로 정형화된 사고방식에 지배당하고 있다는 방증이다. 우리는 자기만의 특성을 찾기 위해 중학교, 고등학교 6년간의 교내외활동 등을 통하여 자신이 진정으로 좋아하는 것이 무엇이며 어떤 적성을 가지고 있는지를 끊임없이 탐색하고 성찰해보아야 한다. 다양한 경험을 일관되게 이어갈 수 있던 목적을 찾아보아야 한다. 그 결과로 나온 것이 인류문화 전공이면 어떻고 전기전자 관련 전공이면 어떤가. 만일 이공계열이 절대선이라면 우리 대학에선 왜 인문계열학과를 유지해야 하는가? 필자의 대답은 만일 진정으로 인문계열학과, 전공이 필요 없으면 국가에서 나서서 철폐를 해야 한다는 것이다. 국가경제나 개인적 성장에 전혀 도움이 되지 않는 전공계열을 왜 돈을 주면서 유지해야 하나? 당연히 다 없애고 전부 이공계열학과로 편성해야 마땅할 것이다. 대학이 이렇게 짜고 나면 고등학교, 중학교, 초등학교의 수업 내용과 방식도 알아서 전부 이공계열 중심으로 다 편성될 것이다. 그러면 우리의 경제생활은 지금보다 엄청나게 진보할 것이며 국가발전도 뒤따라 우리나라는 곧 세계적인 기술대국이 된 것이다. 과연 그럴까.

과거에는 기술 하나가 모든 것을 바꿀 수 있다고 생각했다. 그러나 지금은 기술에도 스토리가 들어가야 한다. 감동이 없는 기술은 곧 잊히고 사라진다. 사람에 대한 이해가 기술 개발의 뿌리가 되어야 경제요소로서 가치가 주어지는 것이다. 예전에 사라졌던 LP레코드판이 요즘 다시 인기이다. CD로 복사한 깨끗한 기계음이 사람들에게 주는 감동이 희미해지고 다시 예전의 찍찍 소리가 나는 LP판을 찾고 있는 것이다. 우리는 이제 잘사는 것보다 행복하고 충만한 삶을 위하여 어떻게 살아야 하는지에 더 관심을 기울여야 할지도 모른다.

인문학은 이공계의 산물인 하드웨어가 인간 세상에 작동하는 데 필수적인 소프트웨어와 같다. 굉음을 내며 돌아가는 톱니바퀴 사이에 뿌려져 부드럽게 작동되도록 만드는 윤활유가 인문학이다. 사람이 인생을 살면서 느끼는 행복감은 대개 인문학이 채워준다. 우리가 소설이나 시를 읽고, 음악을 듣고, 사색을 하면서 삶의 근원을 음미해보는 것. 스치는 바람결에 실려온 꽃내음에서 기쁨을 느끼는 것. 남을 배려하는 마음, 칭찬해주는 미덕, 이 모든 것이 인문학의 산물 아닌가.

수능전형 확대하면 '골목상권'(일반고)은 되살아날까?

인기 TV프로그램인 〈백종원의 골목식당〉은 어려움에 빠진 골목에서 요식업을 하는 일반 서민들의 식당을 찾아다니면서 식당에는 솔루션을 제공하고 최종적으로는 골목 전체를 활성화하는 것이 목적이다. 여기서 매번 방영되는 골목식당에는 괴짜들이 등장한다. 대중에게 미움을 받는 괴짜들은 몇 가지 공통점을 가지고 있다.

첫째는 전혀 음식장사를 할 만한 마음의 준비와 실제적인 지식이 없다는 점이다. 그래서 이들 가게의 주인들은 자신이 하는 요리의 핵심 재료도 잘 모르고 어떻게 맛을 내야 하는지도 당연히 모른다. 더 나아가선 위생 상태마저도 엉망이다. 그래서 백종원 씨도 매번 한탄을 하면서 지도를 한다.

두 번째는 이런 상태의 음식점 주인들은 우습게도 자신의 영업 방향이 맞는다고 우긴다. 우리가 보기엔 객관적으로 형편없는 음식 솜씨임에도 자신은 아니라고 우기는 것이다. 이러니 솔루션을 제대로 받아들이려고도 하지 않고 또한 감사한 마음도 별로 없다. 그러면 백종원 씨는 이런 식당에 절대 솔루션만 제공하지 않는다. 사장으로서의 마음가짐과 자신이 가진 문제점, 목표의식을 확실히 알게 한 다음 비로소 솔루션을 제공한다. 그러면 식당에는 손님들이 줄을 서고 골목은 활성화되는 목적을 달성하게 된다.

요즘 대입 문제를 생각해보자. 학종 때문에 사교육비가 증가하고 학부모들의 등골이 휘게 되었나? 주위의 이웃 중에 학종 때문에 사교육 컨설팅 업체나 컨설턴트들에게 매월 얼마라도 꼬박꼬박 내는 사람이 과연 몇 명이나 있을까? 단언컨대 그 숫자는 학원에 가는 인원의 반의반도 안 될 것이다. 정부가 발표한 사교육비 조사 결과를 보면 지난해 초중고 학생의 1인당 월평균 사교육비는 29만 1,000원으로 전년(27만 2,000원) 대비 7%나 올랐다. 사교육을 받는 학생들을 대상으로 한 조사에서도 1인당 사교육비는 39만 9,000원으로 전년(38만 2,000원) 대비 4.6% 증가했다. 특히 고등학교는 전체 학생 조사에서 전년 대비 12.8%나 상승했다. 초중고 중 증가율이 가장 높다. 고교 사교육비 증가가 전체 사교육비 상승을 견인한 셈이다. 사교육에 참여하는 비중을 보면 초등 > 중등 > 고등 순이며, 사교육에 참여하는 학생들의 1인당 월평균 사교육비는 고등 > 중등 > 초등으로 반대로 나타난다. 초등학생 학원비보다 고등학생 전문 학원비가 비싸기 때문에 사교육비는 고등학생에서 높게 나타난다. 그리고 일각에선 2012년 고등학생 월평균 사교육비가 22.4만 원에서 2018년 32.1만 원으로 늘어나는 추세가 대입에서 수시가 확대된 시점과 일치하기 때문에 수시의 학생부종합전형이 사교육비 증가의 주범이라고 주장한다. 필자가 보기에는 이것은 말도 안 되는 주장이다. 만일 수능

전형이 더 비중이 높았으면 지금 사교육비는 더 많이 올랐을 거라 생각한다. 왜냐하면 우리나라의 경제상황에 대한 불안감이 해마다 높아졌기 때문이다. SKY, 인서울, 인경기, 지잡대 등 출신 대학에 따라 취업에서 차별을 겪는 것을 대학 졸업자들은 피부로 느끼고 있다. 이런 상황을 목도한 학부모들이 명문대 진학을 위해서 학원으로 몰리는 것이 요즘 사교육비의 증가 원인이다. 입학전형에서 답을 찾을 것이 아니라 사회 구조적인 면에서 해답을 찾아야 한다. 모든 대학 졸업자들이 무난하게 자신들이 원하는 직장을 찾고 임금 격차가 심하지 않으면 누가 목숨 걸고 명문대에 진학하려고 하겠는가? 그리고 이런 상황이 되면 대입전형이 100% 수능이 되더라도 사교육비가 급증을 하진 않을 것이다. 입시 정책을 아무리 바꿔본들 사교육비는 줄지 않는다. 사회 시스템에서 명문대 우대 정책이 없어져야 입시 광풍은 없어질 것이다.

목동맘들의 교육관

목동지역 이외의 학부모들과 상담을 하다 보면 항상 묻는 말이 있다. "목동지역 학부모들은 이런 경우 어떻게 대비를 해요?"라는 질문이다. 타 지역에선 목동의 학부모들이 교육열이 높다고 하고 실제로 자녀들을 명문고, 명문대에 입학을 많이 시키다 보니, 목동 학부모들이 자녀들을 실제로 어떻게 교육시키는지 궁금할 수밖에 없을 것이다. 이러한 현상을 보면 '타이거맘'이란 단어가 떠오른다. 타이거맘이란 자녀를 엄하게 훈육하고 간섭하면서 교육시키는 엄마를 뜻한다. 2011년 '에이미 추아' 예일대 교수가 자신의 딸을 혹독하게 교육시켜 하버드대와 예일대에 합격시킨 경험을 토대로 쓴 저서 《호랑이 엄마의 군가》에서 이 같은 개념을 제시해 화제를 불러일으켰다. 여기에서는 필자가 그동안 느껴온 목동권 학부모들의 훈육과 교육법의 특징에 대해서 살펴보고, 어떤 면들이 타 지역의 학부모들과 차이가 나며 무엇이 목동맘을 그렇게 행동하도록 만드는지 살펴보고자 한다.

첫째, 목동맘들은 자식들이 장래의 직업으로 무엇을 택해야 하는지에 대해 관심이 많다.
그러다 보니 자연히 현재 인기 있는 직업군에 대한 관심이 많고 그 직업군에 유리한 고등학교, 대학교에 가려고 한다. 요즘 대세는 의학계열과 이공계열이다. 자연적으로 의대 진학에 유리한 상산고 등 전국권 자사고와 의대 입시실적이 좋은 일부 일반계 고교, 이공계 대학 진학에 유리한 과학고와 하나고, 민사고, 외대부고 등 전국권 자사고에 관심이 많다. 많은 학부모들이 학원 설명회, 학교 설명회 등에 적극적으로 참석하거나 참석을 못하면 친한 또래 어머니들에게서 정보라도 수집하려고 노력한다. 인문계열 성향의 자녀를 둔 학부모들은 그래서 걱정이 많다. 자신들이 이러한 최신 경향에서 소외된 듯하고 뒤처진 듯한 느낌을 받는다. 그러다 보니 어이없게도 인문계열 학생들에게 특화된 교육 시스템을 가진 외국어고나 국제고에 진학하면 마치 상위권이 아닌 듯한 느낌 때문에 일부러 일반고에 진학을 하는 이상한 결정도 내린다. 이러한 결정에는 다른 어머니들과의 묘한 경쟁심리도 한 못한다. 제일 똑똑하다는 목동 학부모들도 가끔은 주위의 시선 때문에 잘못된 결정을 하기도 한다. 이러한 진학에 대한 확실한 신념 때문에 조기교육이 유난히 극성을 부린다. 초등학교 고학년 때부터 수학, 과학, 영어를 학원에서 배우는 것은 전혀 이상한 일이 아니고 심지어는 초등학교 입학하자마자 바로 학원을 찾는 학부모들도 많이 볼 수 있다. 초등학교 6학년이 고등학교 수학을 배우고, 토플을 배우는 지역이 바로 목동지역이다.

둘째, 목동맘들은 실천이 빠르다.

일단 이것이 확실하다는 인식을 하고 나면 행동으로 즉시 옮긴다. 만일 의대에 가는데 상산고나 외대부고, 하나고가 유리하다는 판단을 하면 바로 우리 애에게 맞는 학원이나 교육방법을 찾기 위해서 최대한 노력을 한다. 이 판단의 근거는 주로 주위 지인들이나 학원 쪽인 경우가 많다. 그러다 보니 어느 집 아들이 어느 학원에서 공부해서 어느 학교에 진학했다는 뉴스에 특히 민감하고 그 학원을 알아내려고 노력한다. 그러고 나면 바로 그 학원, 과외 등에 등록을 해야 속시원해한다. 여기서 결정적으로 강남과 목동의 차이는 목동맘들은 가성비를 따진다는 점이다. 내가 강남에 있다가 목동에서 상담을 하면서 흥미롭다고 느낀 점은 목동에선 학부모들이 학원비에도 관심이 많다는 것이다. 즉 가성비 좋은 학원을 선호한다는 것이다. 강남에서도 약간은 학원비에 대해서 생각을 하지만 그것은 참고사항에 지나지 않는다. 그러나 목동에선 학원비 자체가 결정 요인의 하나이기도 하다.

셋째, 목동맘 간의 서열은 자녀들의 대학교나 고등학교 레벨로 결정된다.

강남에서도 이러한 현상은 심심찮게 발견되곤 한다. 한번은 우리나라 최고의 대학을 나오고 외국계 회사에서 팀장까지 지낸 어머니가 또래 어머니에게 굽실굽실하는 것을 보았다. 외국계 회사와 최고의 대학을 나온 자존심 강한 어머니가 굽실거리는 사람이 누군지 궁금했다. 나중에 알아보니 그 상대편 어머니의 아이가 과학고를 나오고 의대에 진학을 하였다는 것이다. 갑을 관계가 다른 데 있는 게 아니었다. 대한민국은 학벌공화국이 아니라 자식공화국이다. 내 아들이 서울대를 나오면 내가 고등학교만 나와도 나는 서울대 출신 아들을 둔 똑똑한 서울대 엄마이며, 내가 서울대를 나와도 우리 아이가 인서울 대학을 들어가면 난 서울대 엄마가 아니라 인서울 대학 엄마인 것이다. 그래서 기를 쓰고 우리 아들, 딸을 좋은 학교에 보내려고 한다, 군대에서 당하는 갑질은 2년이면 끝나지만 이 갑질은 내가 이 목동지역에 사는 한은 계속되기 때문이다.

지금까지 목동지역의 소위 목동맘 학부모들의 특징에 대해서 간략하게 살펴보았다. 목동맘들이 자식들의 인생에 적극적인 개입을 하고 있다는 점이 특징적으로 다가온다. 목동맘들의 최종 목표는 자녀들을 명문학교에 입학시키는 것이다. 이러한 훈육법은 실제 효과적인 것으로 보인다. 영국의 에섹스대학은 2004년부터 2010년까지 13~14세 여학생 1만 5,500명을 추적 조사한 결과 깐깐하고 엄한 부모 밑에서 자란 딸들이 사회적으로 더 성공했다는 연구 결과를 발표했다. 연구에 따르면 '타이거맘'의 훈육 하에 성장한 딸들은 좋은 대학에 진학했으며, 취업률과 고소득 직종에 종사하는 비율이 더 높았다. 그러나 타이거맘을 긍정적으로 본 추아 교수의 교육법은 주목을 받았으나 창의성을 없애고 자녀를 지나치게 억압한다는 비판의 목소리가 나오기도 했다. 물론 목동지역에서도 소위 앞 단지와 뒷 단지 지역의 학부모들의 교육 방법론에선 조금씩 차이가 있다. 여기서는 이 두 지역의 평균적인 특징에 대해서 서술했다. 목동맘의 이러한 가치관과 행동양식이 올바른 것인지는 논란의 여지가 있다. 그러나 자녀를 소위 좋은 고등학교, 대학교에 입학시키고자 하는 학부모들에게 참고사항은 될 수 있으리라 생각한다. 목동맘의 특징을 한 줄로 요약하면 '자식을 이기는 학부모라야 자식을 좋은 학교에 보낼 수 있다. 그것이 학부모의 역할이다.'이다.

PART

7

아이 스스로
준비하는
영재고, 과학고, 외고,
국제고 입시 대비법

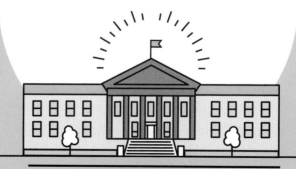

01 영재고 입시 대비법

2019학년도 입시에선 강원, 경기, 전북, 제주, 충북 지역의 학생들은 자사고 및 특목고 지원 후 불합격 시 평준화 일반고 추가 배정이 불가능해 인근 비평준화 고교 중 미달학교에 지원해야 한다는 제한 조건이 발생했다. 이에 해당 지역 학생들이 전기 모집 고교에 적극 지원하여 경쟁률이 상승하는 현상이 발생했다. 경쟁률이 상승한 곳은 경기과학고와 광주과학고, 세종과학예술영재고, 인천과학예술영재고다. 경기과학고는 서류 접수자 전원을 대상으로 영재성 검사를 실시하는 등 비교적 전형이 간소해 부담이 덜한 편이다. 광주과학고는 700명으로 제한하던 1단계 합격자를 '영재성이 있다고 판단되는 학생 전원'으로 변경하면서 지원율이 높아졌다는 분석이다. 세종과학예술영재고와 인천과학예술영재고는 수학, 과학 외에도 인문, 예술 분야를 아우르는 융합 커리큘럼을 운영하고 있어 인문계 지원자들의 유입이 가능하다는 특징이 있다. 대구과학고, 대전과학고, 서울과학고, 한국과학영재고는 경쟁률이 지속적으로 하락하고 있다. 이들 학교는 전년과 거의 동일한 선발 전형을 유지함으로써 광주과학고, 세종과학예술영재고 등과 달리 지원자의 폭을 넓히는 요인이 없었다는 공통점이 있다. 2020학년도 영재학교 경쟁률이 15.32:1로 19학년도 14.43:1보다 소폭 상승하였다. 지금처럼 영재학교가 특별 운영되는 한 대학 진학에서도 특별한 대접을 받을 수밖에 없기 때문에 인기는 해마다 높아지리라 예상된다.

영재학교의 특징

영재학교는 초중등교육법이 아닌 영재교육진흥법의 적용을 받는 학교 유형으로 특차 성격의 신입생 모집을 실시한다. 특목고, 자사고 등 전기 선발 고교보다도 이른 4월에 원서 접수를 시작해 7월이면 전형을 마친다. 중학교 1~2학년은 물론 고교생도 지원할 수 있다. 이공계 인재육성을 위해 도입된 학교 유형으로 현재 전국 8개 체제로 운영 중이다. 최초의 과학영재학교인 한국과학영재학교가 부산과학고에서 2003학년 입시부터 영재학교로 전환한 이후, 정부정책으로 서울과학고(2009학년), 경기과학고(2010학년), 대구과학고(2011학년), 광주과학고(2014학년), 대전과학고(2014학년)의 5개교가 영재학교 전환에 합류했다. 6개교 체제의 영재학교 지형은 2015학년 세종영재의 신설과 2016학년 인천영재의 신설로 현 8개 체제로 자리 잡았다. 이공계 영재 육성을 위해 설립된 8개교 모두 의·치·한·약학 등 의학계열 대학 진학을 희망하는 학생들의 지원을 강하게 배제하는 특징이 있다. 학교에 따라

의학계열 대학 지원만으로도 재학 중에 받은 장학금 전액을 환수하기도 하고 추천서도 작성해주지 않는다. 의학계열 대학 지원을 희망한다면 영재학교가 아닌 다른 고교 유형, 즉 자사고나 일반고를 지원하는 것이 낫다.

예술영재학교는 기존 과학영재학교와 동일하게 수학, 과학 역량을 기본으로 하나 인문예술 소양을 위해 예술기반교과와 창의융합교과의 비중이 더 높다는 차이가 있다. 세종영재는 1기 예술영재학교로 2017년 기준 총 30억 3,000만 원의 지원을 받았다. 세종교육청에서 20억 3,000만 원, 세종시에서 10억 원이다. 인천영재는 세종영재에 이어 두 번째로 신설된 과학예술영재학교로 특별법에 따라 계획적으로 조성된 국제도시, 교육국제화특구인 인천 송도에 자리했다. 인천영재는 기존 영재학교 교육과정의 수학, 과학 중심의 교과목 편제를 80% 정도 줄여 압축 운영하고 있다. 미술, 음악교과를 창의융합교과군에 묶어 단순 예술교육뿐 아니라 타 교과와의 융합을 통해 융·복합 능력 강화를 위한 교육과정을 편성하는 등 융·복합교과와 관련된 교과목 운영을 강화했다.

2019학년도 영재고 입시 분석

2019학년도 영재학교 입시에서는 3학년 2학기 내신까지 챙겨야 한다는 점도 새롭게 떠올랐다. 과학영재학교인 대전과학고는 2017학년 신입생으로 입학해 1년여 간 학교를 다닌 1학년 학생 2명을 합격 취소했다고 밝혔기 때문이다. 대전과학고의 사례는 그동안 경고성 문구에 그쳐왔던 중학교 3학년 2학기 성적 미달을 입학 취소 사유로 인정한 법원 판결 첫 사례이다. 그래서

2019학년도부턴 모든 영재학교 입시에 영향을 미칠 것으로 보인다. 합격 취소를 받은 두 학생은 중학교 3학년이던 2016학년 4월 대전과학고에 지원했고, 같은 해 7월 최종 합격 대상자로 선발됐다. 1학기가 끝날 무렵 합격 소식을 받은 두 학생은 2학기부터 올림피아드대회 준비와 고교 과정 선행학습 등으로 1, 2학년에 비해 3학년 2학기 4개 과목에서 내신등급이 하락한 것으로 알려졌다.

영재학교의 입학전형은 학교별로 조금씩 차이는 있으나 1단계 서류 평가, 2단계 영재성 검사, 3단계 캠프가 기본적인 틀이다. 경기과학고는 2019학년도까지는 1단계에서 서류와 영재성 검사를 함께 평가하고 2단계 캠프전형이었지만 2020학년 신입생 선발부터 서류 평가를 1단계 전형으로 분리한다. 다른 영재학교들과 마찬가지로 3단계로 전형이 변경되는 셈이다. 서류 평가도 강화된다.

1단계 전형

1단계는 대부분 '학생기록물 평가'로 학생부와 자기소개서, 교사 추천서를 평가한다. 영재학교가 요구하는 학생부는 자사고나 특목고 지원 시엔 가려야 하는 수상실적 등 '제외 항목' 없이 전부 출력해 제출해야 한다. 과학고, 외고, 자사고는 교과 내신을 등급으로만 받지만, 영재학교는 원점수까지 다 받아볼 수 있다는 점이 특징이다. 자소서에는 외부 수상기록이나 영재교육원 수료 등의 내용을 쓸 수 없다. 모든 입상실적, 자격증, 영재교육원 수료 여부는 평가에 반영하지 않으며 교외 수상은 기록하거나 제출할 수 없다. 한국영재는 증빙을 원하는 지원자만 3건 이내로 자소서 증빙자료를 첨부할 수 있도록 했다. 자소서와 마찬가지로 증빙자료로도 교외 수상실적, 영재교육원 수료증, 영재교육원 학습노트, 각종 인증·능력시험 점수를 제출할 수 없다. 나머지 7개교는 학생부, 자소서, 추천서만 받았다.

2단계 전형

2단계 영재성 검사는 수학, 과학에 대한 지필 평가 형태로 치러진다. 중학교 교육과정의 수학, 과학교과 지식을 바탕으로 융합적 사고와 창의적 문제해결력 등을 평가한다. 영재성·사고력 검사와 창의성·문제해결력 검사로 검사 유형을 구분해 실시하는 서울과학고의 경우 영재성·사고력 검사에서 언어이해력을 평가하기도 한다. 과학예술영재학교인 세종영재와 인천영재는 수학, 과학 역량 검사에 더해 인문예술융합 소양 검사도 실시한다. 수학은 서울과학고, 경기과학고, 한국과학영재학교가 어려운 편으로 다수 문항이 경시대회 기초 수준의 문제로 출제됐으며, 고난도 문항은 경시 심화 수준이었다. 대전과고, 대구과학고, 광주과학고, 세종영재, 인천과학예술영재학교에서는 경시대회 기초 수준의 문제가 출제되었다. 과학시험에서는 융합형 문항이 일부 학교에서 출제됐다. 융합형 문항의 경우 화학+지구과학, 화학+생명과학, 물리+화학+지구과학 등의 유형으로 출제되어 화학영역의 개념과 이해가 중요했다. 또 개념을 묻는 문항과 탐구 유형 문항이 많고, 창의 유형 문항이 적게 출제되는 경향도 눈에 띈다. 이는 중등 교과 과정 내용에 대한 정확한 개념 이해와 탐구 능력을 겸비한 학생이 유리함을 나타냈다.

3단계 전형

3단계는 보통 1박 2일 과정의 캠프로 진행된다. 개인 면접(수학, 과학 탐구 능력 및 창의적 문제해결 능력, 인성 면접 등)과 단체 면접(연구 설계 및 해석, 토론 및 발표 등) 과정으로 진행된다. 주입식, 단순 암기식 학습이 아닌 일상에서의 지적 호기심과 과제 집착력, 발표·토론 능력이 뛰어난 학생이 유리하다. 인성 역시 중요한 평가 요소로, 캠프 기간 동안 함께 생활하는 학생들과의 원만한 관계 유지가 중요하다. 학교에서 숙식하면서 실험설계 과제 및 보고서 작성, 발표 등을 팀별로 수행해야 한다. 평가위원들이 온종일 지원자들의 과제수행 능력을 관찰하고 평가하는 방식이다. 평가 내용은 학교마다 약간씩 다르다. 광주과학고, 대구과학고, 서울과학고, 세종영재, 인천영재, 한국영재 등 6개교는 1박 2일, 경기과학고는 2박 3일로 진행한다. 대전과학고는 2019학년도에는 숙식 없이 하루 동안 진행했다.

영재학교 입시 대비법

영재학교 입시에서 1단계 서류 평가에선 학생부가 중요하게 작용하지 않는다. 심지어 B가 몇 개 있어도 통과할 가능성이 높다. 왜냐하면 2단계 지필 평가가 있기 때문에 학교에선 가급적이면 모든 학생에게 응시의 기회를 부여하고 싶어 하기 때문이다. 그래서 매해 1단계 평가에선 탈락자가 거의 발생하지 않으니 내신이 안 좋은 학생도 과감히 도전하기 바란다.

수학은 풀이 과정 속의 정확한 개념 사용과 응용력, 문제해결 과정, 창의력을 평가한다. 수학은 '세트 서술형'과 '세트 단답형'으로 유형을 나눌 수 있다. 서술형 위주의 문항을 출제하는 학교의 경우 정확한 용어를 활용한 문제 풀이가, 단답형 위주의 문항을 출제하는 학교의 경우 신속한 문제해결력과 꼼꼼한 계산력이 중요하다. 영재학교는 학교별로 차이가 있긴 하나 대체적으로 경시대회 기초나 심화 수준의 문제가 출제된다. 그래서 영재학교 입시를 준비하는 학생들은 중등 심화 수준의 문제까지 해결할 수 있어야 합격 가능성이 크다. 과학은 화학과 물리 분야의 강세가 유지되고 있으며 중등 교과 과정 내용에 대한 정확한 개념 이해와 탐구 능력을 겸비한 학생이 유리하다.

결론적으로 영재학교 입시를 준비하는 학생들의 필수 항목은 수학과 과학에 대한 호기심과 탐구심이다. 주위를 보면 학부모들이 자신의 욕심으로 자녀들에게 영재학교 입시를 준비시키는 경우를 가끔 보게 된다. 부모의 욕심으로 자녀들에게 맞지도 않는 학습을 강요하다 보면 아이들의 창의성이 사라지고, 자신이 진정 원하는 것이 무엇인지 모르고 방황하게 된다. 영재학교 진학을 원하는 학생이 있으면 먼저 진정으로 수학, 과학에 대한 열정이 충만하고 실제로 그런 능력을 가지고 있는지를 살펴봐야 한다. 영재학교는 일반 학교가 아니라 영재를 위한 학교이다. 대학 진학률에 현혹되어 맞지도 않는 공부를 하는 것은 장래에 도움이 되지 않는다. 영재고 진학을 원하는 학생은 선행보단 중학교 과정 수학, 과학의 심화학습을 하는 것이 포인트다. 이런 심화학습에는 경시대회 기출 문제를 많이 풀어보는 것이 도움이 될 수 있다. 그리고 영재고 공부를 하면 자칫 수학, 과학 이외의 과목은 도외시하는 학생들이 많은데 그런 우를 범하지는 말자. 중학교 과목은 사회생활의 기본이다. 기본은 충실히 해야 한다.

과학고
입시 대비법

02

과학고는 특수목적고등학교의 일종으로, 과학 및 수학에 중점을 둔 고등
학교이다. 전국에 총 20개가 있다. 상당수가 사립학교인 외국어고등학교와
는 달리 100% 공립 고등학교이다. 2000년대 중반까지는 최정상 학력 고등학
교였으나 2000년대 중반 이후 영재학교가 생겨나면서 영재학교가 4월에 원
서를 넣고 7~8월에 합격자 발표를 해서 입시가 끝나는 경우가 대부분이라,
입시 준비 자체가 8월까지는 영재학교 입시를 준비하고, 떨어지면 과학고등
학교를 지원하는 게 보편적인 현상이 되었다. 2017학년도부터 영재고 2차
시험을 다 같은 일자에 치르면서 많은 탈락자들이 발생하였고, 학생들이 과
학고로 몰리는 원인이 되었다. 서울이나 경기지역 학생들의 경우 캠프에서
떨어진 우수한 학생들이 과학고로 가서 일부 과학고는 일부 영재학교보다
우수한 학생들이 더 많은 경우도 있다. 어쨌든 과학고는 높은 수준의 교육과

정과 높은 상위권 대학 진학률로 이과 지망 중학생이 1~2순위로 가고 싶어 하는 고등학교인 것은 변함이 없다. 2019학년도부터는 전기에 신입생을 모집하던 외고, 자사고가 일반고와 동시에 입시를 진행하면서 이공계열 진학을 목표하는 학생들이 과학고와 자사고를 동시에 지원할 수 있는 길이 열렸기 때문에 더욱 인기를 끌고 있다. 서울지역에 한성과학고와 세종과학고 2개 학교가 있으며, 경기지역에는 경기북과학고 1개교가 있다. 경기도지역은 인구가 많음에도 불구하고 과학고는 1개교밖에 없어서 형평성의 문제가 제기되곤 한다.

애초에 과학고등학교의 정규교육과정에서는 수능 보는 것 자체를 생각하고 있지 않으며 그에 맞는 교육을 하지도 않고, 대부분의 고교에서 하는 모의고사도 보지 않는다. 과학고 학생들이 주로 진학을 꿈꾸는 서울대 공대, 카이스트, 포스텍 등의 이공계 특성화 대학은 대부분의 신입생을 학생부종합전형으로 선발하는 관계로 학생들은 수능을 그다지 고려하지 않는 경우가 많다. 그래서 의대 진학이나 기타 이유로 수능 준비를 생각하는 과학고 학생들이 언어영역과 외국어영역은 불리한 것이 사실이다. 이러한 현상은 중학교 때부터 과학고 입학전형에서 수학과 과학만 반영하다 보니 타 과목을 등한시했기 때문이기도 하다. 그리고 의외로 과고생들이 수탐·과탐을 잘 못보는 이유는 수능 스타일로 공부를 하지 않는데다 수능을 보기 위해서는 해당 교과과정에 있는 대부분의 내용을 다 알아야 하는데, 과학고의 교육과정 특성상 한 부분을 시험기간 동안 파고들다가 시험이 끝나면 다른 부분을 파는 상황이기 때문에 수능 스타일과 맞지 않기 때문이다. 의대의 경우는 수능 합격선이 높은 관계로 현역으로 의대에 진학하는 과학고 학생은 많지 않다.

수능 스타일에 익숙해지려면 재수를 하게 되는 것이 현실이다.

과학고 입학전형

과학고 입시가 영재고 입시와 가장 큰 차이점은 필기시험이 없고 학생부와 자소서에 기반을 둔 면접으로 진행된다는 점이다. 과학고의 입시는 수학, 과학 분야에 우수한 실력을 가진 인재를 선발하는 것이 목적이다. 이 때문에 내신도 수학, 과학교과 성적을 중점적으로 반영하며, 자소서와 면접 문항 또한 수학, 과학적 역량을 평가하기 위한 문항들로 구성되어 있다. 전국권 자사고와 선발 방식은 비슷하지만 수학, 과학 두 개 과목의 내신만을 반영하는 점이 큰 차이점이다. 또한 과학고 입시에서는 폐지되는 추세인 전국권 자사고와는 달리 교사의 추천서가 중요한 역할을 한다. 입학 담당관이 제출 서류의 내용을 검증하기 위해 담임 교사 혹은 추천 교사와의 면담을 진행하기도 한다. 즉, 과학고 입시에서는 자신의 수학, 과학적 능력을 교사에게 충분히 인지시키는 과정이 필요하다. 이런 과정은 평소의 학교생활 중에서 과목별 내신 성적, 수행평가와 동아리활동, 독서활동, 교내대회 참가 등으로 어필할 수 있다.

과학고 입시에선 1단계에서 대체적으로 1.5배수 정도를 제출서류와 출석면접으로 선발한다. 제출 서류는 생활기록부와 자소서, 교사 추천서이다. 면접은 주로 생기부 관련 사항 및 자소서를 기반으로 하며 당락을 좌우하는 중요한 요소이다. 자소서에는 수학, 과학적 역량을 담는 것이 핵심이다. 대부분의 과학고는 자기소개서에서 '수학, 과학 분야에서 크게 성장할 수 있었던 탐구활동과 학습 경험'을 무려 각각 1,000자 이상 적도록 한다. 게다가 1단계 평가에서는 서류의 진위 여부를 검증하고, 지원자의 잠재력을 평가하기 위한 방문·출석 면담이 진행된다. 즉 '자소서'를 얼마나 공들여 작성했는가에 따라 1단계 합격 여부가 좌우된다. 반면에 2단계 전형에서는 수학, 과학적 지식을 측정하는 관계로 수학, 과학에 대한 심화 능력이 중요한 역할을 하게 된다.

1단계 전형, 출석 면접

2019학년도 출석 면접은 세종과학고의 경우 아래와 같이 진행되었다. 질의 문항 시간은 40분 정도였으며 총 14문항을 질문하였다. 생기부영역 5문항, 과학 자소서영역 2문항, 수학영역 1문항, 중학교 수학, 과학 5문항, 독서영역 자소서 1문항이었으며, 독서영역은 올해 세종과학의 새로운 경향이었다.

과학영역

- 열팽창이 일어나는 까닭은?
- PS시 설명해보시오.
- 소음의 개념은?
- 일상생활에서 소음의 의미는?

수학영역

- 오심에 대해 말해보시오.
- 정오각형 작도법은?
- 수직이등분선 작도법은?
- 각의 이등분선 작도법은?

특징적으로는 꼬리 질문과 압박형 질문이 많았다는 점이다. 예를 들면 다음과 같다.

"인의 불꽃반응 색인 청록색과 칼슘의 주황색에 비해 칼륨의 불꽃반응 색인 보라색은 필요한 에너지가 많아야 나타날 수 있기 때문에'라는 것을 다시 설명해주세요."

과학영역

- 어디서 사전조사를 하였나?
- 몰농도가 무엇인가?
- 실험 전체적으로 다시 설명해보시오.
- 실험은 어디서 하였나?

독서영역

- 《MT 환경공학》에서 키워드를 그렇게 고른 까닭은?
- 생물과 무생물 관련 책을 읽었는데 생물과 무생물의 차이는 무엇인가?

전체적으로 출석 면접에선 자소서 중심의 심층 질문과 꼬리 질문이 주류를 이루었다. 특히 과학고 면접답게 학생들의 수학, 과학영역의 심화가 어느 정도까지 되어 있는지를 측정하려는 질문이 많았고, 이런 사항이 당락을 좌우한 것으로 보인다.

2단계 전형, 소집 면접

2단계 전형에선 소집 면접을 실시한다. 과학고의 소집 면접에서는 과학, 수학에 대한 창의성, 자기주도학습 역량 등을 종합적으로 평가할 수 있는 융합형 질문을 출제하고 있다. 이러한 면접에선 깊이 있는 사고를 바탕으로 답변을 논리적으로 하는 것이 중요하다. 2018학년도 한성과학고에서 밝힌 소집 면접 공통 문항은 다음과 같다.

- 동화 《어린왕자》와 관련된 지문을 읽고 소행성의 반지름의 길이를 구하는 문항.
- 달에 관한 시 2편과 기사 1편을 읽은 뒤 각각의 지문에 등장한 달이 무엇인지와 각각의 달을 관찰할 수 있는 순서를 묻는 문항.
- 나무와 돌로 만들어진 사우나 사진을 제시한 뒤 어느 것이 건식 사우나인지 택하고 이유를 설명하는 문항.

이와 같이 일상생활과 연관된 다양한 지문과 사례를 통해 학생들의 수학, 과학적인 역량을 파악하는 문항들이 출제된 것이다.

과학고 입시 준비 방법

과학고는 영재고와 달리 필기시험을 치르지 않는 관계로 면접이 절대적으로 중요하다. 그리고 면접은 자신이 제출한 자기소개서에 근거해서 진행이 된다. 따라서 수학과 과학 분야에 대한 자소서가 가장 중요하다고 볼 수 있다. 평소에도 주위의 일상적인 현상들에 대해서 수학, 과학적으로 깊게 생각해보는 습관을 지니면 자소서를 작성할 때나 면접을 준비하는 데 유리하다. 그리고 과학고 합격자 중에는 수학, 과학에서 B가 있는 학생도 가끔 볼 수 있으니 B가 있더라도 지원을 포기할 필요는 없다.

과학고에선 2~3년 과정을 1년 만에 보통 끝낸다. 그러다 보니 선행이 안 된 학생들은 수학, 과학 수업을 따라가기가 현실적으로 벅차다. 그래서 과학고를 준비하는 학생들은 선행을 당연시하고 초6부터 고교 과정 수학, 과학을 한다. 그러나 초등학교 6학년 때부터 선행을 해서 수박 겉핥기식으로 나가느니 차라리 어느 정도의 기본적인 선행 이후에 바로 심화과정을 타는 것이 좋다. 과도한 선행은 나중에 남는 것이 없고 독이 된다. 과학고 대비 전문 학원에서는 고등학교 과정 진도도 나가지만 주로 자체 교재로 수업을 한다. 이 자체 교재의 내용은 주로 KMO 대비용인데 사실 중학교 KMO도 웬만한 대학생은 문제를 이해하지도 못한다. 문제는 과학고에 떨어지면 쓸데가 전혀 없다는 것이다. 대학교에 가서도 수학과를 가지 않는 이상은 절대 배우지 않는 내용이다.

그리고 여기서 말하고 싶은 사항은 과학고를 준비한다고 모든 과목을 팽개치고 수학, 과학에 올인하지 말라는 것이다. 물론 수학, 과학을 깊게 준비하다 보니 시간관계상 다른 과목까지 열심히 하긴 힘든 것이 사실이다. 그러나 과학고와 영재고에 진학하는 학생 수는 교육특구라고 하는 목동지역에서도 거우 졸업생 대비 1~3%에 불과하다. 99~97% 학생들은 가기 힘든 학교가 과학고, 영재고이다. 수학, 과학에만 집중하다 보니 5개 과목 내신 성적이 안 좋아 전국권 자사고 자체를 지원하기가 힘들어지고, 일반고에 가서도 타 과목에서 내신 성적이 잘 나오지 않아 대입에 실패하는 악순환이 만들어지고 있다. 과학고, 영재고는 특별한 학생, 즉 수학, 과학에 특별한 재능을 지닌 학생을 위한 학교라는 것을 명심하고 쓸데없이 시간과 노력, 돈을 헛되이 쓰지 말자. 특히나 의학계열 진학을 원하는 학생들은 정작 의대에선 수학, 물리를 거의 배우지 않는다는 사실을 알았으면 좋겠다.

서울지역 외고:
대원외고 입시 대비법

03

　대원외고는 전국 최고의 외고로서 자부심과 명성이 있다. 그래서 학부모들도 면접이 굉장히 수준 높고 어려울 거라 생각할 것이다. 그러나 실제로는 타 외고와 비교해서 그렇게 어렵고 난해한 면접을 시행하지는 않는다. 외고는 어차피 공통 문항 면접은 금지되어 있고 자소서나 생기부 기반으로 진행할 수밖에 없어서 면접 질문의 수준에 한계가 있다. 그러나 자신이 자소서에 흥미롭다고 서술한 것은 다 물어보므로 자신이 서술한 항목에 대해선 철저히 준비를 해야 한다. 대원외고 지원자의 특성은 서울시 중학교에서 대부분 최상위권에 있는 학생들이라는 점이다. 그러다 보니 수준 차이는 종이 한 장 정도밖에 나지 않는다.

　대원외고를 준비하는 학생들은 이런 유형의 질문에도 대비해야 한다. 만일 유전적 현상에 흥미를 느껴서 장황하게 자소서에 서술을 하면 이런 질문이 나올 수 있다.

"고양이랑 사람이 일치하는 유전병 2가지 이상 말해보고 본인은 복제에 대해 어떻게 생각하는지 말해보시오."

위의 질문은 인문계를 지망하는 학생에게도 물어볼 수 있다. 교과서적인 해답을 요구하는 문제가 아니라서 선행학습 금지 조항에 걸리지도 않는다. 본인이 서술한 항목에 대해 확인을 했을 따름이다.

또 다른 예로 장래에 정의를 수호하는 판사가 되고 싶다고 썼다면 이런 질문도 나온다.

"자소서에 판사가 되기 위해서는 법과 사회를 아는 것이 중요하다고 하였는데 법과 사회는 어떻게 관련되어 있나요?"

다른 유형으론 "우리나라에서 경제 문제를 해결하는 게 목표라 했는데, 뭘 해결하고 싶은지 구체적으로 말하시오." 등이 있다. 이제부턴 학과별로 나온 면접 문항을 자세히 알아보자.

중국어과

- 역사에 있는 사건을 비교하면서 공부했다고 했는데, 다른 예시를 들어보시오.
- 축제를 소개했다고 했는데, 어떤 축제를 소개했는가? 그중에서 중국 축제를 소개해보시오.
- 영화나 소설 표현을 이해할 수 있었다고 했는데, 그걸 말해보시오.
- 우리 학교에서 꿈을 이루려면 어떻게 해야 할지 자소서에 쓴 것 말고 다른 예시를 들어보시오.
- 본인이 어긴 교칙이 무엇이고, 그게 어떻게 개선되어야 할 거라고 생각하나?

- 자신의 자기주도학습에서 가장 효율적이라고 생각했던 공부 방법에 대해 자세히 말하시오.
- 중국 관련 재판이 늘어날 것에 대비하여 중국어와 문화를 체계적으로 배우고, 많은 중국 학교들과의 교류를 통해 국제적 감각을 키울 것이라고 했는데 구체적으로 교류를 하여 어떻게 국제적 감각을 키울 것인가?
- 오케스트라활동을 하며 어려웠던 점과 극복 방법을 말하시오.

스페인어과

- 외교관으로서 필요한 자질 3가지를 말하시오.
- 판단력과 협동력이 왜 필요하고, 우리 학교에서 어떻게 키워나갈 것인가?
- 장애인에 대한 편견을 어떻게 깰 수 있는지 말해보시오.

불어과 · 독어과

- 최저임금 토론에 대해 자세히 설명해보시오.
- 톨스토이가 생각하는 인권과 학생이 생각하는 인권에 대해 말하시오.
- 나눔과 봉사가 이 사회에 필요한 이유는 무엇인가?
- 우리나라에 부족한 복지 제도가 뭐라고 생각하나?
- 멘토링활동을 하며 본인이 새롭게 깨닫게 된 점과 느낀 점이 있다면?

대원외고 면접에서 나오는 질문은 틀림없이 자소서에 기반을 둔 질문이며, 도식적인 해답을 요구하지 않는다. 그러나 수준 높고 심층적인 대답을 기대하며, 합격 여부는 그 대답이 종잇장 한 장만큼 다른 학생보다 우수하냐는 것에 달려 있다. 대원을 지망하는 학생은 자소서에 관련된 철저하고 세심

한 면접 대비가 꼭 필요하다는 점을 명심해야 한다. 그리고 지원생들의 대부분이 전교 최상위권이기 때문에 생활기록부에서 비교과활동 중 독서영역은 특별히 신경을 써서 차별성을 드러낼 수 있어야 할 것이다.

서울지역 외고: 명덕외고 입시 대비법

명덕외고는 해마다 조금씩 면접 경향이 바뀐다. 종전에는 압박식, 꼬리물기 질문이 많았으나 2019학년도 입시에서는 그 정도가 좀 덜했던 걸로 파악된다. 그래도 명덕은 면접 질문이 서울지역 외고 중에는 까다로운 편에 속한다. 그리고 다양한 형태의 질문을 많이 하는 학교라서 면접이 끝난 후에 멘붕이 되어서 울면서 나오는 학생들이 많다. 올해도 평면적인 질문보다는 자소서에 쓴 내용에 대해 구체적으로 파고들어 가는 추가 질문이 많았고 꼬리질문과 압박형 질문이 나왔다. 학과별로는 다음과 같은 면접 문항이 나왔다.

영어과

- 영어교육에 대한 소논문의 내용이 무엇이었나?

- 양성평등에 대한 조사를 했다고 했는데 본인의 주장은 뭐였나?
- 경제 관련한 기사를 읽고 있다고 했는데, 요즘 어떤 기사를 읽고 있나?
- 자유와 평등 중에 무엇이 더 중요하다고 생각하나?
- 멘토, 멘티 활동하면서 《백설공주》, 《흑설공주》를 읽었다고 했는데, 내용을 비교해서 설명해보시오.
- 유니세프의 어떤 영상을 봤고 느낀 점은 무엇인가?
- 멘토, 멘티 활동을 하며 아쉬웠던 점을 얘기하고, 그것을 입학 후 어떻게 개선할지 방안을 말해보시오.
- 우리나라 교육의 단점은 무엇인가?
- 《로미오와 줄리엣》을 네 가지 주제로 분석했다고 했는데, 이 네 가지 주제가 무엇이고 각 주제와 관련된 책이 무엇인지 말해보시오.
   – 학생도 사랑에 빠지면 줄리엣처럼 행동할 거 같은가?
- 대통령의 자격이 무엇이라고 생각하는지 말해보시오.
- 공권력의 사용에 대해 생각해보는 계기가 되었다고 했는데 어떤 생각을 해본 것인가?
- 선한 영향력이란 무엇을 의미하고, 그 꿈을 이루기 위해 명덕외고를 선택한 이유는 무엇인가?
- 자신이 가장 오랫동안 해온 봉사가 무엇이고 왜 그 봉사를 오래 했는가?

중어과

- 최인직의 《혈의 누》를 읽고 개항의 안 좋은 점을 생각해봤다고 했는데, 왜 그런 것을 생각했고 안 좋은 점은 무엇인가?
- 기자가 되면 어떤 기사를 쓰고 싶은지 구체적으로 설명하시오.
- 기자에게 필요한 자질 3가지를 말해보시오.
- 노인공경활동을 했는데, 노인분들이 무엇을 힘들어했고 무엇이 더 필요한가?

불어과

- 소통을 인문학과 관련지어서 말해보시오.

    – 인문학 자체와 소통의 관련성은 무엇인가?

- 아젠다 키핑을 학습에 구체적으로 든 사례를 말해보시오.

- 입학 후에 플래너를 쓴다면 어떻게 쓸 것 같은가?

- 가장 재밌거나 인상 깊었던 책은 무엇인가?

- TED 영상 중 실망했던 영상은 무엇인가?

- 에세이를 쓰며 벽에 부딪친 점은 무엇인가?

- 기본 소득을 전 세계적으로 어떻게 퍼뜨릴 것인지 구체적으로 말해보시오.

- 애완동물이 있나? 있으면 동물생체 실험의 문제점에 대해 말해보시오.

- 독서가 주는 장점 중 지식적인 부분과 사고력적인 부분을 말해보시오.

- 반찬 배달 봉사를 했다고 하는데, 반찬 배달 봉사를 하며 만났던 사람과 어떤 사건이 있었는지 말해보시오.

    – 그런 봉사활동이 본인에게 주는 변화는 무엇인가?

    – 반찬 배달을 했던 그분들에게 어떤 도움을 주었는가?

- 국제형사재판소에서 현재까지 진행되고 있는 사건 중 맡아보고 싶은 사건이 있다면?

독어과

- TED를 선정한 기준은 무엇이고, 그걸 통해 리스닝 능력 이외에 얻게 된 것은 무엇인가?

- 토론 동아리를 하면서 친구들이 하는 실수 2가지를 말해본다면 무엇이고, 그때 본인은 어떻게 했는가?

- 신문에서 읽은 것들 중에서 인권과 관련된 사례를 말하고, 그것을 읽음으로써 어떤 부분이 달라졌는지 말해보시오.

- 관심 있는 인권 문제를 말하고, 인권 고등 판무관으로서 어떻게 해결할 것인지 말해보시오.

- 아동인권에 대한 우리나라 사람들의 의식 수준은 어느 정도인가?

- 학생 인권도 존중하면서 교권도 함께 가져갈 수 있는 방법은 무엇인가?
- 독일의 교육 시스템에 대해서 말해보시오.
- 개인의 생각과 논리가 존중되는 시스템이란 어떤 시스템인가?
- 문화 관련한 책을 읽은 것 있으면 말해보시오.
- 마케팅을 하고 싶은 사람으로서 본인을 마케팅 해본다면?

명덕외고는 다양한 유형의 면접 질문을 던진다. 올해는 유난히 그런 정도가 심했던 것 같다.

명덕외고 진학을 준비하는 학생들은 자신의 진로를 조기 설정한 다음 관련 분야에 대한 공부를 체계적으로 하는 것이 무엇보다 필요하다. 최소한 3학년 1학기부터 준비할 것을 권한다. 그리고 영어뿐만 아니라 타 과목에 대한 학습도 열심히 해서 최소한 자신만의 영어, 수학 학습법에 대해서는 말할 수 있어야 할 것이다. 그리고 명덕외고를 준비하는 학생들은 중1부터 생기부를 집중적으로 관리할 필요가 있다. 동아리활동이 약하고 면접을 매우 잘하는 학생들이 떨어지고 상대적으로 생기부가 우수한(글로벌 프로그램 참여, 진로 및 학술 관련 동아리활동에 참여함) 학생이 합격한 사례가 늘어났으니 참고하기 바란다.

서울지역 외고: 대일외고 입시 대비법

05

대일외고는 항상 명덕외고의 좋은 경쟁자로 서로 간에 좋은 자극을 주고 있는 학교이다. 면접 경향도 두 학교가 비슷한 면이 있다. 올해 대일외고의 면접 특징은 압박과 구체성이었다. 다음의 두 사례를 보자.

"《투 킬 어 모킹버드(앵무새 죽이기)》를 읽고 인물이나 상황에 대해서 파악했다고 하는데, 여기서 모킹버드가 무엇을 의미하는지, 이 책을 읽으면서 가장 어려웠던 점은 무엇인지 말하시오."

여기까진 일반적인 질문이고, 후속 질문은 "그럼 이 책의 단어들은 어떻게 찾았나요?"였다.

학생이 사전을 사용했다는 대답을 했다면, 그 후속 질문은 "어떤 사전이었나요?"

학생이 옥스퍼드사전이라고 했다면, 그 후속 질문은 "영영한이었나요, 영한이었나요?"

이 면접관이 알고 싶은 것은 진짜 이 학생이 원서로《앵무새 죽이기》를 읽었는지의 여부일 것이다. 그래서 압박식으로 질문을 한 것이다.

또한 대일외고는 명덕외고와 마찬가지로 자신의 장래희망에 대한 철저한 준비가 되어 있는지도 알고 싶어 했다.

"경제 문제에 대해서 낙관론자와 비관론자의 입장에서 얘기해보시오."

'경제학자가 되고 싶어 하는 학생이라면 당연히 이 정도 질문에는 대답해야 하지 않을까.'라는 생각이 저변에 깔려있음을 알 수 있다.

올해 대일외고를 준비하는 학생들이 자소서를 쓰면서 꼭 명심해야 하는 것은 과장하지 말라는 것이다. 자신이 공부한 영역에 대해서 기술해야 하며 이렇게 되었으면 하는 사항은 빼는 것이 좋다. 대일은 특히 자신의 영역에 대한 심층적인 독서가 꼭 필요한 학교이다.

서울지역 외고:
서울국제고 입시 대비법

06

2019학년도 입시에서 서울국제고는 서울지역 외고 중 최고의 경쟁률을 기록하였다. 이렇게 경쟁률이 높으면 덩달아 면접도 날카롭게 진행되기 마련이다. 전통적으로 서울국제고의 면접질문은 원칙에 충실했다. 영어를 제외한 타 과목에 대한 질문은 잘 하지 않는 편이었으며, 시사에 대한 질문도 거의 하지 않는다. 그러나 올해는 살짝 이런 영역들을 건드리는 경향이 있었다. 예를 들어 인권 문제에 관해 관심이 많은 학생에겐 다음과 같은 질문을 하였다.

"현재 가장 시급하게 해결되어야 할 인권 문제와 해결 방안을 말하시오."

외교관이 꿈인 학생에겐 이런 질문도 하였다.

"본인이 생각하는 한·중 외교 문제와 그것의 해결책은 무엇인가?"

판사가 꿈인 학생에겐 '헌법재판관이 되기 위해 본인이 중학교 시절 노력했던 것 2가지와 헌법 재판이 최근에 영향을 미친 사례' 등을 묻는 질문을 하였다.

그러나 역시 서울국제고다운 질문, 즉 자소서상 본인의 활동의 진위 여부를 확인하는 질문이 주를 이루었다.

"본인은 영어 원서와 영시를 읽으며 인간 내면을 생각했다고 했는데, 인간 내면에 관련된 본인이 쓴 영시 2개를 말해보시오."

"TED 강의를 듣고 논문 기사를 보면서 에세이를 썼다고 했는데, 반대되는 논조에 대해 예시를 들어 설명하고 본인의 의견을 말하시오."

"영어 스토리텔링 봉사를 했다고 했는데 거기서 어려웠던 점과 그 이유, 그걸 어떻게 해결해 나갈 것인지 2가지 방법을 말하시오."

서울국제고는 공립학교답게 학생에게 과다한 압박이나 꼬리물기식 질문은 잘 하지 않는다. 그러나 만일 이런 높은 경쟁률이 다시 2020학년도에도 재현된다면 어떻게 변할지 아무도 예측할 수 없다. 수험생들은 모든 경우에 대비하는 현명한 자세가 필요하다.

서울지역 외고:
이화외고 입시 대비법

이화외고는 서울지역 외고 중 유일한 여자고등학교라서 그런지 면접 질문도 온화한 편이다. 아마 미션스쿨이라는 배경이 면접 환경에도 많이 작용하는 것으로 보인다. 일반적으로 예상할 수 있는 질문을 대체적으로 많이 하는 편이며, 자소서 기반 질문이 대부분이다. 그러나 2019학년도에는 이런 관례를 깬 질문도 나왔다. 또, 꼬리 질문도 등장하였다.

"진정한 자유와 민주주의 사이의 관계는 무엇인가?"

"자유와 민주주의 사이 관계가 법이라고 하자. 그렇다면 아직 법이 없는 곳의 자유는 어떻게 보장되고 있는가?"

그리고 타 과목 학습법에 대한 질문도 볼 수 있었다. 외고에선 수학 성적을 볼 수 없기 때문에 이런 유형의 질문을 외고 공통적으로 하는 것으로 보인다.

"Q&A 노트를 만들었다고 했는데, 수학, 과학 같은 경우는 어떤 질문을 만들었는가?"

물론 대부분은 이화외고다운 질문이 많았다.

팝송으로 영어 공부할 때의 장단점, 책을 읽고 알게 된 독일의 우수한 교육 제도들, 중학교 생활에서 학습 이외에 의미 있었던 활동, 다른 외고도 있는데 이화외고에 지원한 이유, 어떻게 저소득층 아이에게 영어를 가르치는 봉사를 하게 되었는지 등이다.

이화외고는 면접의 난이도가 타 외고에 비해 다소 떨어진다고 볼 수 있다. 면접 질문도 자소서기반의 단문형식이 많다. 그러나 이화외고도 내년에는 경쟁률이 높아질 가능성이 많으므로 안이하게 대비했다간 좋지 않은 결과를 받아볼 수도 있으니 철저하게 대비를 하는 것이 좋겠다.

외고, 국제고 입시 대비법 08

    외고 입시에서 가장 중요한 사항은 1단계 전형을 일단 통과하는 것이다. 1단계 전형 통과 여부는 2학년 1학기부터 3학년 2학기까지의 영어, 국어, 사회 성적순으로 결정된다. 올해처럼 내년도 외고의 경쟁률은 강세가 전망된다. 일단은 내신 관리를 하자. 그다음이 생기부 관리와 자소서 작성, 면접 대비 순이다. 1단계 통과 없인 2단계 면접도 없다. 꼭 기억하자. 내신이 최우선이다.

    내신이 되면 이제 생기부를 잘 관리하자. 예전과 달리 모든 서울지역의 외고에선 생기부에 대한 별도의 서류 점수를 매기지 않는다. 면접은 자소서 중심으로 진행되며 극히 필요한 사항에 대해서만 생기부를 참고하게 된다. 그렇다고 생기부를 엉망으로 관리해도 된다는 말은 아니다. 내신 다음으로 중요한 것은 무단지각, 무단결석 등의 성실지표이다. 이 사항은 우리나라 모든 학교에서 중요시하는 항목이다. 정당한 사유가 있는 결석은 상관없지만 사유가 없는 무단지각이나 결석을 하지 않도록 하자. 그리고 혹시나 무단지각이나 결석을 어쩔 수 없이 하게 되면 그 사항은 자소서에서 꼭 이유를 설명해야 한다.

그다음은 독서활동이다. 사실 생기부에서 가장 중요하다고도 볼 수 있는 항목이다. 외고에서는 수상실적, 과목별 세부능력 및 특기사항, 과목별 원점수, 석차 등을 볼 수가 없다. 학생의 지적 능력을 짐작할 수 있는 교내활동 중 단연 가장 돋보이는 것이 독서기록이다. 그렇다고 읽지도 않은 책을 기록하지는 말자. 자신이 직접 읽어야 면접 때 얘기를 할 수가 있다. 교양도서와 진로, 적성 관련 책을 골고루 읽자. 편식이 건강에 나쁘듯 편중된 독서는 인격 형성에 나쁜 영향을 미친다.

다음은 봉사활동이다. 학교에서 의무적으로 하는 봉사만 달랑 하지는 말자. 주위에서 내 손길이 필요한 곳을 찾아보고 나의 바쁜 시간을 할애해서 도움을 주자. 봉사의 참뜻은 자신의 희생이다. 남을 돕다 보면 자신이 성장한다. 그리고 기쁨을 느낀다. 그러면 합격의 기쁨도 찾아온다.

독자들 중에는 왜 행동특성 및 종합의견을 말하지 않느냐고 물어보실 분도 있을 것이다. 그러나 행특은 담임 선생님이 쓰는 평가이다. 내가 대신 쓰는 것이 아니다. 내가 학교활동을 모범적으로 하는데 나쁜 평가를 내릴 선생님은 없다. 내 할 일만 열심히 하자. 그러면 좋은 평가는 따라오기 마련이다.

마지막 단계는 자소서 작성과 면접 대비 훈련이다. 자소서를 무슨 소설 쓰듯이 생각하는 학생들이 있는데 자소서는 자신이 재학 시절에 기울였던 다방면의 노력과 향후 계획을 설득력 있게 서술한 것이다. 자신의 장점을 논리적으로 잘 기술해서 부각시키자. 작문을 하지 말고 실제 자신의 흥미 분야에 대해 기울였던 노력을 차분히 서술하면 된다. 그 후에 친한 친구들, 부모님과 같이 면접을 대비하자. 서로 자소서를 읽고 질문하는 연습을 하자. 면접을 연습하는 환경은 가급적 최악의 경우를 산정해서 하면 효과적이다. 방안의 온도도 좀 낮게 설정해놓고 질문도 꼬치꼬치 끝까지 파고드는 질문을 많이 받을수록 실전에는 좋다. 이럴 때는 부모님이 좋은 면접관 역할을 할 수 있다. 부모님은 나의 약점을 잘 아는 관계로 날카로운 질문을 할 수 있기 때문이다.

위와 같이 준비를 하면 모두가 외고, 국제고 합격이 가능하다. 문제는 누가 먼저 시작을 하느냐에 달려 있다.

PART
8

아이 스스로
준비하는
전국권 자사고
학교별 입시 대비법

입시에 실패해도 남는 장사, 전국권 자사고 입시

01

앞에서 영재고, 과학고 입시를 올인해서 준비하다 보면 남는 것은 없고 오히려 대학 입시에 독이 된다는 말을 했다. 그런데 그와 반대로 전국권 자사고 입시 대비를 하면 왜 거꾸로 남는 것이 많을까? 자세히 살펴보자.

첫째, 전국권 자사고는 1단계에서 내신으로 선발하기 때문이다. 대부분의 전국권 자사고는 1단계에서 국어, 영어, 수학, 사회, 과학 5개 과목 내신으로 2배수 내외로 선발한다. 과학고나 영재고처럼 수학, 과학 내신만 보지 않는다. 그러므로 전국권 자사고에 진학하고 싶은 학생은 자연히 국어부터 과학까지 5개 과목에서 A를 따야 1단계 전형을 통과할 수 있는 것이다. 그러다 보니 버리는 과목이 없다. 이런 학습 방법은 입시에 실패하고 일반고에 진학해서도 내신 성적 획득에 큰 도움이 된다. 그리고 특정 과목에 대한 과도한 선행 및 심화가 불필요하다. 왜냐하면 면접에서 과학고와는 달리 수학, 과학,

영어에 대한 지식을 테스트하는 것이 아니라 논리적이고 체계적인 사고력을 테스트하기 때문이다. KMO 문제를 많이 풀어본 학생이 유리한 것이 아니라 자신의 진로에 관련된 독서를 많이 한 학생이 오히려 면접에서 좋은 점수를 받을 수 있다.

이렇게 독서를 많이 하고 자신의 진로에 대해 고민을 많이 한 학생은 일반고에 진학해도 남들보다 좀 더 빠르게 학종 대비를 할 수 있다. 다른 학생들은 고2에 들어서야 비로소 자신의 진로와 연계된 활동을 하는 반면 이런 학생들은 고1 때부터 바로 시작을 할 수 있으니 입시에 단연 유리하다.

둘째, 탈진 현상에 시달리지 않아서 과목별로 심화학습에 대한 효율성이 높다. 중학교 때 자신의 실력이나 적성에 부치도록 과한 선행학습과 심화학습을 하지 않은 관계로 고교에 진학해서 오히려 열심히 자신의 적성에 맞는 공부에 더 집중하는 경향이 있다. 그러다 보니 자연히 내신이나 모의고사 성적도 잘 나온다. 그래서 자신감이 솟고 더 공부를 열심히 하는 선순환이 전개될 수 있는 것이다.

셋째, 내신뿐만 아니라 중1, 2학년 때부터 학생부 관리를 열심히 하다 보니 학생부종합전형에 강해질 수 있다. 서울지역이나 기타 지역의 일반고에서 학생부종합전형을 준비하는 학생은 많지 않다. 그 이유는 학교의 수시 대비 프로그램이 미흡한 경우가 많고, 학생들도 학종이 어떤 것인지 잘 모르다 보니 대비하는 시기를 놓치기 때문이다. 고2가 되면 학종에 대해 한 번은 생각하게 되나 1학년 생기부를 보면 자신감이 사라져서 수능으로 방향을 전환하는 학생이 대부분이다. 그러나 전국권 자사고 입시를 준비해본 학생들은 이런 고민이 적다. 중학교 때 한 번 해본 전형이다 보니 비교적 손쉽게 1학년 때부터 준비를 할 수 있다. 즉 학종에 대한 선행 공부가 도움이 되는 것이다.

이렇게 도움이 많이 되는 전국권 자사고 입시는 중1부터는 생각하고 준비를 시작하는 것이 유리하다. 그래야 학교 내신을 공부할 수 있는 마음가짐을 가질 수 있게 되는 것이다.

전국권 자사고
입시 경향과 대비법

02

2019학년도 전국 선발 자사고 입시의 가장 큰 특징은 거의 모든 학교가 경쟁률 하락을 겪었다는 것이다. 특히 분당과 용인지역 학생들이 많이 지원하는 민사고, 상산고, 외대부고의 하락폭이 컸다. 3개 고교의 올해 경쟁률은 민사고 1.68:1(모집 인원 165명, 지원자 279명), 상산고 1.32:1(모집 인원 360명, 지원자 474명), 외대부고 1.79:1(모집 인원 350명, 지원자 628명)이었다. 이는 각각 지난해 2.58:1, 2.57:1, 2.08:1과 비교해 크게 하락한 수치다. 특히 상산고의 경우 남학생 경쟁률은 작년 1.76:1에서 1.11:1, 여학생은 2.96:1에서 1.85:1로 하락하였으며, 북일고는 2018학년도 일반전형 경쟁률 3.47:1에서 올해 1.28:1로 크게 하락하여 충격을 안겨주었다. 2018학년도 대비 경쟁률이 상승한 학교는 1.42:1에서 1.74:1로 상승한 김천고뿐이었다.

이와 같은 경쟁률 하락은 2018학년도 입시까지는 자사고가 전기 고교로 분류되어 일반고에 지원할 수 있는 기회가 한 번 더 남아 있었던 것과 달리 2019학년도 입시부터 후기 고교로 전환되어 불합격할 경우 고교 평준화지역과 비평준화지역이 공존하는 지역에서 원하는 고등학교에 배정될 수 없다는 부담감과 자사고 폐지에 대한 우려가 반영된 것으로 보인다. 또한 올해부터 입학일정이 12월로 바뀌며 3학년 1학기까지의 성적을 반영했던 하나고와 민사고, 상산고가 3학년 2학기까지의 성적을 모두 반영하여 지원자들이 줄어들었을 것으로 보인다. 2020학년도 전국권 자사고 입시는 3월 헌법재판소 결정에 따라 작년 대비 입시일정에 변동이 있을지 여부가 결정될 것으로 보인다. 그러나 결정과 상관없이 올해도 많은 학생들이 좋은 진학실적과 교내 프로그램을 자랑하는 전국권 자사고 10개교에 많은 관심을 가지는 것은 당연한 현상으로 보인다.

2019학년도 입시의 다른 특징사항은 2018학년도까지 공통 문항 면접을 실시했던 외대부고가 개별 문항 면접으로만 진행했다는 점이다. 외대부고는 그간 국제계열, 인문계열, 자연계열의 3개 과정으로 분리 선발하였지만 2019학년도 입시에서는 각 과정을 통합해서 단일 과정으로 선발하였다. 그래서 모두의 관심이 모아졌는데 실제 면접 문항을 보면 압박과 꼬리 질문으로 예년의 공통 문항 면접 못지않은 난이도를 보여준 것으로 평가된다. 이런 압박 및 꼬리 질문의 면접 형태는 향후에도 개별 문항 면접으로 진행하는 전국선발 자사고에서 대세로 자리 잡을 전망이다.

전국권 자사고 입시의 대비법을 간략히 정리해보면 다음 3가지 사항으로 압축할 수 있다.

첫째, 자신의 진로와 적성을 확실히 알아야 한다. 인문계적인 성향이 강한

데도 불구하고 의대 진학생들이 많은 상산고나 외대부고, 현대청운고에 진학하면 학교활동으로 학생을 선발하는 학생부종합전형에선 불리할 수도 있음을 명심해야 한다.

둘째, 자신의 진로와 적성을 확실히 파악하고 나면 연관 과목의 심화 능력뿐만 아니라 모든 과목에서 우수한 내신 성적을 올리는 데 주력해야 한다. 모든 전국권 자사고는 1단계에서 학교별로 3개 과목~전체 과목의 내신 성적 +출결 감점으로 예정 인원의 1.5배수에서 2배수까지를 선발한다. 1단계에서 떨어지면 2단계 전형인 면접도 아예 보지 못한다. 내신이 모든 비교과활동보다 우선이다.

셋째, 1단계에서 통과한 학생들은 자소서가 필요하다. 간혹 일부 학생은 자신의 활동 이력과 능력을 자소서에 과대하게 포장하는 것을 볼 수 있다. 용케 이런 것이 통과되면 다행이지만 대부분은 면접 과정에서 걸러지게 마련이다. 자신이 직접 읽고 감명 깊었던 책의 내용에 대해서 기술해야지, 막연히 '이런 책을 읽었다고 하면 높게 평가를 받겠지.' 하는 마음으로 어려운 책을 자소서에 쓰면 안 된다. 소화가 되지 않은 채로 면접에 나가면 눈에 띄게 마련이다. 그리고 자소서를 다 쓰고 나면 친구들이나 부모님과 모의 면접을 많이 해보길 권한다. 그래야 실제 면접장에서도 주눅 들지 않고 자신의 실력을 충분히 발휘할 수 있다.

하나고 교육과정의 특색과 선발 방법

03

하나고는 서울지역 학생들의 학교 선호도에서 1, 2위를 다투는 학교이다. 이 인기는 서울대를 비롯한 상위권 대학 진학실적(2018학년도, 전국의 고교 중 영재고, 예술고를 제외하면 서울대 진학자 수에서 1위)과 더불어 첨단 시설과 수시에 특화된 학교 프로그램이 학생과 학부모에게 어필했기 때문인 것으로 보인다. 이런 인기 덕분에 하나고는 매해 높은 입학 경쟁률을 기록하고 있다. 2019학년도에도 2.57:1의 경쟁률을 기록하였다.

교육과정의 특색

그러면 하나고가 왜 인기가 있는지 구체적으로 알아보도록 하자.

첫째, 하나고는 사교육이 불가능한 구조이다. 한 달에 한 번만 집에 갈 수 있고 평소에는 기숙사 4인 1실의 방에서 동급생들과 같이 생활해야 한다. 아예 사교육이 들어올 틈을 차단하고 있다. 모든 학생들은 반드시 기숙사에서 살아야 한다. 집이 아무리 가깝더라도 예외가 없다. 4인 1실이 기본이며 학생 수 문제로 최근 3인 1실도 존재한다. 한 번 배정된 룸메이트와 한 학기 동안 같이 살아야 한다. 단 3학년은 편의를 위해 1년간 룸메이트가 바뀌지 않는다. 이러한 기숙사 체제를 선호하는 학생들이 있는 반면에 사교육을 받을 수 없어서 불편해하는 학생과 학부모들도 물론 있다. 판단은 자신들의 몫이지만 수시로 대학을 가고자 하는 학생들에게는 최적의 환경이 아닐 수 없다.

둘째, 예술, 체육 강좌를 1주일에 각 2회씩 수강하는 1인 2기 제도를 시행하고 있다. 전교생은 3학년 1학기까지 1인당 예술 1종목, 체육 1종목을 필수적으로 이수해야 한다. 3학년 1학기도 필수이다. 심지어 3학년 2학기에도 원하는 학생들은 1인 2기를 수강할 수 있다. 학생이 체육과 예술을 중시하도록 하기 위한 프로그램이다. 타 학교에선 '지덕체'라고 하지만 하나고에선 '체덕지'이다. 학업 스트레스를 풀고 특기와 재능을 기르기 위해서다. 필라테스, 요가, 방송 댄스, 수영, 등산, 헬스 등 다채로운 강좌를 열고 있다. 특징적으론 교내 수영 인증이라는 제도가 존재한다. 시간제한 없이 수영으로 200m를 한 번에 완주해야 인증을 취득할 수 있는데, 문제는 이것이 졸업 요건에 포함된다는 것이다. 수영 인증이 명목상의 졸업 요건일 뿐 실제로 졸업에 영향을 주지는 않지만 2학년 2학기부터는 1인 2기 체육 수업이 무조건 수영으로 고정된다. 또한 90여 개의 동아리, 130여 개의 스터디 그룹, 매 학기 수강 과목 선택, 50여 개가 넘는 활동 프로그램 등 무엇이든 하고 싶은 것의 활동 무대를 제공해주는 시스템을 운영하고 있다.

셋째, 무학년, 무계열의 선택형 교육과정을 운영함으로서 학생들이 자유롭게 자신의 적성에 따라 다양하고 깊이 있는 수업을 들을 수 있다. 이 점이 서울대에서 하나고를 높게 평가하는 이유 중 하나일 것으로 짐작된다. 과학이나 수학에서는 고등학교 교과과정을 벗어난 수준 있는 과목(AP 과목, 고급 과목 등)이 개설되어 있고, 사회과학 관련 교과목(국제정치, 비교문화 등)의 경우 교재는 물론 수업 내용에서도 어느 정도 교사의 재량권이 인정되기 때문에 대학 강의와 같은 심도 있는 수업을 들을 수도 있다. 개설된 과목 중 7~8개를 원하는 대로 선택하여 자유롭게 수강할 수 있다. 개설되는 과목의 폭은 평범한 수능 과목부터 합창, 합주 등의 예체능 과목, AP나 대학 과정 등의 심화 과목까지 상당히 넓은 편이다. 단, 1학년은 고교 필수 과정을 이수해야 하기 때문에 과목 선택의 폭이 좁은 편이다.

이런 하나고의 교육과정에 대해선 다양한 의견과 시각이 존재한다. 그러나 입시실적을 최고의 학교 덕목으로 취급하는 우리나라 학부모들 입장에선 그저 고맙기만 한 학교이다. 학교 측에 따르면 2019학년도에는 졸업생 143명이 모두 서울대, 연세대, 고려대, 서강대, 성균관대, 한양대, 중앙대, 경희대, 이화여대, 숙명여대 등 서울 소재 대학에 진학했다고 한다.

놀라운 하나고의 실적 이면에는 교사들의 노력과 특유의 수시 대비 프로그램이 존재한다. 하나고 입장에선 최상위권 대학의 입학전형이 70% 이상이 수시이니 당연히 수시에 집중해야 한다고 볼 것이다. 하나고에서는 선생님마다 매 학기 100명에서 200명의 학생에 대해 500자씩 기록한다. 6~8월, 12~2월까지는 이 일로 쉴 틈이 없다. 이뿐만이 아니다. 창의적 체험활동, 독서활동, 동아리활동, 진로탐구활동 역시 선생님이 기록한 내용을 토대로 평가받는다. 덕분에 하나고 학생부는 A4용지로 20장을 훌쩍 넘는 게 기본이다. 또한 하나고에는 고3 담임 수시 협의회가 있다. 3학년 1학기 내내 머리를 맞대고 학생 한 명 한 명을 놓고 어느 학교 어느 과에 적합할지 맞춤형 전략을 짜낸다. 이러한 노력이 지금의 하나고를 만들었다고 볼 수 있을 것이다.

2019학년도 입학전형과 면접 문항 분석 및 대비법

2019학년도 하나고의 입학전형은 1단계와 2단계로 구분된다. 1단계에선 내신 성적과 출결감점으로 정원의 2배수를 선발한다. 교과 성적은 2학년 1학기부터 3학년 2학기까지를 반영하며, 학기별 반영 비율을 고려한다. 2018학년도와 다른 점은 임직원전형이 폐지되어서 그만큼 일반전형 선발 인원이 증가한 것과 교사 추천서의 폐지, 서류, 면접 점수가 각각 30점에서 20점, 40점으로 면접의 비중이 증대되었다는 점이다. 교과 성적 반영 학기도 작년의 3학년 1학기에서 3학년 2학기까지로 3개 학기에서 4개 학기로 늘었다.

하나고의 면접은 작년에 이어 올해도 개별 문항 면접으로 진행되었다. 공통 문제가 아니라 자소서와 생기부를 바탕으로 한 압박과 꼬리 질문이 대략 15분 동안 진행되었다. 그러면 2019학년도에 나온 면접 문항을 살펴보고 입시 대비법을 알아보자.

사례1

• 세계적 석학들과의 소통을 위해 영어를 공부했다고 하는데, 석학들이 다 영어권 사람들

은 아니지 않나?

– 너무 영어권 중심의 사고 아닌가?

· 발해의 대외 교류와 문화에 대해 조사했는데 발해의 위상에 대해 설명해보시오.

– 그러면 발해가 우리나라를 통일했으면 지금 어땠을 거 같은가?

· 미세먼지를 화학적 방법으로 막는 방안이나 이에 관한 강연에 대해 말해보시오.

– 우리나라의 미세먼지 해결을 위한 방법은?

· 도서관에 자주 가는가?

– 그러면 집 근처에 있는 도서관에도 자주 가는가?

– 일주일에 몇 번 정도 가는가?

· 조금 편하게 읽혔던 책은 어떤 분야인가?

– 다른 친구들에게 책을 소개해준다면?

위의 질문은 철저히 자소서 중심으로 진행되었으며, 어떻게 보면 말꼬리 잡기라는 오해를 받을 정도로 꼬리 질문이 이어졌다. 이런 유형의 질문에 미리 생각을 못한 지원자는 좀 당황스러웠을 거라는 생각이 든다.

사례2

· 자소서에 상식을 벗어나는 참신한 풀이를 요구하는 어려운 수학 문제를 봤다고 했는데 어떤 문제인가?

– 또 무엇이 있는가?

– 어디서 찾아봤는가?

– 융합을 계속 이야기하는 것 같은데 그럼 수학과 뇌과학의 융합은 무엇인가?

– 그래프 이론과 뇌과학이 어떻게 융합되는가?

– 프로젝트랑 뇌과학이 어떻게 융합되는가?

- 4차 산업혁명 관련된 에세이를 썼다고 하는데 그 에세이의 주제문이 무엇인가?
  - 배경 말고 주제가 무엇인가?
  - 에세이에 쓴 내용이 있을 거 아닌가? 그 내용이 무엇인가?
  - 자신이 생각하는 윤리적 기준은 무엇인가?
- 인공지능이 생기면 만들어야 할 도덕적 기준은 무엇인가?
- 오케스트라활동을 했다고 하는데 활동을 하면서 늦는 친구들 때문에 일찍 온 친구들이 불만을 갖지 않았는가?
  - 친구들이 한 번에 설득이 됐는가?

사례1과 마찬가지로 학교 측에선 학생이 자소서에 서술한 내용을 철저히 검증하려고 하는 노력이 보인다. 요즘 자소서 작성에 사교육 기관이나 외부의 도움을 많이 받는다는 소문이 나도는 관계로 학교 측에선 더욱더 면접을 철저히 해서 지원자의 진짜 능력을 알아보려다 보니 압박 면접, 꼬리 질문 등의 기법을 동원하는 것으로 짐작된다.

하나고 지원을 준비하는 학생들은 자소서를 작성할 때 자신이 실제 준비하고 실행한 활동을 기술해야 한다. 섣불리 면접관에게 높은 평가를 받고자 하지도 않은 활동이나 읽어보지도 않은 책을 읽었다고 허위로 작성하면 자칫 면접 과정에서 큰 낭패를 볼 수도 있다. 물론 생기부도 중요하다. 아래와 같은 질문은 당연히 나온다고 예상해야 할 것이다.

- 생기부를 보니까 영어원서를 많이 읽었는데 읽는데 어려움은 없었는가?
- 생기부를 보니까 조퇴가 한 번 있는데 사유가 무엇인가?

그러나 올해 하나고 면접에선 생기부의 내용을 구체적으로 꼬치꼬치 묻는 질문은 별로 없었고 자소서의 비중이 훨씬 커진 느낌이다. 생기부에서 학교 활동 충실도를 많이 보는 편이고, 동아리 및 세특에서 학습에 열정적으로 참여했는지의 여부를 집중적으로 체크하였다. 행동특성 및 종합의견이 좋지 못한 학생들에겐 면접 환경이 우호적이지 못했다.

2019학년도 하나고 합격생들의 특징을 한마디로 요약하자면 내신부터 봉사, 독서이력, 장래 계획까지 철저히 미리 준비를 했다는 점이다. 화려한 스펙보다 교내활동 및 자신만의 학습·탐구활동 내용을 깊이 있게 보여주는 것이 좋으며, 진로 분야에서 이슈가 되고 있는 주제들이 무엇인지 미리 파악하는 것이 압박형 면접에 대비할 수 있는 방법이다. 또한 동아리 및 세특에서 학습에 열정적으로 참여한 기록이 많은 학생들의 합격률이 높았다는 점을 명심하기 바란다.

04 용인외대부고 학교 시스템의 특징 및 대비법

　용인외대부고가 왜 학부모들과 학생들에게 인기 있을까? 모던한 캠퍼스, 특색 있는 교복, 잘 구비된 교육과정. 필자가 보기엔 뭐니 뭐니 해도 균형 잡힌 입시실적 때문인 것으로 보인다. 2019학년도 서울대 진학실적을 보면 외대부고는 수시 최초 합격자 37명, 정시 최초 합격자 36명, 전부 합해서 73명이 서울대에 진학하였다. 예고를 제외하곤 전국 고교 중 1위의 실적이다. 반면에 외대부고와 쌍벽을 이루는 하나고는 수시 49명, 정시 2명인 51명의 실적으로 수시에 편중된 결과를 보여주었다. 학부모들이 주목하는 것은 수시와 정시의 비율이다. 상산고의 정시 25명, 수시 13명처럼 정시에 쏠리지도 않고, 하나고처럼 수시에 편중되지도 않은 균형 잡힌 실적을 학부모들이 높이 평가하기 때문에 외대부고가 인기를 얻고 있는 것이다. 요즘처럼 학종에 대한 비판 여론이 거세지는 환경에서는 외대부고가 더욱더 인기를 얻을 가능성이 높다.

또 외대부고가 인기를 끄는 원인이 현재 불고 있는 '의대 열풍'인 것도 부정할 수 없는 사실이다. 하나고 학생들은 의학계열에 치우치기보다 다양한 분야의 전공을 선택하는 경향이 있는 반면에 외대부고를 지원하는 학생들은 좀 더 의학계열에 진학하려는 경향이 강한 편이다. 그러다 보니 학부모들 사이에서는 의대를 가려면 하나고보다는 외대부고나 상산고를 가야 한다는 인식이 자리 잡게 된 것이다.

외대부고의 특색

외대부고는 2005년 3월, 한국외국어대학교에서 설립한 경기도 용인시 처인구 모현읍에 있는 자율형 사립고등학교이다. 설립 당시에는 '한국외국어대학교부속외국어고등학교'였다. 2008년에는 '한국외국어대학교부속용인외국어고등학교'로 명칭을 변경하였고, 2011년에 전국 최초로 특수목적고에서 자율형 사립고등학교로 전환하면서 2014년에 현재의 명칭인 '용인한국외국어대학교부설고등학교'로 변경되었다. 원래 국제, 인문사회, 자연과학 과정을 나누어 신입생을 선발하였지만 2019학년도부터는 계열 구분 없이 통합 선발하였다. 2019학년도 신입생부터는 1학년 1학기 때 과정 구분 없이 국제, 인문, 자연 모두 같은 과목을 배우고 전교생을 합쳐 성적을 산출한다. 2학기부터 자신이 선택한 계열에 맞추어 교육과정이 편성된다.

교육 프로그램 운영

외대부고는 학생들의 '자율성'을 강조한다. 정규수업이 끝난 오후 5시 40분부터 기숙사 복귀 시간인 11시까지 학생들은 자율적으로 동아리, 방과 후 선택수업(ET), 탐구활동, 스터디 그룹, 야간 자습 등을 진행한다. 교내 행사 및 교칙 등도 직접 기획하고 결정한다. 여기서 ET란 정규과정 외에 진행되는 Elective Tracks를 의미한다. 이는 AP 대비반, 심화학습반, 외국어반, 논술반 등의 방과 후 학교이다. 주중과 주말에 개설되는 외대부고의 ET를 통해 학생들은 진학에 필요한 과목뿐만 아니라 취미, 특기 등을 살릴 수 있는 다양한 수업과 활동을 하게 된다. 외대부고의 또 다른 큰 특징 중 하나가 바로 1인 1음악, 1체육으로 이것도 방과 후 활동에 포함된다. 각자의 흥미에 따라 선택이 가능하도록 선택지도 다양하여 음악은 플루트, 오보에, 클라리넷, 바이올린, 가야금 등의 11개, 체육은 태권도, 라크로스, 농구, 축구 요가 등의 7개 종목 중에서 선택할 수 있다.

외대부고의 가장 특징적인 활동은 '탐구활동'이다. 외대부고에는 여러 분야의 책을 읽고 토론을 벌인 뒤 활동보고서를 쓰거나(R&D Reading & Discussion) 자연과학분야의 주제를 선정한 뒤 팀별로 탐구·실험을 진행하고 연구보고서를 쓰고(ARC Advanced Research Course) 다양한 분야의 주제를 연구한 뒤 영어로 연극, UCC, 전시 형식 등으로 발표하고 보고서를 작성하는(RC&P Research, Creativity & Presentation) 등의 탐구 프로그램이 마련돼 있다. 학생들은 자율적으로 탐구활동에 참여하며 희망 진로 및 관심 분야에 대한 지적 호기심을 충족하고, 팀 프로젝트를 통해 의사소통 능력과 협동심도 기른다. 그리고 외대부고에는 총 208개의 동아리가 운영되고 있다. 매주 2시간의 정규 시수와 동아리별 야간활동을 통해 학생들 각자의 특기와 적성을 계발하는 시간을 가지고 있다. 학습활동을 하는 치의학, 뇌과학, 경제, 경영, 외국어, 심리학에서부터 토론, 예술 경영, 디자인뿐만 아니라 웹툰, 영상 제작, 스포츠, 봉사, 제과 제빵, 앱 제작에 이르기까지 다양한 동아리가 활발하게 활동 중이다. 그리고 다양한 교내 경시대회도 진행된다. 백일장, 논리 사고력 경연대회, 경제 경시대회, 창의 프로그램 경진대회, 빅데이터 통계학 경진대회, 영어 에세이 콘테스트 등 학과목의 지식을 측정하는 경시대회 성격을 탈피하여 자신만의 다양한 장점을 나타낼 수 있도록 경시대회를 운영하고 있는 것이 큰 장점이다.

위의 특색 있는 교육과정 운영으로 외대부고는 정시뿐만 아니라 수시에서도 좋은 실적을 거둘 수 있는 것이다.

2019학년도 입학전형 분석

2019학년도부터는 2018학년도까지 국제, 인문, 자연으로 구분해 지원자를 받았던 과정별 모집을 폐지하고, 일반전형과 사회통합전형 2개 전형으로 구분해 모집하였다. 1단계 교과 성적과 출결로 2배수를 선발한 뒤 2단계 면접을 거쳐 최종 합격자를 정한다. 면접 비중이 확대됐다. 2018학년도에는 서류 25점, 면접 35점을 합산해 60점으로 평가했지만 2019학년도부터는 서류 없이 면접 60점으로 평가했다. 2단계 합격자에 한해 자소서 제출을 요구한다. 교사 추천서는 폐지됐다.

교과 성적은 2학년 1학기와 2학기, 3학년 1학기와 2학기 5개 과목 성적을 반영한다. 국어, 수학, 영어, 사회, 과학의 '성취평가제 성취 수준'을 반영한다. 출결 점수는 교과 성적 총점에서 차감하는 방식으로 반영한다. 결석 일수 1일마다 0.2점씩 차감한다. 2단계는 면접이다. 면접 위원 3인이 면접 대상자 1인을 평가하는 개별 면접이다. 2018학년도까지는 공통 문항 면접이 있었으나 2019학년도부터는 개별 문항만으로 면접을 진행하였다.

2019학년도 일반전형(전국선발) 경쟁률은 2.17:1을 기록하여 2018학년도의 3.14:1보다 소폭 하락하였다. 경쟁률 하락은 특목고, 전국권 자사고, 일반고의 입시 동시 진행과 비평준화지역 학생들의 고교 강제 배정에 대한 우려 때문인 것으로 분석된다.

2019학년도 면접 질문 분석

2019학년도는 공통 문항에서 개별 면접으로만 시행된 첫 해였다. 예상보다 어려웠다는 평가가 많았다. 구체적으로 살펴보면 다음과 같은 문항들이 출제되었다.

- 괴델의 불완전성의 정리와 알고리즘 사이의 관계는 어떠한 것이고, 괴델의 불완전성의 정리의 학문적 결함을 말해본다면 무엇이라고 생각하는가?
- 인공 장기의 문제점과 대체 가능한 기술은 무엇이고, 그 대체 가능한 기술의 장단점이 무엇인지 말해보시오.
- 본인이 했다는 대체 에너지 실험의 과정, 하면서 힘들었던 점, 그것을 통해 얻은 점, 그것이 본인의 과학 공부에 미친 영향을 구체적으로 말해보시오.
- 본인이 학습했다는 대수의 법칙에 대해 설명하고 언론에서 정보를 왜곡할 경우 사회에

미치는 영향이 무엇인지 말해보시오.

- 한국 대선제도와 미국 대선제도를 비교해보고, 한국에 영향을 미친 트럼프의 공약을 2 가지 정도 설명해보시오.
- 의도성이 불러온 조작 예시 2가지를 말해보고, 그런 조작이 발생하는 이유를 설명해보 시오.
- 본인이 구상했다는 가속항체형성 치료제의 원리를 설명해보고, 이 치료제를 구상하게 된 계기를 말해보시오.
- 사회계약론의 개념과 정의를 설명하고, 실제 사회에서 어떻게 작용하는지 말해보시오.
- 가속항체형성 치료제에 사용했다는 인체면역과정을 설명해보시오.

2020학년도 대비법

2019학년도 외대부고 면접 질문의 특징은 자소서 중심으로 진행되었다 는 점이다. 물론 오케스트라에서 무슨 악기를 했는지, 그 악기가 무슨 효과 를 가지는지에 대한 생기부 내에 대한 질문도 있었지만 대부분은 자소서 관 련 사항이었다. 면접 시간은 약 20분 정도로 비교적 길게 진행되었다. 길게 진행되는 것만큼 꼬리 질문이 많았다. 질문 자체의 개수는 많지 않고 주요 질문 3개와 추가 질문으로 구성해 물어보았다. 주요 질문에는 답변 시간을 충분히 주었기 때문에, 단답식 답변보다는 관련 논점을 한꺼번에 다룰 줄 아 는 답변 능력을 키워야 한다. 자소서 내용과 관련된 주변 지식도 함께 물어 보는 경우가 많았다. 학교에선 단편적인 지식을 가진 학생인지, 아니면 자신 이 주장하는 것처럼 일정 영역에서 관련 지식과 사고력을 가지고 있는지를 알고 싶어 했다. 예를 들어 괴델의 불완전성의 정리에 대한 개념을 물어본 것이 아니라 다른 영역과의 관련성과 자신이 가지고 있는 주관적 견해에 대한 질문을 하였다. 이 학생이 만일 자소서를 다른 사람에게 부탁했다면 답하기 어려운 문제들이었다.

그리고 또 하나 합격생들의 특징은 생기부 내용도 타 전국권 자사고 합격자들에 비해 상당히 풍부했다는 점이다. 생기부는 내신 성적, 동아리활동, 독사활동, 봉사활동, 행동특성 및 종합의견, 세부능력 및 특기사항 등을 다 포함하는 것이다. 자세한 스펙을 나열하지 않더라도 우리가 생각하는 것보단 훨씬 활동 시간이나 내용이 풍부하고 다양하였다. 예를 들면 자신의 진로활동이나 동아리활동, 독서활동이 연계됨은 물론 학업 성적까지도 우수한 학생이 많았다는 것이다.

외대부고에 지원하는 학생들은 스펙이나 남들이 높게 평가할 만한 사항을 기술하는 데 신경을 쓰기보단 진정으로 자신이 원하는 영역을 찾아서 생기부를 풍부하게 함은 물론 자신의 진로영역만큼은 깊게 공부를 하는 것이 합격의 열쇠라고 할 수 있을 것이다.

의대 진학의 명문, 전주 상산고

05

상산고는 《수학의 정석》 시리즈를 출간한 홍성대 이사장이 세운 학교이다. 홍 이사장의 수학에 대한 명성 그대로 수학, 과학을 좋아하는 우수한 인재들이 해마다 많이 지원하고 있는 전형적인 이과 중심의 전국권 자사고이다. 그러나 2019년 자사고 재지정 심사에서 전북교육청이 재지정 점수를 타 지역의 70점보다 10점이나 높여 80점으로 설정하는 바람에 과연 재지정 심사에서 통과될지가 관심의 대상이었다. 결국 세간에서 우려하던 대로 6월 20일에 전북교육청은 상산고가 80점에 0.39점이 부족한 79.61점으로, 자사고 지정이 취소된다고 발표하였다. 그러나 26일 교육부가 전북교육청의 재지정 취소 결정에 대해 부동의를 결정함으로써 상산고는 향후 5년간 전국권 자사고의 지위를 유지할 수 있게 되었다. 교육부는 "전북교육청의 사회통합전형 선발 비율 지표는 재량권을 일탈 또는 남용한 것으로 위법하고 평가 적정성도 부족하다고 판단했다."고 자사고 지정 취소에 '부동의'한 이유를 설명했다. 향후 교육부와 전북교육청과의 법적인 다툼은 있을 것으로 보이지만, 5년간 자사고의 지위를 법적으로 보장받았다는 점이 학생들과 학부모 입장에선 다행스럽다 할 것이다.

그러면 이런 화제의 학교인 상산고의 특징을 구체적으로 알아보도록 하자.

첫째, 이과 중심으로 특히 의대 중심 진학 성향이 짙다. 학교 측 자료에 따르면 2019년 졸업생 386명 중 의학계열 진학자만 76명으로 졸업생 대비 19.7%였다. 단연 전국 1위의 실적이라 할 수 있다. 의대 입학전형은 타 계열보다 수능 비중이 높기 때문에 상산고 학생이 정시, 수능에 강하다는 증명 자료가 된다. 상대적으로 서울대보다 의대 진학률이 좋은 학교이다. 2019년도 서울대 합격자는 총 40명으로 정시 27명, 수시 13명이었다. 학생들이 서울대보다 의대 진학을 더 선호하는 추세인 것이다. 상산고를 희망하는 학생의 대부분은 의대 진학을 희망하는 관계로 이과반이 거의 9:1의 비율로 압도적으로 많다.

그러나 요즘은 의대도 입학전형 구조에서 학생부종합전형이 늘어나는 추세고 이공계 특성화대학을 원하는 학생이 늘어나면서 학교에서도 학종 쪽으로 많은 대비를 하고 있다. 이러한 노력은 서울지역 의대를 학종으로 진학하는 학생들이 늘어나고 카이스트나 포스텍, 유니스트 등의 이공계 특성화대학교의 진학실적이 매해 상승하는 것으로 드러나고 있다. 그리고 이러한 수시 중시 방침은 올해 융합형 사고와 개념 이해를 근간으로 하는 면접 문항을 출제함으로써 분명히 드러났다고 할 수 있겠다.

둘째, 재수생 비율이 높다던데 과연 사실일까? 타 학교들에 비해 높은 것은 사실이나 강남지역이나 기타 서울 시내 높은 교육열을 자랑하는 지역의 고등학교들에 비하면 그리 높은 수준은 아니다. 일례로 서울대 합격생 중 재수생 비율은 매년 30~35% 정도로 의대는 50%이며 이는 시중에 떠도는 합격생 중 재수생이 과반수라 '카더라' 같은 소문이 과장되었음을 나타낸다. 또한 수능 결과가 마음에 들지 않아 의대 및 서울대 진학을 위해 연대, 고대에서 반수를 하는 경우를 적지 않게 볼 수 있으며, 서성한 이하에서는 아예 합격하고도 재수를 한다든지, 바로 반수를 준비하는 경우가 많다. 극단적인 경우 지방 소재 의대에서 서울수도권 소재 의대로 진학하기 위해 반수를 하는 학생도 많다고 알려져 있다. 요즘은 이런 추세가 트렌드처럼 여겨지기도 한다.

셋째, 특색 있는 수시 대비 프로그램은 과연 있는가? 상산고는 정시에 집중하기 때문에 수시 대비 프로그램은 특색이 없다고 생각하는데 그렇지는 않다. SSEP Sangsan Self Empowerment Program가 대표적인 수시 대비 프로그램이다. 이 프로그램의 목적은 지적 호기심과 관심을 발현시켜 관심 분야에 대한 자기주도적 활동으로 심화학습 경험을 가지도록 하는 것이다. 구체적으로 보면 유사한 관심사를 가진 동료 학생들로 팀을 조직하고, 집단 토론과 협동학습을 통해 공동 과제에 대한 다각적이고 심화된 탐구활동을 전개하여 창의적으로 사고하는 미래인재의 자질을 함양하는 것이다.

또 특색 있는 프로그램으로는 자발적인 교육기부 동료학습도우미 peer tutoring 프로그램이 있다. 이 프로그램은 학기 중 최소 20회 이상의 활동을 권장하고 이 기준을 충족하는 학생들에 대한 활동 내용을 학교생활기록부에 기록한다(멘토에게 봉사활동 시간은 부여되지 않고, 활동 내용은 '행동특성 및 종합의견'에 기록한다).

넷째, 상산고에만 있는 태권도 수업. 1학년 전원을 대상으로 하는 수업이다. 남학생과 여학생의 구분 없이 태권도를 수련하며 매년 11월에 승단 심사를 시행하고 탈락자에 대해서는 추가 수련과 재심사를 시행하여 1단 이상 취득함을 원칙으로 한다. 겸손과 배려, 인내와 염치, 극기와 백절불굴의 정신을 스스로 가꾸고 만들어가는 학생으로 성장시키는 역할을 하고 있다.

다섯째, 입학전형과 대비법으로, 2019학년도 입학전형은 예년과 다르게 많은 변화를 주었다. 우선 1단계 전형에서 2018학년도에는 5개 과목과 체육 과목의 내신을 보던 것을 2019학년도에는 국어, 영어, 수학+사회/과학 중 택 1 과목을 보고, 2학년 1학기부터 3학년 1학기 내신 성적으로 2배수를 선발하였다. 그리고 2단계에선 수학, 과학융합형 면접과 인성·독서영역의 면접으로 최종 합격자를 선발하였다. 지난해 상산고의 최종 경쟁률은 1.32:1로 전년 대비 하락했다. 정원 내 360명 모집에 474명이 지원하였다. 전형별로는 학교생활 우수자가 1.35:1(모집 263명, 지원 356명), 지역 인재 1.26:1(모집 86명, 지원 108명)을 기록했다. 사회통합은 11명 모집에 10명이 지원해 미달됐다. 전체 지원자 감소로 전형별 경쟁률 전반이 하락했다. 자사고 폐지 논란과 일반고와 동시에 입시 일정을 진행함으로써 불합격 시 원하지 않는 학교에 강제 배정되는 것을 우려하는 시각이 경쟁률에 영향을 미친 것으로 보인다.

그러면 2019학년도 상산고의 면접 문제를 살펴보자.

수학, 과학융합형

- 080415-☆404311(주민등록번호)

  ☆를 구하고 a, b, c, d 중 고르라.

  a. 체육선수를 꿈꾸고 있으며 내일 체육 시간에 열심히 할 것임.

  b. 상산여자중학교에 입학하기를 기다리고 있음.

  c. 아들 3명, 딸 2명을 낳았으며, 손자를 보고 있음.

  d. 10년 전부터 남성 요양병원에 입원함.

- 기존 주민등록번호 방식 중 보완할 점은?

과학

〈제시문〉 저녁, 동굴 안에 흰색, 검은색 고양이가 들어갔다.

   A) 손전등 안 들고 가면 아무것도 안 보일 거야.

   B) 흰색 고양이는 밝으니까 보일 거야.

   C) 고양이 눈동자는 빛나니까 보일 거야.

- A, B, C 중 옳은 사람을 골라라.
- 눈은 왜 흰색으로 보이는가?
- 빨간 사과에 초록색 빛을 비추었을 때 어떻게 보이는가?

인성 · 독서 면접

- YOLO족의 긍정적인 면은 무엇인가?
- YOLO족과 YOLO족을 반대하는 입장 중 하나를 고르고 그와 관련된 책을 이야기 해보시오.

위의 면접 문항에서 볼 수 있듯이 상산고 입시에선 면접이 중요하고, 면접에선 무엇보다 수학, 과학융합형 면접이 중요하다. 그러나 생기부, 독서, 봉사활동의 중요성도 간과할 순 없다. 2019년 여학생 합격자들을 보면 연간 독서 기재 권수가 10~15권 이상, 3개년 봉사 시간이 100시간 이상인 학생들이 많았다. 그리고 학교에서 수학, 과학을 중요시하다 보니 중등 과정의 수학, 과학의 탄탄한 기초 다지기가 필요하며, 창의수학 문제에 대한 대비가 필요하다. 올해 수학, 과학 면접의 경우 작년의 8분보다 긴 20분 동안 질문을 보고 준비한 다음에 들어가서 대답했기 때문에 학생들 입장에서는 더 무난하다고 느꼈을 것으로 보인다. 아울러 탄탄한 독서활동이 필수적이다. 즉 단순히 책의 줄거리만 아는 것이 아니라 책 내용을 바탕으로 생각해볼 문제들이 무엇인지 고민해야 한다. 상산고를 준비하는 학생은 수학, 과학의 심화 능력을 갖추는 것도 물론 중요하지만, 진로와 연계된 깊이 있는 독서와 학교 내 다양한 활동을 통해서 면접과 생기부를 준비해야 한다. 3학년의 세부능력 및 특기사항과 행동특성 및 종합의견을 학교 측에서 보지 못하는 관계로 1, 2학년 생기부 관리에 좀 더 신경을 써야 할 것이다.

한마디로 종합하자면 상산고는 영재고나 과학고 진학을 대비해서 학습한 학생들에게 유리한 입학전형과 면접유형을 유지하고 있다. 혹시 올해 영재고, 과학고 입시에서 좋지 못한 결과를 받은 학생들은 낙심하지 말고 상산고에 꼭 도전해보길 권한다.

요즘 핫한 학교, 인천하늘고

06

근래 서울지역 중학생들은 부쩍 인천 영종도에 있는 인천하늘고 얘기를 많이 한다. 학부모들도 인천하늘고에 자녀를 보내고 싶다는 희망을 비치곤 한다. 왜 인천하늘고를 얘기하는 것일까?

2011년 개교한 인천하늘고는 2019학년도 서울대 진학생 총 12명이 수시로 10명, 정시로 2명 진학하여 수시 중심의 학교임을 유감없이 보여주었다. 2014년 첫 졸업생을 배출한 이 학교가 이렇게 이른 시일 내 명문고가 된 주요 배경은 인천공항공사의 든든한 지원이다. 인천공항공사가 학교 건립 비용 489억 원을 모두 부담했고, 매년 20억 원이 넘는 학교 운영비도 지원하고 있다. 인천공항 근무자들에게 좋은 교육 여건을 제공한다는 취지로 전체 학교 운영비의 20%가량을 인천공항공사에서 지원하는 것이다. 그런데 이런 인천하늘고의 앞날에 큰 변수가 생겼다. 공기업인 인천공항공사를 관리·감독하는 국토교통부가 인천공항공사의 인천하늘고 지원이 바람직하지 않다고 판단했기 때문이다. 공기업이 수익의 일부를 사립학교에 지원하는 것은 문제가 있다는 감사원의 지적에 따라 공사의 지원 규모를 점차 줄이기로 한 것이다. 이에 따라 개교 이래 매년 25억 원씩 책정됐던 인천공항공사의 인천하늘고 지원금이 지난해 처음으로 21억 원으로 줄었다. 또 2021년부터는 지원금을 지금의 절반 수준인 12억 원으로 줄이기로 인천공항공사와 국토부가 합의하였다. 국토부는 점차적으로 지원금 규모를 줄여 인천하늘고는 공립으로 전환할 장기 계획을 갖고 있는 것으로 밝혀졌다. 지원금이 줄면 학부모의 학비 부담은 더 늘어날 가능성이 높다. 인천하늘고가 공립으로 전환하면 학교의 운명은 달라질 전망이다. 하지만 아무리 정부의 의지가 강하다 해도 실제 인천하늘고를 공립으로 전환하기는 쉽지 않다. 기존 사립학교를 강제로 공립으로 바꿀 이행 수단이 정부에 없기 때문이다. 그래서 당분간은 현행 체제에 급격한 변화가 오리라고 보이지는 않는다.

학교 시설

학교 시설은 거의 전국 최고 수준이다. 2012년에는 10개 교육청 16개교가 응모한 우수시설학교 공모에서 대상을 수상했다. 4인 1실의 기숙사 시설도 가지고 있다. 기숙사 룸메이트는 2월 신입생 3박 4일 적응 프로그램(품격 교육) 때 처음으로 배정되며, 이후 1학기 기말고사가 끝나는 7월 초, 2학기 기말고사가 끝나는 12월 중순에 바뀐다.

교육과정

전교생 기숙사 체제로 한 달에 한 번 귀가하기 때문에 인천하늘고 학생들은 사교육을 접할 시간이 없다. 대신 학교 안에서 부족한 과목의 공부를 집중 지도받거나 심화학습을 하는 데 부족함이 없다. 교과별 수업은 수능을 대비한 일률적인 암기 수업이 아닌, 토론 발표 위주의 수업으로 진행된다. 영어의 경우 수능 중심 수업이 아닌 '비판적 생각'을 갖추기 위한 영어 원서 읽기 수업이 실시되고, 하나의 주제에 대해 여러 입장이 담긴 짧은 에세이를 학습한 후 자신의 생각을 5개 단락으로 쓰는 에세이 평가를 하는 식이다. 심화교육 프로그램으로는 고급수학, 고급물리, 고급화학, 고급생명과학을 운영한다. 고급수학과 고급과목은 자연계 학생에게, AP 과정은 고3 전체에게 실시한다. 주중 및 주말 방과 후 프로그램으로 운영하며, 학생 중심의 수준별 다양한 교육 프로그램을 제공한다. 소수의 학생이 원해도 프로그램이 개설되는 특징으로 사교육이 전혀 필요 없다.

최근 주목받는 프로그램은 '창의융합 R&E'이다. 교수, 교사, 학생 연구원들이 하나의 주제를 분야별로 연구하는 협업 프로젝트로, '신호연을 활용한 이순신 함대의 암호통신체계 연구'를 통해 언론의 조명을 받기도 했다. 해당 연구에 참가한 30여 명의 인천하늘고 학생들은 최근 언어폭력 관련 연구 보고를 내기도 했다. 교수, 교사와 함께 청소년 사이에 만연한 욕설 중독 현상을 공학, 역사, 문학, 수학 등 8개 분야에서 연구해낸 것이다. 뇌 연구나 자율신경계 분석을 통한 대목은 그 전문성까지 인정된다. 결과물을 체계적으로 정리해 초등학교 저학년의 욕설예방과 치료교육 자료로도 개발할 예정이라 연구 결과물의 실용성 측면까지 아울렀다.

또 한 가지는 교육격차 해소를 위한 '소수 강좌 개설'이다. 성적이 떨어지는 학생들을 위해 소수 강좌를 개설한다. 일반적으로 20~30명 대상의 방과 후 수업이 아니라 주중, 주말 전반에 2~3명을 대상으로 하는 수업도 실시하고 있다. 교사들도 학생부 기록을 어떻게 할지, 수업 중에 어떻게 책을 읽힐지에 대해 연수와 회의를 자주 하고 교사들이 매우 협조적으로 응한다. 이러한 교사들의 열의가 우수한 수시실적으로 나타나고 있는 것이다.

2019학년도 입학전형

정원 내에서는 총 5개 전형으로 225명을 선발하고, 정원 외에서는 2개 전형으로 10명 이내로 선발한다. 정원 내 전형은 인천공항 종사자 자녀전형, 지역주민전형, 인천전형, 전국전형, 사회통합전형으로 나뉜다. 인천공항 종사자 자녀전형이나 지역주민전형, 사회통합전형은 경쟁률이 1~2 안팎으로 그리 높지는 않은 편이지만 인천전형과 전국전형은 각 전형당 25명만 선발하기 때문에 경쟁률이 6:1이 넘는다. 그나마 인천전형은 인천공항 종사자 자녀전형에서 미달되면 그 미달된 인원이 전부 인천전형으로 충원되기 때문에 경쟁률이 줄어드는 경우가 있지만(2017년 기준 미달 인원 3명) 전국전형은 인천공항 종사자 자녀전형에서 미달이 되어도 전혀 영향을 안 받기 때문에 항상 높은 경쟁률을 유지한다. 그러나 2019학년도에는 2018학년 6.56:1에서 3.68:1로 경쟁률이 감소하였다. 2019학년도 신입생 경쟁률 감소는 문과·이과 통합, 자사고 후기고 변환, 인천·경기지역 학생들의 불합격 시 원하지 않는 일반고 배정에 대한 우려 때문인 것으로 분석된다.

하늘고는 교과 성적과 출결 사항으로 1단계 합격자를 2배수 선발한 후 면접을 보고, 1단계 성적과 면접 성적을 합산해 최종 합격자를 선발하는 방식의 입학전형을 실시한다. 면접은 공통 질문과 개별 질문이 주어지는 형식이다.

1단계 교과 성적은 240점 만점이다. 국어, 수학, 영어, 사회, 과학의 다섯 과목으로 교과 성적을 산출한다. 1학년 성적은 반영하지 않으며 2학년과 3학년의 총 4개 학기 성적만 반영한다. 2학년 40%, 3학년 60%로 3학년 성적의 비중이 상대적으로 크다. 그리고 특이한 점은 지원자가 선택한 1개 성적에 대해서는 성취도를 1단계 높여 처리한다는 점이다. B가 하나 있는 경우라면 1단계 교과 성적에서 만점을 받을 수 있다는 얘기다.

2단계에서 시행되는 80점 만점의 면접은 지난해 대비 다소 변화가 있다. 지난해에는 자소서와 학생부 추천서를 바탕으로 면접을 진행했지만, 올해는 추천서를 폐지하고 자소서와 학생부만으로 면접을 진행한다. 추천서 폐지에 더해 또 다른 특징은 학생부를 면접의 '참고자료'로만 사용한다는 점이다. 입학 관계자는 "예전에는 학생부 요소들을 점수화해 면접에 반영했지만, 올해는 참고자료로만 활용하기로 했다. 한국교육과정평가원에서 내려온 지침을 따른 것"이라고 설명했다. 면접 진행 방식은 3인 이상의 면접위원이 참여하는 개인별 면접으로 공통 질문과 개별 질문이 각각 주어진다. 개별 질문은 3개, 공통 질문은 1개다. 평가영역은 자기주도학습영역 60점, 인성 20점으로 구분된다. 면접은 총 16분간 진행된다. 공통 질문 구상 시간 8분과 면접 시간 8분 구성이다. 대부분의 학생이 올 A이므로 면접이 실질적으로 당락을 결정

짓는다고 볼 수 있다.

2019학년도 면접 문항 분석 및 2020학년도 대비법

먼저 공통 질문을 보면 다음과 같다.

공통 질문

- 제시된 A, B 지문을 자유롭게 활용하여 가, 나, 다 지문에 대한 자신의 생각을 자유롭게 말하시오.
  A. 민주주의에 관한 내용
  B. 철학정치에 관한 내용

  가. 소득을 사람의 키를 이용한 그래프로 표현한 내용
  나. 사회발전으로 인해 출산 시 정상체중이 늘어난 것에 대한 내용
  다. 영어 지문: 살기 좋은 곳에 소가 계속 모여들었던 것에 대한 내용

개별 질문

- 자소서에 보니까 양성평등이 잘 이루어지고 있는지에 대한 프로젝트를 진행했다고 했는데 이 진행상황에 대해서 설명하시오.
- 통계학과 해외봉사 기업을 어떻게 연관 지어서 이루어나갈 것인가?
- 생기부에 있는 《통계학, 빅데이터를 잡다》라는 책 말고 통계학에 대한 책을 읽은 것이 있는가?
- 생기부를 보면 3년 내내 같은 직업을 지향한 바에 비해 다른 활동을 한 게 없는데, 3학년 때 책 읽은 것 말고 다른 활동을 한 게 있나요?

인천하늘고는 사회계열 공통 질문이 지속적으로 출제된다. 공통 질문 답변을 위해 법, 경제, 과학, 윤리 등의 내용을 학습할 필요가 있다. 올해는 민주주의와 철인정치에 관한 지문을 준 후 이것을 응용해서 소득 격차, 신생아의 건강 상태 변화, 공유지의 비극에 관해 설명을 요구하는 문항이 나왔다. 이 공통 질문 답변에서 상당 부분 당락이 좌우되었을 것이다.

공통 문항 면접의 대비를 위해서는 사회현상에 대한 풍부한 배경지식이 필요한데 이 지식은 한두 달 안에 갖추기는 매우 힘들다. 평소에 꾸준히 독서를 해야 가능할 것이다. 그리고 화려한 스펙보다는 교내활동 및 자신만의 학습·탐구활동 내용을 깊이 있게 보여준 학생의 합격률이 높았다. 이것은 당연히 1학년 때부터 꾸준히 학교생활을 열심히 한 학생이 유리하다고 할 것이다.

인천하늘고는 항상 면접이 어렵다. 그래서 지레 겁을 먹고 포기하는 학생들도 많다. 그러나 평소에 학교생활과 독서를 열심히 해서 대비를 잘한 학생에겐 오히려 합격하기에 어렵지 않은 학교라는 점을 강조하고 싶다.

07 전국권 자사고 전통의 명문, 민족사관고

최명재 전 파스퇴르유업 회장이 1996년 설립한 민족사관고는 상산고, 해운대고, 현대청운고, 포항제철고, 광양제철고와 함께 자사고의 전신인 6개 자립형 사립고 시범학교였으며 원조 자사고이다. 민사고는 영국의 이튼스쿨, 미국의 필립스 아카데미 앤도버 같은 세계적 사립학교를 지향하였다. 최 이사장은 서구식 귀족학교 시스템에 민족주체성교육, 영재교육, 지도자 양성이란 이상을 담으려 노력했다. 그러나 1997년 IMF 경제위기 상황에서 민사고의 젖줄인 파스퇴르유업은 1998년 1월에 부도가 났고, 2004년 한국야쿠르트에 매각됐다. 이후 2010년 롯데푸드에 다시 팔려 지금까지 명맥을 이어오고 있다. 전액 무상이었던 민사고는 타 자사고처럼 수익자 부담 원칙으로 선회하였다. 개인적으로는 민사고가 지금처럼 꿋꿋이 개성적이고 학생 중심적인 교육과정을 운영하는 특색 있는 학교로 남아주었으면 한다.

민사고는 지금까지 '무감독 자율시험 시행', '교육개발원 영재교육 시범학교 선정', 'AP시험(물리, 수학, 미시경제, 거시경제, 통계, 미적분, 물리, 역학 물리, 화학) 세계 최우수 학교 선정', '무학년과 무계열 교육과정 운영' 등으로 출세를 위한 공부가 아닌 학문을 위한 공부를 하는 학교로 유명하다. 교과와 비교과 부분도 다양하다. 다산 생가, 국립현충원, 독립기념관 등 문화유산답사, 애국 조회, 성년례, 삼일절 입학식, 태권도, 검도, 국궁, 사물놀이 등 다양한 활동을 추진하고 있으며, 9박 10일 동안 미국으로 가는 비전트립이라는 수학여행도 '왜 자신이 공부해야 하는가?'에 대해 고찰할 기회를 제공해준다고 하여 많은 학부모의 관심을 유도했다.

2019년 서울대 진학에서는 36명(수시 최초 21명+수시 추합 1명+정시 최초 14명)을 기록하여 최고 명문고답게 우수한 실적을 자랑하였다. 2018년 수시 22명, 정시 11명의 실적과 비교하면 정시에서 인원이 더 늘어났다. 올해 진학실적의 특징은 역시 수시 중심의 실적이라는 점이며 그에 못지않게 정시 실적도 좋은 점이 눈에 띈다. 그러면 민사고의 교육과정과 입학전형에 대해서 구체적으로 알아보도록 하자.

교육과정의 특징

민사고는 '소수정예 영재교육'을 표방한다. 한 학년 선발 인원은 165명 이내로 제한한다. 1~3학년 전교생이 457명(2015년 기준)인데 학기마다 개설되는 수업은 무려 250과목이다. 학생들은 학년이나 계열에 관계없이 자신이 원하는 과목을 선택하고 수강 신청을 해 시간표를 짠다. 필수 과목을 제외한 선택 과목의 경우, 수업 당 수강 인원은 5~7명 정도다. 수강 신청 인원이 적어도 쉽게 폐강하지 않는다. 정규 과목 대신 개별 탐구활동 Individual Research 이나 학생의 개별 프로젝트로 전환해 이를 배우기 원하는 1명의 학생에게도 기회를 제공한다. 민사고에는 교무실이 아예 없고, 수업은 교실이 아닌 교사 연구실에서 이뤄진다. 민사고 교사 75명은 모두 개인 연구실을 갖고 있다. 학생들은 수강 신청 후 과목을 개설한 교사의 연구실을 찾아가 수업을 들으면 된다.

또한 민사고의 교육 특징으로는 '민족교육'을 들 수 있다. 음악 시간에는 사물놀이와 대금, 가야금 등 전통 악기를, 체육 시간에는 태권도와 검도, 궁도를 배운다. 또 필수 과목으로 '한국학 특강'과 '전통과 리더십'이라는 수업을 들어야 한다. 한국학 특강 시간에는 국어, 과학, 수학 교사들이 돌아가며 한글, 한식, 한국의 건축양식, 한의학 등에 대해 다룬다. 전통과 리더십 수업에서는 '정도전과 이방원', '마틴 루터 킹과 말콤 엑스' 등 한국과 세계의 위인에 대해 학생들이 연구 발표하는 시간을 가진다.

민사고에선 인문과학과 자연과학의 수준 높은 과목들을 두루 섭렵할 수 있는 기회가 풍부하게 제공되어 어느 한쪽으로 깊이 있게 공부할 수도 있고, 다양한 분야를 폭넓게 공부할 수도 있다는 장점이 있다. 또한 고3까지 정상적으로 다양한 예술 및 체육 수업을 진행해 교과에만 머무는 수업을 지양하고 있다.

또 하나의 특색 있는 교육으로는 영어 상용화 정책, 약칭 EOP English Only Policy라고 해서 국어, 국사, 국악과 같은 일부 수업을 제외하고는 모두 영어로 수업을 진행한다는 정책이 있다. 또한 학교 내에서라면 어디서든 일상생활에서 영어로 대화를 해야 한다. 그러나 실제로는 영어 관련 과목, 외국인 교사가 가르치는 과목을 제외한 나머지는 일반적으로 한국어로 가르친다. 이런 교육정책을 가졌으니 당연히 입학전형에 영어 면접이 포함된다.

민사고에는 셀 수 없이 많은 동아리와 봉사단체가 존재한다. 2018년 기준으로 학교 동아리 개수는 28개, 자율 동아리는 102개이다. 민사고에서 동아리는 처음부터 끝까지 '학생 자율'이라는 원칙을 지킨다. 동아리 기획부터 모든 활동에 교사의 관여는 일체 없다. 한 학생당 3~4개의 동아리에 가입해 활동한다. 동아리 종류도 다양하다. 음악 관련 동아리만 해도 관현악 오케스트라와 밴드부, 국악기를 다루는 부서까지 있다. 체육활동을 하는 동아리는 인기가 높다. 남학생이 선호하는 농구와 축구는 물론, 여학생을 위한 소프트볼과 배구팀도 인기다. 집중력을 기를 수 있는 궁도, 강한 체력과 협동심을 기를 수 있는 조정팀도 있다. 체육 관련 동아리가 활성화된 이유는 민사고의 시설이 잘 갖춰진 덕분이다. 야외 시설로는 축구장, 야구장, 테니스장, 풋살 경기장, 국궁장 등이 국제대회를 치를 수 있는 규모로 마련돼 있다. 실내 스포츠를 즐길 수 있는 체육교육관은 지하 1층, 지상 2층으로 농구, 탁구, 검도, 배드민턴 등을 즐길 수 있다. 4층 건물에 따로 마련된 골프장은 60명이 동시에 이용할 수 있는 크기다. 이외에도 교지 편집이나 사진 촬영, 요리나 다도를 하는 동아리 등이 다양하게 갖춰져 있다.

2020학년도 입학전형

1단계에서는 교과 성적 100%로 정원의 2배수 이내를 선발한다. 작년의 3

배수에 비해 선발배수가 줄었다. 전형 단계가 축소된 탓이다. 반영 학기도 한 학기 더 늘었다. 2학년 1학기부터 3학년 2학기까지 반영한다. 학기별 반영 비율은 2학년 1학기 20%, 2학년 2학기 20%, 3학년 1학기 30%, 3학년 2학기 30%이다. 전 교과 성적을 반영한다. 자유학기 등으로 한 학기 이상 성적이 없는 경우 가장 최근 학기 성적을 해당 학기 성적으로 반영한다.

2단계는 교과 성적, 서류 평가, 면접 및 체력 검사다. 서류 평가에서는 자소서 추천서 등 제출 서류를 바탕으로 복수의 평가 위원이 종합 심사한다. 면접은 개별 면접 방식으로 자기주도학습 역량과 영재성(발전 가능성), 공동체 생활 역량, 인성 등을 평가한다. 5개 면접실을 도는 방식으로 진행된다. 면접은 1개 영역에 20분으로 총 100분 동안 실시한다. 필수 4영역과 선택 1영역으로 구성되어 있다. 필수 4영역은 우리말의 이해(국어문화에 대한 이해와 국어 사용 능력), 실용영어(영어로 진행되는 본교 수업 이수 가능성과 창의적 사고력 등), 수리적 사고(논리력 분석력 창의력 등), 행복한 학교생활(공동체생활 역량 및 인성, 본교 교육 목표 성취 적합성, 기숙학교생활 적합성, 건강한 자아 적합성 등)이다. 선택영역은 총 6개 중 하나를 택한다. 물질의 이해, 생명의 이해, 힘과 운동의 이해, 지구의 이해, 정보의 이해(이하 생활과학영역, 생활에서 부딪히는 과학적 상황에 대한 이해력, 창의적 접근력, 문제해결력 등 측정), 인간사회의 이해(중학교 역사, 사회교과에 대한 종합적 이해를 바탕으로 인간사회 문제에 대한 비판적, 창의적, 합리적 분석 소양 측정) 중 선택한다. 체력 검사는 왕복 오래달리기(셔틀런)이다.

최종 합격자는 1, 2단계 전형 결과를 종합 심사해 입학전형위원회에서 선정한다. 내신, 서류 평가, 면접, 체력 검사의 전형까지 치른 학생들의 단계별 점수를 단순 합산한 총점 순으로 합격자를 결정하는 것이 아니라 16명의 교사로 구성된 입학전형위원회에서 각 학생들의 전형 요소별 우수성에 대해 종합 심사해 합격자를 선정하는 것이다.

2019학년도 면접 문항 분석 및 대비법

민사고 홈페이지의 지원자격란을 보면 '민사고에서 영어로 진행하는 수업에 원활히 참여할 수 있는 자'라는 자격을 명시해두었다. 민사고 관계자는 "민사고는 학교 정규 일과 중에 영어를 상용하며 많은 교과 수업에서 영어 원서 교재를 쓰고, 평가까지 영어로 진행한다."며 "민사고 교육과정을 충실히 소화해 성장하기 위해서는 적정 수준의 영어 능력이 필수다. 외부 공인 성적을 제출할 필요는 없다. 학생 스스로 적정 수준의 영어 능력을 갖추기를 원해서 입학 요강에 삽입된 지원 자격이다. 전형 과정에서 학생이 학교에서 진행하는 영어 수업에 원활히 참여할 수 있는지 검증한다."고 설명했다. 이러한 배경으로 민사고에서는 영어 면접이 행해진다. 2019학년도에는 완벽주의에 관한 지문이 제시되었으며, 5분의 준비 시간이 주어졌다. 모르는 단어는 질문 가능하였다. 전체 글을 요약하고 완벽주의의 긍정적 영향이 어떻게 사회에 발현되고 있는지에 대해 말해보라는 질문이 주어졌다.

민사고는 중학교 성적 최상위권 학생들만 진학하는 학교라 1단계 교과 성적 평가는 사실상 변별력이 떨어진다. 그리고 내신에서 B를 얻은 학생들도 합격한 경우를 종종 볼 수 있다. 민사고 선발전형의 핵심은 생기부나 자소서, 내신 성적보단 영역별 면접에 있다. 그러나 면접은 일부에서 생각하듯

수학영역이나 과학영역에서 KMO나 경시대회 수준의 문제가 출제되진 않는다. 중학교 과정의 수학, 과학영역을 철저히 학습한 학생은 대답할 수 있는 수준으로 출제되니 너무 겁을 먹지 않아도 되겠다. 그러나 민사고는 유독 서울 강남권의 학생들 사이에서 인기가 높고 지원자가 많은 것은 사실이니 참고하기 바란다. 민사고 합격생들은 한결같이 '다양한 경험'이 중요하다고 얘기하고 있다. 예를 들면 뇌과학이라는 분야에 대한 관심이 생기면 대학 교수님들에게 편지를 보내 궁금한 점을 묻기도 하고, 관련 세미나에 참석하면서 뇌과학 분야에서 구체적으로 어떤 일을 하고 싶은지 알아갔다고 말한다. 다른 예로는 중학교 시절 앱을 개발하고 3D 프린터를 이용해본 경험 등이 입학은 물론 학교생활을 하는 데도 큰 도움이 되었다고 얘기한 학생도 있다. 공부만 하기보다는 학교에서 운영하는 프로그램에 참여하며 미래에 어떤 사람이 돼서 어떤 일을 하고 싶은지 고민해보는 학생이 민사고에 적합한 유형이라 할 수 있다.

원조 자사고, 경북의 명문 포항제철고

08

포항제철고는 원래 포스코 직원들을 위해 만들어진 학교이다. 학교 설립 이전 포스코 직원들은 자녀교육 때문에 서울로 직장을 옮기기를 원했고, 주말이 되면 가족이 있는 서울로 가는 등 불안정한 생활이 이어지자 회사가 직원들이 생활 안정을 되찾고 수준 높은 자녀교육을 할 수 있도록 포항의 지곡동에 고등학교를 지었다. 학교에는 회사 직원의 자녀와 일반인 자녀들이 자유경쟁을 통해 입학하였고, 포스코 재단에서는 학교에 재정적 지원을 아끼지 않았다. 1981년 개교한 포항제철고는 2001년에 자립형 사립고등학교 시범학교로 지정받아 운영되다가 2010년에 자율형 사립고등학교로 지정되었다.

포항제철고의 서울대 진학실적은 원조 전국권 자사고의 명성답게 꾸준한 편이다. 2019학년도 서울대 진학실적도 수시 18명, 정시 5명으로 전국 순위

16위를 기록하였다. 이런 꾸준함은 아마도 학교의 탄탄한 수시 대비 프로그램 덕분인 것으로 보인다. 2002년 러시아 대학 교수를 초빙해 진행하는 수월성교육 프로그램인 HSP Honors Students Program 를 도입했고, 2005년부터 국내 대학 교수들을 초빙해 R&E 교육 프로그램을 운용, 심화·특성화학습 프로그램을 강화했다. 그 결과 2010년부터 서울대 수시 합격생 숫자가 두 자리로 뛰어올랐다. 최상위권 학생들을 위한 프로그램도 적극 개발했다. 다양한 수준의 학습 동아리와 봉사활동 중심의 자율 동아리활동이 그것이다. 최근에는 토론 수업도 강화하고 있다. 교사들이 하브루타 교수법 연수를 받아서 유대인식 토론법을 수업에 적용하고 있다. 이 외에도 학생들이 진행하는 모의 UN 토론대회인 포스문POSMUN, 학생들이 TED 강연 동영상을 제작해 경연을 펼치는 포스테드POSTED 등을 활발하게 펼치고 있다.

포항제철고의 특색 있는 학습 프로그램으로는 아래의 4가지를 꼽을 수 있을 것이다.

ITP Integrative Thinking Program

ITP는 1학년 성적 상위권 학생 약 180명을 대상으로 융합사고력을 길러주기 위한 기본 소양교육 프로그램으로 포스텍 교수로부터 컴퓨터 프로그래밍 C언어, Python언어 강의를 듣는 프로그램이다. 컴퓨터 프로그래밍 언어는 공통으로 배우고, 수학사 탐구(1), 수학사 탐구(2), 과학사 탐구, 인문고전 탐구, 사회과학 탐구 중 1강좌를 각자의 희망에 따라 듣는다. 강의는 영어로 진행되며 방학이나 평일 저녁 또는 토요일에 실시한다.

ATP Advanced Thinking Program

기존에 시행하던 R&E보다 더 발전된 사고 함양 프로그램인 ATP는 학교의 정규교육을 심화하기 위해 마련됐다. 수업 중 자신의 관심 분야를 조금 더 깊이 있게 탐구하기 위해 학생이 주제를 정하고, 교사의 조언을 받아 실험이나 탐구를 수행한 후 보고서를 제출한다.

2학년 성적 상위권 학생 약 120명을 대상으로 같은 주제를 가진 5~6명이 조를 편성해 모두 20여 개의 조로 운영되는데 수학, 물리, 화학, 생명과학, 인문학, 사회학 등 다양한 분야의 내용으로 탐구활동이 진행된다. 담당 교사나 교수로부터 팀 내의 개인 능력과 활동을 서술식으로 표현한 평가 결과를 받으며 학생들은 이 프로그램으로 폭넓은 시야를 가질 수 있고, 진로 탐색을 하고, 대입전형 자료로도 활용할 수 있다.

IR Individual Research

IR은 학생들 중 희망자가 학습과 관련된 분야나 자신의 관심 분야의 탐구 활동을 진행하여 그 결과를 소논문이나 보고서로 작성해 제출하면 심사 후 인증해주는 제도로, 학년별로 수십 명 또는 수백 명이 참여한다.

하크니스식 토론학습

하크니스식 영어 수업은 미국의 유명한 사립 기숙학교인 필립스 엑시터 아카데미에서 실시하고 있는 토론식 학습이며, 포스코 재단의 지원으로 포항제철고 교사가 직접 연수를 받았다. 하크니스식 토론학습은 학생들이 소설 등의 원서를 읽고 감상문을 에세이 형태로 쓰면 교사가 첨삭을 해주고 학생들이 모여서 영어로 토론하는 형태의 수업이다. 학생들은 이 수업에서 자신들의 의견을 발표하고 교환한다. 학교는 이 하크니스식 수업을 우선 영어 수업에 적용했다. 이 토론 수업은 상위권 반의 다른 교과 수업에도 점차 적용할 예정이다.

입학전형

포항제철고는 2019학년도에는 일반전형A 144명(전국 100명, 포항시 44명), 일반전형B(포스코 임직원 자녀) 180명을 선발하였다. 일반전형 경쟁률은 1.97:1로 2018학년도의 3.67:1보다 감소하였다. 이렇게 경쟁률이 감소한 이유는 일반고와 입시를 동시에 진행해서 불합격 시 원하지 않는 고교에 배정받지 않을까 하는 우려 때문인 것으로 보인다. 1단계 전형은 2학년 1학기~3학년 1학기 5개 과목 내신으로 2배수를 선발했고, 내신 성적(160점)+출결(감점 처리)이었으며, 2단계 전형은 1단계 성적(160점)+서류(20점)+면접(20점)으로 최종 선발하였다.

2019학년도 면접 문제

8분간 생각할 시간이 주어지고, 큰 주제 두 개에 문제가 각각 두 개씩 주어진다.

공통 질문

〈지문1〉 비만세의 정의와 비만율, 비만을 통해 생기는 질병 정리에 관한 내용

〈지문2〉 국민 건강증진법의 '국가는 국민의 건강을 지키기 위해 노력해야 한다'는 문헌 법에 제시되어있는 국민의 행복을 추구할 수 있는 권리라는 내용
- 비만세에 대해 찬반 의견을 말해보시오.
  - 비만세가 시행될 경우의 경제적인 측면을 분석하시오.
- 핵폐기물을 처리할 때 20년 동안 수조 바닥에 놓는데 그 이유가 무엇인가?
  - 다른 해결 방법은 없는가?

개별 질문

- 친구, 선생님과 갈등이 생긴다면 어떻게 할 것인가?
- 보통 양쪽에게 책임이 있는 경우가 많은데 그때는 어떻게 할 것인가?
- 생기부에 있는 나쁜 평가 관련 질문
- 학교의 프로그램 중 이용하고 싶은 프로그램은 무엇인가?

입시 대비법

포항제철고는 전통적으로 생기부와 면접을 균형 있게 다루는 편이며, 생기부 내의 활동에선 특히 독서영역을 주의 깊게 보는 것으로 알려져 있다. 그리고 면접에선 공통 질문의 비중과 개별 면접의 비중이 거의 같은 것으로 보이며, 개별 면접에선 주로 자소서 내에서 질문이 많은 편이다. 포항제철고 선발의 특징은 우리가 생각하는 모범생의 범주에서 벗어나지 않는다. 내신 성적과 비교과활동을 골고루 잘하는 학생을 선호한다. 포항제철고 진학을 생각하는 학생들은 내신 성적 관리 및 독서활동을 열심히 하는 것이 유리하다.

경남지역 의대 진학의 명문, 현대청운고

09

현대청운고는 울산광역시에 위치하고 있다. 2002년 일반 인문계 고등학교에서 자립형 사립고등학교로 전환하였다. 현재 경남·부산지역의 유일한 자율형 사립고등학교이다. 지금은 현대중공업이 학교를 운영하고 있다. 진학 실적의 특이한 점은 전주의 상산고와 비슷하다는 점이다. 상산고와 같이 의대 진학 비율이 타 학교에 비해서 월등히 높다. 그래서 경남지역의 학생들 중 의학계열 진학을 원하는 학생들 사이에선 제1의 선호도를 자랑하는 학교이다. 전 현대그룹 고 정주영 회장이 건립한 학교여서 입학 면접 시 반드시 정주영 회장과 관련된 문제를 하나씩 내기도 할 정도이다. 현재도 자기소개서에 정주영 회장과 관련된 문제를 반드시 한 개씩 출제한다. 현대청운고의 특색 있는 학교 프로그램을 꼽으면 다음과 같다.

PTP Peer Tutoring Program 활동

자신 있는 과목을 다른 학생들에게 직접 가르치는 프로그램이다. 학기 초 튜터 Tutor, 즉 가르치는 학생들은 자신의 PTP를 구상하고 같은 학년이나 다른 학년에게 그것을 가르친다. 국어, 영어, 수학, 물리, 화학, 생물, 지구과학, 경제 등 다양한 교과 과목에 대한 활동이 이루어지고 있다.

T&L Teaching and Learning 활동

다른 학년이나 다른 반의 학생들에게 가르칠 수 있는 PTP와는 다르게 같은 반의 학생들이 그룹을 이루어 서로 자신 있는 분야를 가르치는 프로그램이다. 그렇기 때문에 '교학상장 프로그램'이라고도 불린다. 보통 3~5명이 한 조를 이루며, 매 차시마다 학생들끼리 돌아가며 자신 있는 분야를 가르친다. 수학, 영어, 국어, 과학, 교과 외 내용 등 어떠한 것을 가르치더라도 상관없다.

독특한 면학 분위기

현대청운고등학교의 최대 장점 중 하나는 면학 분위기이다. 각 중학교의 상위권 출신들로만 이루어진 집단의 특성상 다른 학교에 비해 면학 분위기 조성이 수월하다는 것은 어찌 보면 당연한 일이다. 이를 가장 잘 보여주는 것이 무감독 자습, 무감독 시험이다.

청운고 학생들의 야간자율학습은 1학년의 경우 교실에서 2, 3학년의 경우 정독실이라 불리는 5층 자습실에서 이루어진다. 완전한 무감독 자습으로 운영된다. 모의고사는 무감독 시험으로 오래전부터 전 학년에서 시행되고 있다. 시험이 시작될 때 시험지와 답안지를 배부한 후 시험이 끝날 때 들어와서 거둬가는 것이 시험 감독의 임무이다. 청운고에서의 학습은 상당히 자율적으로 이루어진다. 이는 청운고 학생들의 대다수가 알아서 열심히 공부하는 학생들이라는 점에 기인한다. 물론 타 전국권 자사고도 면학 분위기가 좋지만 특히 현대청운고는 그곳만의 독특한 분위기를 유지하고 있다는 점에서 특색이 있다.

2019학년도 입학전형

1단계에서 교과 성적과 출결로 정원의 2배수를 선발한 뒤 2단계에서 서류 평가와 면접 평가를 실시한다. 1, 2단계 점수 각 500점을 합산해 1000점 만점이고 최종 합격자는 고득점 순으로 선발한다. 1단계 교과 성적 반영 범위가 작년 3개 학기에서 올해 4개 학기로 늘었다. 고입 동시 실시로 선발 시기가 늦어지면서 반영 범위가 3학년 2학기까지로 확대됐다. 2학년 1학기부터 3학년 2학기까지 4개 학기다. 2학년 1, 2학기는 각 20%, 3학년 1, 2학기는 각 30%로 반영한다. 반영교과는 국어, 영어, 수학, 사회, 과학 5개 교과다. 2단계는 서류·면접 평가다. 작년보다 면접 배점이 크게 확대됐다. 작년의 경우 서류 200점, 면접 300점으로 평가했지만 올해는 서류 20점, 면접 480점이다. 교사 추천서가 폐지된 변화도 있다. 올해는 추천서 없이 학생부와 자소서만으로 평가한다.

서류 평가로는 학생부와 자소서를 평가한다. 자기주도(학업 역량) 10점, 인성(학업 외 소양) 10점이다. 면접은 개인별, 집단별 질의응답 방식이다. 자기주도학습 결과와 인성을 중심으로 창의적이고 잠재력 있는 학생을 선발할 수 있도록 5개 이상의 질문으로 구성한다. 최종 합격자는 남녀 비율 1:1로 선발한다.

2019학년도 면접 문항 및 대비법

현대청운고는 전통적으로 수학적 사고력을 측정하는 공통 문항 면접과 자소서와 생기부에 기반을 둔 개별 면접을 실시한다. 2019학년도에도 예년과 다르지 않았다.

공통 문제

- 지상에 같은 높이의 우주정거장 2개가 설치되어 있다. 발사대에서 우주정거장 2개를 경유하고 다시 발사대로 돌아오는 여행코스를 만들려고 한다. 발사대를 땅 위에 설치할 때 여행비용이 가장 적게 드는 방법은?

- 강아지 두 마리가 이동할 때 가장 유리한 방법과 불리한 방법을 말하고 이 방법을 극복할 방법을 말하시오.
  A) 같은 곳에서 출발하고 같은 방에 들어간다.
  B) 같은 곳에서 출발하고 다른 방에 들어간다.
  C) 다른 곳에서 출발하고 같은 방에 들어간다.
  D) 다른 곳에서 출발하고 다른 방에 들어간다.

- 다음은 생체 모방 기술이 이용된 사례이다. 모방된 생물은?
  그림1: 접착 고리 그림2: 벨크로 그림3: 방수복

- **뽀로로와 친구들은 실제로 다같이 살 수 없다. 그 이유를 2가지 제시하시오.**

- **일코노미 번짐 문제를 보고 사회 문제 비판하기**

　현대청운고 입학을 원하는 학생들의 key는 수학이다. 평소에 수학적 사고력을 높일 수 있는 심화 문제를 많이 다루어본 학생이 입학에 유리하다. 그러나 이것은 수학 성적만 좋고 생기부나 자소서가 엉망이라도 된다는 말은 아니다. 생기부와 수학적 사고력 두 가지를 다 갖추는 것이 필요하다.

전국권 자사고의 다크호스, 김천고

10

김천고는 1931년 최송설당 여사가 일제에 대항하여 전 재산 30만 2,100원을 희사하여 재단법인 송설학원을 설립하고 김천고등보통학교를 개교하여 오늘날에 이르렀다. 1943년 일제의 탄압에 의해 김천중학교로 개칭되고 공립학교로 강제 전환되었으나, 1951년 다시 김천고등보통학교로 전환되어 현재에 이른다. 2009년 전국 단위 자율형 사립고로 지정되어 2010년부터 전국에서 신입생을 받고 있다. 경북지역의 전통 명문 김천고는 2009년 자사고로 지정되면서 서서히 실력을 드러내기 시작하고 있다. 2019학년도에는 서울대 합격자가 재수생을 포함하여 총 19명(수시 10명, 정시 9명), 의학계열 진학자는 28명으로 놀라운 실적을 거두었다. 이러한 실적은 서울, 경기지역의 학부모들에게 김천고를 다시 평가하는 계기가 되었다. 왜냐하면 지금까지 김천고는 수시, 즉 학종으로만 대학을 진학하는 학교라는 인식이 강해서 내신에 대한 부담감이 많은 것이 사실이었다. 그러나 2019학년도에는 수시와 정시가 균형을 맞춘 실적이 나오면서 의대 진학을 생각하는 학생들과 학부모들의 관심을 받게 된 것이다. 이것은 다분히 학교 측의 앞을 내다본 전형 설계와 투자가 결실을 맺었다고 볼 수 있겠다. 김천고는 전국에서 손꼽히는 유명학교가 아니다. 그러나 알찬 학교이며 내실 있는 학교이다. 서울대 갈 실력이 안 되는 학생들을 뽑아 서울대에 가게 해주는 신통한 학교로 알려져 있다.

특색 있는 학교 프로그램

김천고는 겨울학기 중 한 학기를 더 선택할 수 있도록 3학기제를 운영하고 있다. 계절학기는 각 학생이 1개 내지 2개의 과목을 선택해서 듣는다. 개설되는 과목은 AP심리학, AP경제학, AP통계학, AP US HISTORY, SAT생물, 논어, 인문학, 영미문학 등 각종 영어 강좌와 문법, 서예, 중국어 등 71개 과목에 달한다. 이러한 과정은 수시에서 학생부종합전형을 노리는 학생들에게 많은 도움을 주고 있다. 또한 이러한 과목별 수업과는 별개로 사회, 과학 과제연구를 통해서 독서를 연계하는 프로그램도 학생부종합전형에 대비하는 김천고만의 프로그램이라 할 수 있겠다.

송설삼품제를 통해 지덕체를 겸비한 인재를 양성한다는 점도 김천고만의 특색 있는 비교과 프로그램이다. 김천고의 교육 목표에 부합하는 3개 분야(지덕체)에 일정한 기준을 갖추면 학교장이 인증해주는 제도다. 송설삼품제 중 체(體)품의 경우 검도, 유도, 태권도 승단, 교외 10㎞ 마라톤 완주, 1,000m 이상 고산 5개봉 등정, 국토순례 100㎞ 완주 등 고교 입학 후에 획득한 성과를 인증해주고 있다. 김천고 학생들은 체품 인증을 위해 다양한 스포츠활동을 하고 있으며, 그중 대표적인 것이 태권도 승단이다. 학생들은 입학하면서부터 매주 1시간씩 태권도 수업에 참가해 1년간 준비한 뒤 연말이면 승단 심사에 도전하게 된다.

김천고가 수시전형에서 좋은 실적을 보이는 것에는 동아리활동의 역할이 크다고 할 수 있다. 현재 총 135개의 진로, 취미, 학술 동아리가 있으며, 주 동아리, 부 동아리제로 운영이 되어 학생당 3개의 동아리활동이 가능하다. 대표 동아리로는 경제동아리, SEC, 독서토론, 15분 콘서트, 송설연극제 등이 있다.

입학전형

2019학년도에는 일반전형으로 총 188명을 선발하였으며, 전국단위(경북 제외) 99명, 경북지역 89명을 모집하였다. 1단계 전형에선 내신으로 2배수를 선발하였는데, 예년과 달리 국어, 영어, 수학 중 2개 과목, 사회, 과학 중 1개 과목을 선택 가능하도록 하여 내신에 대한 부담을 많이 완화하였다. 이 결과로 다른 전국권 자사고는 대부분 경쟁률이 하락하였는데, 김천고만 2018년도 경쟁률 1.42:1을 뛰어넘는 1.74:1을 기록하였다. 2단계에선 1단계 성적 250점+면접 60점, 총 210점 만점으로 최종 합격자를 선발하였다.

면접 문항

김천고는 공통 문항 면접과 개별 면접 문항 형태의 면접을 모두 시행하고 있다.

공통 면접 문항

A.

가) 브라이언은 친구 데이비드, 스튜어트와 기차여행을 하고 있다. 기차에서 사과를 먹으며 이야기하던 중 브라이언은 동일한 속도로 달리고 있는 기차 안 탁자 위에 놓인 사과를 보며 데이비드와 스튜어트에게 "이 사과가 움직이고 있을까? 정지하고 있을까?"라는 질문을 던진다. 데이비드는 사과가 정지해 있다고 하였고, 스튜어트는 사과가 움직이고 있다고 하였다. 둘 중 누구의 대답이 맞을까? 사실 두 사람의 대답이 모두 옳다고 할 수 있다. 데이비드의 대답은 기차에 앉아 있는 사람의 관점에서 사과가 정지해 있다고 볼 수 있기에 맞고, 스튜어트의 대답은 기차 밖에 있는 사람이 볼 때 사과가 움직인다고 볼 수 있기에 모두 옳다고 이야기할 수 있다.

나) '종교는 문화의 산물'이라고 했다. 이것은 종교가 문화의 범주 안에서 생성되고 발전되어 간다는 것을 의미한다. 그러므로 그 종교를 이해하기 위해서는 문화적 상황을 이해하는 것이 매우 중요한 일이다. 이러한 이해가 부족할 경우, 자기 종교에 대한 절대적 확신을 강화하고 다른 종교를 경시하게 만들어 종교 간 갈등을 유발하기도 한다. 기독교와 이슬람교가 대립한 십자군 전쟁, 독일에서 신교와 구교 사이에 벌어진 30년 전쟁 등을 비롯하여 종교 간의 대립과 갈등은 세계 곳곳에서 현재까지도 지속되고 있다.

(다) 만약에 우리와 다른 사회에서 살아온 관찰자가 우리를 연구하게 된다면 우리의 어떤 풍습이 그에게는 우리가 비문명적이라고 여기는 식인 풍습과 비슷한 것으로 간주될 가능성이 있다는 점을 인식해야만 한다. 우리가 미개하다고 여기는 대부분 사회의 관점에서 볼 때 우리와 같은 사회가 행하는 이러한 풍습은 그들에게 극심한 공포를 불러일으키는 것이다. 단지 우리와 대비되는 풍습을 지니고 있다는 이유만으로 우리가 그들을 야만적이라고 간주하듯이 우리들도 그들에게는 야만적으로 보일 것이다.

• 제시문 (가)~(다)에서 공통적으로 떠오르는 내용을 말하고 그 이유를 설명하시오.

· 1번에서 찾은 내용에 대하여 우리 사회 혹은 주변에서 보거나 느낄 수 있는 갈등 사례와 해결책을 들어 구체적으로 말해보시오.

B.
김천고등학교 A동아리는 송설제에서 달걀대회를 주최하였다. 달걀대회는 다음과 같다.

1) 재료 제약: 젓가락 10개, 빨대 10개, A4용지 한 장, 노란색 원형 고무줄 10개

자유 재료는 다음 중 하나를 선택할 수 있다.

(새우깡 1봉지, 종이컵 10개, 양초 1개, 불지 않은 풍선 1개)

2) 공간 제약: 2층 높이에서 떨어뜨리되, 정해 놓은 공간 위에 떨어져야 성공

3) 시간 제약: 성공 위치에 안착한 팀 중 가장 빠른 순서대로 순위를 정하고, 단 달걀은 깨지면 안 된다.

· 우승후보를 목표로 할 수 있는 방안에 대해 탐구하여 자신의 설계도를 그리시오.
  – 방안에 대한 원리는 면접관 앞에서 말로 설명하시오.
  (빈 종이를 주고 생각할 시간 동안 자유롭게 필기할 수 있도록 여건 제공)

〈개별 질문〉
· 가오리 로봇 외 동물을 모티브로 한 다른 동물은 없는가? 혹은 동물 이외의 다른 로봇에 관심 있는 사례는?
· 공부에 지친 친구에게 추천해주고 싶은 책과 그 이유?

김천고는 이과계열 성향의 지원자들이 많은 편이다. 그래서 공통 문제에서도 수학적 사고력을 테스트하려는 성향이 강하다. 그러나 2020학년도에는 공통 면접 문항에서 개별 문항 중심으로 바뀔 소지도 엿보이긴 한다. 김천고를 준비하는 학생들은 7월 중순에서 말경에 김천고에서 개최하는 영어, 수학 경시대회에 참가하면 김천고가 어떤 학생을 선호하는지 알 수 있을 것이다.

매해 70명 전후의 학생들이 수상을 하며, 상위권의 학생들에겐 김천고 진학 시 장학금 지급의 혜택을 주고 있으니 참고하기 바란다. 김천고 진학을 꿈꾸는 학생들에게는 독서에 주력하라는 충고를 꼭 해주고 싶다. 공통 문제는 하루아침에 준비할 수 있는 것이 아니니 틈틈이 내공을 쌓아나가자. 그리고 김천고는 생기부도 중요하지만 1단계를 통과하고 나면 면접으로 당락이 갈린다는 점을 명심해야 한다.

새로운 발전을 꿈꾸는 북일고

11

북일고는 충청남도 천안시에 위치한 자율형 사립고등학교로 원래는 일반 고등학교였다가 2010년부터 자율형 사립고등학교로 전환하였다. 야구로 널리 알려진 학교이다. 2018학년도까진 해외 대학 진학을 목표로 하는 국제과를 운영하였는데, 2019학년도부턴 폐지하고 국내 대학 진학생만 모집을 하고 있다. 2019학년도 서울대에는 총 13명이 진학하였으며 수시로 9명, 정시로 4명의 실적이다. 전통적으로 수시실적이 좋은 학교이며, 학교 프로그램도 수시에 특화된 것들이 많다.

학교 부지가 10만 평에 달하며, 재단 전입금이 30억 이상인 것으로 알려져 있다. 한화그룹의 계열 학교여서 한화연구소와 R&E가 활발해 수시에서 학종으로 학생들을 많이 진학시키고 있다. 또한 대학과 연계해서 학기 중에는 주말, 방학 중에는 평일을 이용해 대학교수와 함께하는 프로젝트 연구 및 논문 작성을 실시하고 있다. 또한 해당 주제에 대한 심층학습 및 고급 실험을 통해 프로젝트 연구 및 논문 작성 등 성과 있는 결과물들을 도출하고 있다. 또한 1인 1예 1체 프로그램을 운영하고 있으며 주 1~2회는 필수적으로 1인 1예 1체 방과 후 학교활동에 필수적으로 참여하여야 한다. 또 요즘 학종의 핵심인 전문교과에 대한 심화 과목을 이수할 수 있도록 학교에서 프로그램을 운영하고 있다. 인문계는 국제고, 외국어고의 심화 과목을, 자연계는 과학영재학교 및 과학고의 심화 과목을 이수할 수 있도록 교과목을 편성해 놓고 있다.

2019학년도부터 1단계 내신 반영 학기가 3학년 2학기로 확대되었다. 학교 내신은 국어, 영어, 수학, 사회, 과학, 기타 교과군을 반영하며, B 1개는 A로 변경 가능하도록 하였다. 2단계에선 1단계 성적+면접으로 최종 선발하였다. 2019학년도 전형의 특이점은 지우개 1개를 사용하도록 하는 장치를 만들었다는 점이다. 또한 2019학년도부턴 면접에서 공통 문항을 삭제하고 개별 면접으로만 진행하였다. 이 경향은 앞으로도 유지할 것으로 전망된다.

북일고의 2019학년도 경쟁률은 2018학년도와 비교해서 3.47:1에서 1.28:1로 크게 감소하였다. 감소의 원인으로는 일반고와 동시 일정 진행으로 인한 부담감이 가장 크게 작용한 것으로 보이며, 2018학년도의 경쟁률이 3:1을 넘어갈 정도로 높았다는 점이 부담이 돼 학생들이 지원을 기피한 것으로 짐작된다. 향후에도 입학전형을 좀 더 완화하지 않으면 경쟁률 면에선 고전할 것으로 예측된다.

포항제철고와는 같은 듯 다른 광양제철고

광양제철고는 포항제철고와 마찬가지로 포스코교육재단 산하의 자율형 사립고등학교이다. 전남에서 유일하게 자율형 사립고등학교로 인가되어 있다. 1986년 포항제철에서 금호동 주택단지를 만들며 일대 사원들의 교육 문제를 해결하기 위해서 개교하였다. 포스코교육재단이 개교 당시부터 현재까지 학교 운영을 맡고 있다.

광양제철고 학교 프로그램의 가장 큰 장점 중 하나는 시스템이 잘 갖추어진 동아리활동이다. 2018년 현재 총 33개의 상설 동아리, 10개의 비상설 동아리가 존재한다. 기본적으로 상설 동아리 1개+비상설 동아리(선택)에 가입하게 된다. 자연히 대학 진학실적도 수시 중심으로 이루어진다.

2019학년도 모집 인원은 280명이다. 전형별로 미래인재(전국) 80명, 지역인재(전남) 20명, 사회통합(기회균등(전국)) 14명, 사회통합(사회다양성(광양)) 7명, 사회통합(사회다양성(전국)) 7명, 체육특기자(전국) 12명, 포스코 관련 임직원 자녀 140명이다. 미래인재(전국)와 사회다양성(전국)에서 각 2명, 1명이 늘었다. 줄어든 인원은 33명이다.

광양시와 광양 외 전남지역으로 선발 인원을 구분했던 지역 인재는 모집 지역을 전남으로 통합했다. 포스코 관련 임직원 자녀도 모집지역을 광양시에서 전남으로 확대했다. 전남 소재 중학교에 재학 중인 포스코 및 포스코가 인정한 관련회사 임직원 자녀를 대상으로 한다.

1단계에서 내신 성적과 출결 상황을 감안해 모집 인원의 2배수 이내를 선발한다. 2단계에서는 개별 문항 면접을 실시한다. 1단계 성적과 면접 점수를 합산해 합격자를 선발한다.

내신 성적은 성취도 점수를 160점 만점으로 환산한 뒤 과목별 감점과 출결 감점 방식으로 산출한다. 반영 범위는 1학년 2학기부터 3학년 1학기까지 4개 학기다. 1학년 2학기 20%, 2학년 1학기 25%, 2학년 2학기 25%, 3학년 1학기 30%로 반영한다. 자유학기가 있을 경우 1학년 1학기 성적부터 반영할 수 있다. 반영교과는 국어(20%), 수학(30%), 영어(20%), 과학(15%), 사회(15%) 등 5개 교과다. 체육교과 성적은 성취도 기준에 따라 감점한다. 출결은 무단결석 1일당 3점을 감점한다. 다른 자사고에 비해 출결 감점이 큰 편이다.

2단계 면접에서는 자기주도학습영역과 인성영역을 평가한다. 자소서와 학생부를 바탕으로 항목별 점수를 부여한다. 학생부는 교과 성적을 제외하고 전 학년 내용을 반영한다. 1단계 성적과 40점의 면접 점수를 합산해 최종 합격자를 정한다. 동점자가 발생할 경우 2단계 전형 점수가 높은 순으로 선발한다.